外来物种入侵民事责任的多视角研究

童光法 等著

知识产权出版社
Intellectual Property Publishing House
全国百佳图书出版单位

图书在版编目（CIP）数据

外来物种入侵民事责任的多视角研究/童光法等著. —北京：
知识产权出版社，2016.12
ISBN 978 - 7 - 5130 - 3193 - 6

Ⅰ. ①外…　Ⅱ. ①童…　Ⅲ. ①外来种—侵入种—侵扰—
民事责任—研究—中国　Ⅳ. ①D923.04

中国版本图书馆 CIP 数据核字（2014）第 276580 号

内容提要

外来物种入侵的防治与生物多样性的保护是一个全球性的环境保护话题。我国外来物种入侵的状况如何以及国外有关外来物种入侵的立法情况如何是我们首先需要澄清的问题。本书运用了实证研究方法和比较研究方法对这一基本问题进行了探讨和研究；在此基础之上，运用了法经济学视角、外部性视角、民事责任具体构成视角、责任承担视角等较详细和深入地研究了外来物种入侵的民事责任问题。

责任编辑：刘雅溪　　　　责任出版：孙婷婷

外来物种入侵民事责任的多视角研究
童光法 等著

出版发行：知识产权出版社 有限责任公司	网　　址：http://www.ipph.cn
社　　址：北京市海淀区西外太平庄 55 号	邮　　编：100081
责编电话：010 - 82000860 转 8180	责编邮箱：372584534@qq.com
发行电话：010 - 82000860 转 8101/8102	发行传真：010 - 82000893/82005070/82000270
印　　刷：北京中献拓方科技发展有限公司	经　　销：各大网上书店、新华书店及相关专业书店
开　　本：787mm×1092mm　1/16	印　　张：13.75
版　　次：2016 年 12 月第 1 版	印　　次：2016 年 12 月第 1 次印刷
字　　数：240 千字	定　　价：39.00 元
ISBN 978 - 7 - 5130 - 3193 - 6	

前　言

本书最初的计划仅仅是研究外来物种入侵的民事责任。但是，由于相关的研究文献资料欠缺，有关的判例也难以找到，加之笔者的能力有限，所以后来扩充为外来物种入侵民事责任的多视角研究。该研究主要包括以下四大章节。

第一章为我国外来物种入侵的实证与立法比较分析。其中，第一节为我国外来物种入侵的实证分析。我国国土辽阔、气候多样、物种繁多、生物多样性丰富，易遭受外来物种的入侵，目前已经查明有500多种外来入侵物种，严重破坏了我国的生态环境、自然景观，危害了生物多样性，并且造成了十分巨大的经济损失，威胁了人民的身体健康。如何应对和防控外来物种入侵，不仅是我国面临的环境问题，也是世界各国共同应对的环境难题，对此，各国纷纷采取了不同的法律应对策略。此即为第二节外来物种入侵的立法比较分析主要讨论的内容。在立法模式上，最为理想的是综合性专门立法，即制定一部覆盖所有物种、所有部门和所有生态系统，并能够为外来入侵物种管理活动提供全方位的、全面的保障的法律。而现实中，我国采取防止特定外来物种入侵的核心式专门立法模式更为适合。在管理制度上，设立一个专门从事外来物种入侵的预防、管理和治理工作的协调机构或领导机构十分迫切。本节还就防控和规制外来物种入侵的主要法律制度及其立法完善建议进行了探讨。

第二章为外来物种入侵的法经济学分析。其中，第一节集中分析探讨了外部成本与预防措施之间的关系问题，认为外来物种入侵对他人利益和生态环境造成的损害对于引种者来说是一种外部成本，民事责任可以把这种外部成本转化为责任人自己的成本，从而使其事先采取有效的预防措施。对于有意引种来说，防范外来物种入侵事故的预防措施具有"单边预防"性质，适宜采用无过错责任原则；对于无意引种来说，防范外来物种入侵事故的预防措施具有"双边预防"性质，适宜采用过错责任原则。在损害赔偿的计算方面，法律规定的是"无差异方法"，需要尽可能全面、准确地核算出事故造成的损失。第二节着重从外部性内部化的视角展开分析，主张为了避免负外部性，针对有意引种，应当设计许可证、清单、环境风险影响评估制度及相应的数据库；针对无意引种，应就运输、旅游等活动或行业设立外来物种入侵强制责任保险。为了矫正负外部性，针对有意引种入侵，由引种人承担无过错责任，其责任构成包括引种行为、他人合法权益或环境生态的损害及其之间的因果关系；考虑到有意引种人无法承担巨额的损害赔偿，建议设立相应的外来物种入侵责任保险和责任承担限额制度；涉及生态环境的损害，主张由当地的环境保护主管机构代表行使相应的救济权利。

　　第三章外来物种入侵的民事责任构成是本书的核心部分，主要包括外来物种入侵民事责任的归责原则、因果关系和司法个案分析等。《中华人民共和国侵权责任法》（以下简称《侵权责任法》）第 65 条规定了环境侵权无过错归责原则，这里首先明确环境侵权的内涵，即指因人的活动而污染或破坏生态环境，从而导致损害或可能损害他人的人身权、财产权或环境权益等的行为。环境侵害包括环境侵权和纯环境损害；纯生态环境损害不包括在环境侵权范围之内。关于纯环境损害的归责原则，解释上可以借鉴《欧盟环境责任指令》，规定一定目录的企业、行业、场地、设施、装置等的所有者、经营者、持有者或占有者对其运营所致的生态环境损害承担无过错责任，此外的情况下承担过错责任。至于外来物种入侵导致生态环境本身的损害应当适用无过错归责原则还是过错归责原则，2004/35/CE 号欧盟指令附录Ⅲ并没有给出明示的指引，解释上对于附录Ⅲ之外的任何职业活动所导致的对受保护物种和自然栖息地的损害，经营者仅承担过错责任。

第二节探讨非常重要的因果关系问题，首先梳理了一般侵权责任上的事实因果关系和法律因果关系。事实因果关系的判断主要有必要条件说（but for rule）、实质因素说（substantial factor theory）、充分条件的必要因素说（necessary element of a sufficient set）等；法律因果关系的判断主要有相当性或相当因果关系说、合理可预见说、法规目的说等。环境侵权责任因果关系的判断目前主要集中在事实因果关系上，由于环境侵权的原因具有不确定性、模糊性、聚合性等，对其判断通常不能采取必要条件说，而是采取盖然性说、疫学因果关系说等因果关系推定方法。我国《侵权责任法》第66条在解释上也应以因果关系推定为宜。在有意引种导致外来物种入侵的情形下，该引种行为与生态环境破坏或生物多样性丧失之间的因果关系认定在解释上仍有适用《侵权责任法》第66条的余地，即引种人应当就法律规定的不承担责任或者减轻责任的情形及其行为与损害之间不存在因果关系承担举证责任。第三节具体分析了美国科罗拉多州的一个外来有害动物案。通过对司法判决的分析，再一次引证了上述有关外来物种入侵所造成的损害及其归责原则和因果关系等责任构成要件。

第四章探讨了外来物种入侵民事责任承担的社会化机制。外来物种入侵受害补偿不同于一般的民事损害赔偿，无法按照民法上全部赔偿的原则来实施补偿，它只是针对受害人救济的一种应急措施，只能按照损失的一定比例或者定额进行补偿。为了弥补外来物种入侵损害个别化救济的不足，就要打破损害救济个别化责任的框架，建立赔偿责任限额制度和损害社会分担制度，使环境侵权损害赔偿制度与责任保险、赔偿或补偿基金、社会安全体制、环境财务保证制度等环境损害填补的保障制度密切衔接，通过高度设计的损害填补保障制度，由社会上多数人承担和消化损害。

上述内容看起来似乎浅显易懂，理论也不算特别深奥，但是断断续续历时4年之久方得完成，其中的艰辛和困苦或许只有笔者深有体会。本书由张志勇教授撰写第一章第一节、王社坤博士撰写第一章第二节、龚刚强博士撰写第二章第一节、李蕊博士撰写第四章以及笔者撰写第三章和第二章第二节。感谢以上作者，没有课题组同仁的坚持和奉献，本书尚不知何时能出炉。当然，查阅文献、思考常人很少思考的领域、尝试去写作和修改本书的文稿，也充满了不少喜乐。所以，感谢北京市教委提供此研究项目以激励我们前行。当然，编辑同仁和读者的阅读是我们最应致谢的。

童光法

2014 年 8 月 31 日于回龙观

目　　录

第一章 我国外来物种入侵的
实证与立法比较分析

第一节 我国外来物种入侵的实证分析

一、概述

2012 年 3 月 9 日央视新闻"外来物种入侵调查"报道了在我国沿海地带造成极为广泛的入侵危害的外来物种——大米草❶。于是，外来物种入侵、生物多样性和生态安全再一次成为民众坊间热议的一个话题。

外来物种是指当地原来没有而由其他地方扩展或引入当地的生物物种。外来物种有其有益的方面，在农业、林业、畜牧业和水产养殖业中，物种引进在早期极大地推进了人类物质文明的前进。如玉米、小麦、马铃薯、番茄等作物，猪、牛、羊等家畜种类或品种，园林园艺种类或品种，很多原本只分布于局部地区，通过引种对世界农业发

❶ 1963 年南京大学仲崇信教授率先从英国引种大米草在江苏省海涂试种并获得成功，1964 年引种于浙江沿海各县市，1980 年引种到福建，之后逐渐被其他沿海省市引种繁殖并取得成功。引种大米草主要用于沿海促淤、改良土壤、护滩、固岸护堤以及生产饲料和造纸原料等。但是，大米草的繁殖能力极强，草籽随潮漂流，见土扎根，根系又极其发达，每年以五六倍的速度自然繁殖扩散。大米草疯长，不但侵占沿海滩涂植物的生长空间，致使大片红树林消亡，而且导致贝类、蟹类、藻类、鱼类等多种生物窒息死亡，并与海带、紫菜等争夺营养，影响滩涂养殖。另外，大米草还影响海水的交换能力，导致水质下降并诱发赤潮；堵塞航道，影响各类船只进出港。目前，大米草已被列入全球 100 种最有危害外来物种和中国外来入侵种的名单。参见外来物种入侵调查 [N]. CCTV 新闻，2012 – 03 – 09；大米草 [EB/OL]. 百度百科 [2012 – 06 – 12]，http://baike.baidu.com/view/41402.htm.

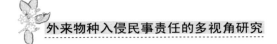

展做出了巨大贡献。例如，马铃薯（俗称土豆）原产于南美洲，19世纪初传遍欧洲，目前栽培范围遍布全世界，为世界及我国第四大农作物。

外来入侵物种是指对生态系统、栖境、物种、人类健康带来威胁的外来物种，包括植物、动物和微生物。对于外来入侵物种的界定，在空间尺度上，通常以国土为疆界，起源于国外的物种才算作入侵物种；在时间尺度上，则通常指最近数十年内传入的有害生物。

在自然界中，生物入侵是一种普遍存在的现象。生物入侵的种类几乎包括所有的生物类群。它们的入侵已影响到每一个生态系统和各地的生物区系，使成百上千的本地物种陷入灭绝境地，特别是在岛屿和生态岛屿中最为明显。因此，在地质学时间尺度上，生物入侵深远地影响着地球上生物的分布。今天，科技的发展和交通的便利使得人为影响造成的生物入侵在数量上与范围上都大大增加。尽管大多数外来物种入侵某地后造成的影响不大，但有些外来生物可能对入侵地生态系统产生强烈的影响。在我国，近年来大众在媒体中接触比较多的紫茎泽兰、豚草、水花生、黄顶菊、烟粉虱、红火蚁、扶桑绵粉蚧、椰心叶甲、松材线虫、克氏原螯虾、福寿螺、巴西龟等，都是一些远渡重洋入侵我国并爆发成灾的重要外来入侵物种。❶

本部分拟从我国外来物种入侵的现状、入侵途径、入侵危害及其原因分析等方面介绍和评析我国外来物种入侵的实证，期待能对我国防治外来物种入侵的有关立法工作有所助益。

二、我国外来物种入侵的现状

（一）发生特点

我国疆域广袤，总面积960万平方千米，南北跨度5500千米，东西距离5200千米，跨越50个纬度和5个气候带——寒温带、温带、暖温带、亚热带和热带，各种各样的动植物通常都能找到适宜其生存的环境或栖息地。虽然我国是世界上生物多样性和物种种类最为

---

❶ 郭建英. 中国生物入侵的现状与预防 ［J］. 致富窗——专家视点，2012（6）：22－24；2012（7）：23－24.

丰富的国家之一，但是这种生物状况和自然环境状况最容易或者说很容易使我国遭受外来物种的入侵。实际上，来自世界各地的大多数物种都可能在我国找到合适的栖息地。

自 20 世纪 80 年代以来，入侵我国的动植物品种越来越多，危害也日益严重。我国科学院、环境保护部门以及农林部门等相关单位都十分关注和重视我国外来物种入侵防范工作，并针对各地外来物种入侵情况开展了相应的基础性调查和研究工作。2001 年 12 月在全国范围内首次组织开展的外来入侵物种调查，共查出 283 种外来入侵物种。中国科学院知识创新工程重大项目"重要外来物种的入侵生态学效应及管理技术研究"项目组 2003 年发布《中国生物入侵警报》，报道了最新发现的外来入侵生物物种，包括椰心叶甲、澳洲阿克象、褐纹甘蔗象、水椰八角铁甲和西花蓟马。2003 年 1 月 10 日，原环境保护总局和国家科学院联合公布了《中国第一批外来入侵物种名单》，其中包括 16 种外来入侵物种。[1] 2013 年 10 月，第二届国际生物入侵大会上公布的目前入侵中国的外来生物种类已达 544 种，其中大面积发生、危害严重的达 100 多种。在国际自然保护联盟公布的全球 100 种最具威胁的外来物种中，入侵中国的就有 50 余种。生物入侵涉及农田、森林、水域、湿地、草地等几乎所有的生态系统。近 10 年来，新入侵我国的外来生物至少有 20 余种，平均每年递增 1~2 种。我国已经成为遭受外来入侵生物危害最严重的国家之一，面临的防治形势越来越严峻。

目前，外来入侵生物的危害及预防管理已经逐渐受到世界各国的高度重视，我国环境保护部和国家科学院于 2010 年 1 月 7 日又联合制定和发布了《中国第二批外来入侵物种名单》，其中包括 19 种外来入侵物种[2]，这标志着我国对外来入侵生物的管理进入了法制化阶段。

当前，我国的外来物种入侵主要表现为以下特征：

（1）涉及面广：全国 34 个省、直辖市、自治区均发现入侵物种。

---

[1]　参见 2003 年 1 月 10 日国家环境保护总局文件，环发〔2003〕11 号。
[2]　参见 2010 年 1 月 7 日国家环境保护部文件，环发〔2010〕4 号。

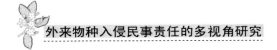

从森林、水域、湿地、草地、荒漠戈壁等自然生态区域到农业区、城市居民区等人类活动范围都可见到入侵生物，其中以水生生态系统的情况最为严重。现在，全国 34 个省市自治区，无一没有外来物种，除了极少数位于青藏高原的自然保护区外，几乎或多或少都能找到外来杂草。可见，生物入侵涉及面积是相当广的。

（2）涉及的生态系统多：几乎所有的生态系统，从森林、农业区、水域、湿地、草原到城市居民区等都可见到外来入侵物种。其中，以低海拔地区及热带岛屿生态系统、水生生态系统的受损程度最为严重。

（3）涉及的物种类型多：外来入侵物种从脊椎动物（哺乳类、鸟类、两栖爬行类、鱼类）、无脊椎动物（昆虫、甲壳类、软体动物）、植物到细菌、病毒，都能够找到例证。哺乳动物如獭狸、麝鼠、褐家鼠；鸟类如爪哇禾雀、小葵花凤头鹦鹉、虹彩吸蜜鹦鹉；爬行类如巴西龟；两栖类如牛蛙、海蟾蜍；鱼类、甲壳类、软体动物的种类不在少数；而昆虫种类，尤其是农林害虫的种类相当多且危害广泛；植物如豚草、紫茎泽兰、大米草、水葫芦；微生物如甘薯长喙壳菌（黑疤病）等。入侵的外生物不仅繁殖迅速，每年侵入的数量也在上升。据海南省出入境检验检疫局 2005 年截获的情况通报：2004 年海南截获有害生物 641 批次，批次和种类同比增长了 47% 和 27%。其中，一类有害生物有咖啡果小蠹、菜豆象等 2 种 3 批次；二类有大家白蚁、松材线虫等 5 种 18 批次；三类潜在危害性有四纹豆象等 1 种 17 批次；其他检疫性危害如三叶草斑潜蝇和一般性有害生物有 179 种 603 批次。

（4）上升幅度快：2001 年 12 月，我国首次在全国范围内开展外来入侵物种调查，初步摸清国内有 283 种入侵物种。2011 年已有报道在我国共查明 488 种外来入侵物种，其中植物 265 种，动物 171 种，菌物 26 种，病毒 12 种，原核生物 11 种，原生生物 3 种。对有较明确入侵时间记载的 392 种外来入侵物种的入侵年代的分析结果表明，1850 年以前，仅出现 31 种外来入侵物种；自 1850 年起，新的外来入侵物种种数总体呈逐步上升趋势；特别是 1950 年后的 60 年间，新出现 209 种。外来入侵物种首次发现的地点集中在沿海地区及云南和新疆等边疆地区，但首次发现地点有逐步北移的趋势。有意引进与无意引进的外来入侵物种种数所占比例十分接近，近年来无意引进成为首要途径。美洲、欧洲和亚洲其他地区是中国外来入侵物种的主要来源地。外来入侵物种的分布呈现由沿海向内陆逐步减少的趋势。❶

（5）带来的危害严重：在我国许多地方已经停止原始森林砍伐、严禁人为进一步破坏生态的情况下，外来入侵物种已经成为造成当前生态退化和生物多样性丧失等的重要原因之一，特别是在水域生态系统和南方热带、亚热带地区，已经上升成为第一位重要的影响因素。这些危害包括降低生物多样性，减少当地物种的种类和数量，导致物种濒危或灭绝，导致生态系统单一或退化，改变或破坏当地的自然景观，"污染"当地的遗传多样性；同时，也对人类健康造成了极大的威胁，还给我国的农业、林业、水产等生产部门带来了严重经济损失。保守估计，外来物种每年会给我国的经济造成数千亿元的经济损失。❷

据统计，我国每年因松材线虫、湿地松粉蚧、松突圆蚧、美国白蛾、松干蚧等森林害虫入侵所危害的森林面积约为 150 万公顷。豚草、紫茎泽兰、飞机草、薇甘菊、空心莲子草、水葫芦、大米草等外来有害草种的蔓延对当地生物多样性和农业生产造成了巨大威胁，每年造成经济损失高达 574 亿元，已经出现了难以控制的局面。大米草使近海生物栖息环境受到严重破坏，与沿海滩涂本地植物竞争生长空间，致使大片红树林消失，还影响近海水体交换能力，导致海水水质下降，并引发赤潮。原产于中美洲的飞机草和紫茎泽兰，现已在我国西南地区蔓延成灾。飞机草和紫茎泽兰在爆发区通常以单优植物群落出现，大肆排挤本地植物，影响林木生长和更新，现已对生物多样性丰富的西双版纳自然保护区构成严重威胁。专家指出，外来生物一旦

---

❶ 丁晖，等. 中国生物入侵的现状与趋势 [J]. 生态与农村环境学报，2011，27（3）：35－41.

❷ 解焱. 外来物种入侵、危害及我国的对策研究 [EB/OL]. www. wwf. com. cn/ ... ruq/ruq7. htm－86k－2003－09－02.

入侵成功，要彻底根除极为困难，用于控制其危害、扩散蔓延的防治工作代价极大，费用昂贵。例如，1994 年入侵蔓延的美洲斑潜蝇，目前在全国的发生面积已达 100 多万公顷，每年防治费用就需 4.5 亿元。据国家环境保护部的统计，我国每年几种主要外来入侵物种造成的经济损失高达 574 亿元。在难以预料的情况下，外来物种的入侵不仅会对作物的生长、产量造成危害，还会带来农作物大面积的减产以及高额的防治费用，甚至可能造成某受害地区的经济崩溃。❶

（二）主要外来入侵生物种类

根据有关资料显示，目前我国主要外来入侵植物有水花生、豚草、紫茎泽兰、薇甘菊、北美一枝黄花、大米草、毒麦、水葫芦、飞机草、节节草、苏丹草、紫花苜蓿、决明、望江南、美洲商陆、野茼蒿、菊苣等。

目前严重危害我国农林业的外来动物约有 40 种，害虫类包括美国白蛾、松突圆蚧、湿地松粉蚧、稻水象甲、美洲斑潜蝇、松材线虫、蔗扁蛾、苹果棉蚜、葡萄根瘤蚜、二斑叶螨、马铃薯甲虫。其他外来动物如原产于南美的福寿螺、原产于东非的非洲大蜗牛、原产于南美洲的獭狸等。食人鲳等外来鱼类对湖泊的本地鱼种和生态系统也构成了巨大的威胁。

与外来入侵动植物相比，我国对外来微生物种类的调查更为少见。目前对农业危害较大的外来微生物或病害有 12 种：甘薯黑斑病、水稻细菌性条斑病、玉米霜霉病、马铃薯癌肿病、大豆疫病、棉花黄萎病、柑橘黄龙病、柑橘溃疡病、木薯细菌性枯萎病、烟草环斑病毒病、番茄溃疡病、鳞球茎茎线虫。❷

图 1 - 1 至图 1 - 9 所示为 2003 年原国家环境保护总局和中国科学院公布的首批入侵我国的 16 种外来入侵物种——植物部分。❸

---

❶ 陈赛，王汉玉，苏忠军. 关于外来物种入侵的法律防范原则 [J]. 中国海洋大学学报（社会科学版），2003（3）.

❷ 傅俊范. 中国外来有害生物入侵现状及控制对策 [J]. 沈阳农业大学学报，2005（6）.

❸ 国家环境保护总局，中国科学院. 中国第一批外来入侵物种名单 [S]. 2003 - 01 - 10.

图1-1 紫茎泽兰（解放草、破坏草，Eupatorium Adenophorum），原产于中美洲，现分布于我国云南、广西、贵州、四川、台湾等地区，排挤本地植物，侵入经济林和农田，全株有毒，危害畜牧业等产业

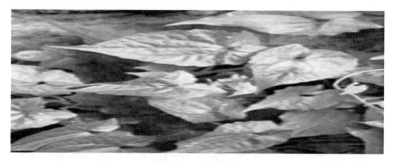

图1-2 薇甘菊（Mikania Micrantha），原产于中美洲，现广泛分布于我国香港、澳门和广东珠江三角洲地区，严重危害6~8米以下的天然次生林、人工速生林、经济林和风景林

图1-3 空心莲子草（水花生、喜旱莲子草，Alternanthera Philoxeroides），原产于南美洲，现几乎遍及我国黄河流域以南地区和北京、天津等地区，危害人畜健康，危及生物多样性和破坏生态环境

图1-4 豚草（Ambrosia Artemisiifolia），为一种恶性杂草，原产于北美洲，1935年发现于杭州，在我国见于东北、华北、华东和华中等地区，属于恶性杂草，对禾木科、菊科等植物有抑制、排斥作用

图1-5 毒麦（Lolium Temulentum），原产于欧洲地中海地区，现广布世界各地，属恶性杂草，是我国限制检疫对象，我国除西藏自治区和台湾地区外，各省（区）都曾有过报道

图1-6 互花米草（Spartina Alterniflora），原产于美国东南部海岸，分布于我国上海、浙江、福建、广东、香港等地区，威胁本土海岸生态系统，致使大片红树林消失

图1-7 飞机草（香泽兰，Eupatorium Odoratum），原产于中美洲，现分布于我国台湾、广东、香港、澳门等地区，危害多种植物和牧场

图 1-8 凤眼莲（水葫芦，Eichhornia Crassipes），原产于巴西，见于我国华北、华东、华中和华南的 19 个省（自治区、直辖市），作为猪饲料推广后大量逸生，堵塞河道，破坏水生态系统，威胁本地生物多样性等

图 1-9 假高粱（石茅、阿拉伯高粱，Sorghum Halepense），原产于地中海地区，现分布于我国 16 个省（自治区、直辖市），是 30 多种农家作物的杂草，还可与同属其他种杂交

　　图 1-10 至图 1-16 所示为 2003 年原国家环境保护总局和中国科学院公布的首批入侵我国的 16 种外来入侵物种——动物部分。❶

----

　　❶ 国家环境保护总局，中国科学院. 中国第一批外来入侵物种名单［S］. 2003 - 01 -10.

图 1 - 10 蔗扁蛾（香蕉蛾，Opogona Sacchari），原产于非洲热带、亚热带地区，现分布于我国 10 余个省、直辖市，威害农作物、果树、名贵花卉及温室栽培植物等

图 1 - 11 强大小蠹（红脂大小蠹，Dendroctonus Valens），原产于美国、加拿大、墨西哥、危地马拉和洪都拉斯等美洲地区，现分布于我国山西、陕西、河北、河南等地区，严重危害松树等树林生长

图 1 - 12 非洲大蜗牛（褐云玛瑙螺，Achatina Fulica），原产于非洲东部沿岸坦桑尼亚的桑给巴尔、奔巴岛以及马达加斯加岛一带，现分布于我国香港、台湾、福建、海南、广西等地区，已成为危害农作物、蔬菜和生态系统的有害生物

图 1-13　湿地松粉蚧（Oracella Acuta），原产于美国，现分布于我国广东、广西、福建等地区，引入的湿地松、火炬松和加勒比松加速了扩散，对本地的马尾松、南亚松等构成严重威胁

图 1-14　美国白蛾（秋幕毛虫、秋幕蛾，Hyphantria Cunea），原产于北美洲，现分布于我国辽宁、河北、山东、天津、陕西等地区，危害果树、林木、农作物及野生植物等200多种植物，幼虫喜食桑叶，对养蚕业构成威胁

图 1 - 15　福寿螺（大瓶螺，Pomacea Canaliculata），原产于亚马逊河流域，现广泛分布于我国广东、广西、福建、云南、浙江等地区，危害水稻，威胁入侵地的水生贝类、植物，也是一些寄生虫病的中间宿主

图 1 - 16　牛蛙（美国青蛙，Rana Catesbeiana），原产于北美洲，现几乎遍及我国北京以南地区，由于其适应性强，易于入侵扩散，对本地两栖类造成威胁，甚至影响到生物多样性，如滇池的本地鱼类

　　图 1 - 17 至图 1 - 26 所示为 2010 年国家环境保护部和中国科学院公布的首批入侵我国的 19 种外来入侵物种——植物部分。❶

――――――――

　　❶　国家环境保护部，中国科学院. 中国第二批外来入侵物种名单［S］. 2010 - 01 - 07.

图 1 - 17　马缨丹（五色梅、如意草，Lantana Camara），原产于美洲热带地区，现分布于我国台湾、福建、广东、海南、香港、广西、云南、四川南部等热带及南亚热带地区，是南方牧场、林场、茶园和橘园的恶性竞争者

图 1 - 18　三裂叶豚草（Ambrosia Trifida），原产于北美洲，现分布于我国吉林、辽宁、河北、北京、天津等地区，危害小麦、大麦、大豆及各种园艺作物

图 1 - 19　大藻（水浮莲，Pistia Stratiotes），原产于巴西，现分布于我国黄河以南地区，堵塞航道，影响水产养殖业，并导致沉水生植物死亡和灭绝，危害水生生态系统

图 1－20　加拿大一枝黄花（黄莺、米兰、幸福花，Solidago Canadensis），原产北美洲，现分布于我国浙江、上海、安徽、湖北、湖南郴州、江苏、江西等地区，恶性杂草，与周围植物争阳光、争肥料，直至其他植物死亡，从而对生物多样性构成严重威胁

图 1－21　蒺藜草（野巴夫草，Cenchrus Echinatus），原产于美洲的热带和亚热带地区，现分布于我国福建、台湾、广东、香港、广西和云南南部等地区，为花生、甘薯等多种作物田地和果园中的一种危害严重的杂草，入侵后降低生物多样性；还可成为热带牧场中的有害杂草

图 1－22　银胶菊（Parthenium Hysterophorus），原产于中美洲，现分布于我国云南、贵州、广西、广东、海南、香港和福建等地区，有"国际毒草"之称，释放出的花粉会引起人体过敏、皮肤炎、鼻炎等

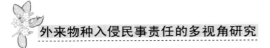

图 1-23 黄顶菊 (野菊花, Flaveria Bidentis), 原产于南美洲, 现分布于我国天津、河北等地区, 繁殖速度惊人, 能严重挤占其他植物的生存空间, 一旦入侵农田, 将威胁农牧业生产及生态环境安全

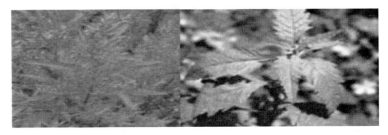

图 1-24 土荆芥 (臭草、杀虫芥, Chenopodium Ambrosioides), 原产于中南美洲, 现分布于我国北京、山东、陕西、上海、浙江、江西、福建、台湾、广东、海南、香港、广西、湖南、湖北、重庆、贵州、云南等地区, 在长江流域经常是杂草群落的优势种或建群种, 常常侵入并威胁种植在长江大堤上的草坪

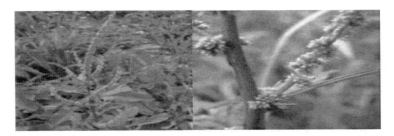

图 1-25 刺苋 (野苋菜、土苋菜, Amaranthus Spinosus), 原产于中南美洲, 现分布于我国陕西、河北、北京、山东、河南、安徽、江苏、浙江、江西、湖南、湖北、四川、重庆、云南、贵州、广西、广东、海南、香港、福建、台湾等地区, 是一种归化植物, 据说可治胃出血、妇女经痛等症状, 不具毒性, 可安心食用

图 1 - 26　落葵薯（川七、洋落葵，Anredera Cordifolia），原产于南美热带和亚热带地区，现分布于我国重庆、四川、贵州、湖南、广西、广东、云南、香港、福建等地区，该种植物生长快，而且缺乏病虫害的制约，在华南地区，该种的枝叶可覆盖小乔木、灌木和草本植物，造成灾害

　　图 1 - 27 至图 1 - 35 所示为 2010 年国家环境保护部和中国科学院公布的首批入侵我国的 19 种外来入侵物种——动物部分。❶

图 1 - 27　桉树枝瘿姬小蜂（Leptocybe Invasa），原产于澳大利亚，现分布于我国广西、海南以及广东省的部分地区，对华南、西南等地区的桉树种植造成极大威胁

---

❶　国家环境保护部，中国科学院. 中国第二批外来入侵物种名单. ［S］. 2010 - 01 - 07.

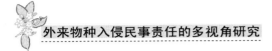

图 1 - 28　稻水象甲（稻水象，Lissorhoptrus Oryzophilus），原产于北美洲，现分布于我国河北、辽宁、吉林、山东、山西、陕西、浙江、安徽、福建、湖南、云南、台湾等地区，可随水流传播，寄主种类多，危害面广，成虫蚕食叶片，幼虫危害水稻根部，危害秧苗时可将稻秧根部吃光

图 1 - 29　红火蚁（Solenopsis Invicta），原产于南美洲，现分布于我国台湾、广东、香港、澳门、广西、福建、湖南等地区，是一种农业及医学害虫

图 1 - 30　克氏原螯虾（Procambarus Clarkii），原产于北美洲，现在我国分布十分广泛，南起海南岛，北到黑龙江，西至新疆，东达崇明岛均可见其踪影，华东、华南地区尤为密集，捕食本地动植物，以携带和传播致病源等方式危害土著物种

图 1 - 31　苹果蠹蛾（苹果小卷蛾，Cydia Pomonella）原产于欧洲东南部，现分布于我国新疆全境、甘肃省的中西部、内蒙古西部以及黑龙江南部等地区，对梨果类水果危害很大

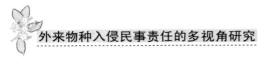

图 1－32　三叶草斑潜蝇（Liriomyza Trifolii），原产于北美洲，现分布于我国台湾、广东、海南、云南、浙江、江苏、上海、福建等地区，危害幼苗，引起农作物减产，传播疾病等

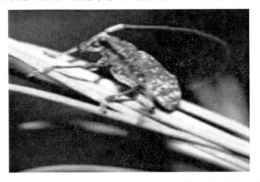

图 1－33　松材线虫（Bursaphelenchus Xylophilus），原产于北美洲，现分布于我国江苏、浙江、安徽、福建、江西、山东、湖北、湖南、广东、重庆、贵州、云南等地区，主要危害松属植物，也危害云杉属、冷杉属、落叶松属和雪松属

图 1－34　松突圆蚧（Hemiberlesia Pitysophila），原产于日本和我国台湾地区，现分布于我国香港、澳门、广东、广西、福建和江西等地区，主要危害松属植物，如马尾松、湿地松、黑松等，其中以马尾松受害最重

图1-35　椰心叶甲（Brontispa Longissima），原产于印度尼西亚与巴布亚新几内亚，现分布于我国海南、广东、广西、香港、澳门和台湾等地区，危害以椰子为主的棕榈科植物

三、我国外来物种入侵的途径

总体来讲，我国外来物种入侵的途径有两大类：一是自然因素，二是引种。

（一）自然因素

外来入侵物种在周边国家或地区归化后，通过水流、风力等自然传入。例如，麝鼠进入我国的一个主要途径就是从前苏联沿着伊犁河、塔克斯河、额尔齐斯河以及黑龙江流域自然扩散侵入。植物的种子随风或河流移落到别的地方，或是被鸟吃掉后带到了另一个地方。飞机草、薇甘菊也是靠自然因素侵入我国的，目前已经给云南和广东地区造成了损失。有研究指出，薇甘菊可能是通过气流从东南亚传入广东的；稻水象甲也可能是借助气流迁飞到我国内地的。

（二）引种

引种（Introduction）是指以人类为媒介，将物种、亚种或以下的分类单元（包括其所有可能存活继而繁殖的部分、配子或繁殖体），转移到其自然分布范围及扩散潜力以外的地区。这种转移可以是国家内的或国家间的。引种主要分为两大类：有意引种和无意引种。

1. 有意引种

有意引种（Intentional Introduction）是指人类有意实行的引种，将某个物种有目的地转移到其自然分布范围及扩散潜力以外（这类引种可以是经授权的或未经授权的）。

从国外引入植物的主要目的是发展经济和保护生态环境。植物引种对我国的农林业等多种产业的发展起到了重要的促进作用，但人为引种也导致了一些严重的生态学后果。有的人总是认为"外来的就一定比本地的好"，因此不加分析地盲目引种。如果大量引入外来种，不注意充分利用本地种，则很可能导致入侵种种类增加、危害加剧。

我国古代即有引种的传统历史，早期的引入常通过民族的迁移和地区之间的贸易实现。例如，原产于非洲的酸豆（Tamarindus Indica）以及原产于中亚的葡萄（Vitis Vinifera）、紫苜蓿（Medicago Sativa）、石榴（Punica Granatum）、红花（Carthamus Tinctorius）等经济植物的种子就是公元前4世纪和1世纪时分别通过古代著名的"蜀身毒（即印度）道"和"丝绸之路"引入我国的。

随着经济的发展和改革开放，几乎与种植、养殖有关的单位都存在大量从外地或外国引进物种的项目。这些单位有农业、林业、园林、水产、畜牧、特种养殖业以及各种饲养繁殖基地，其中大部分引种以提高经济收益、观赏、环保等为主要目的。外来物种在有目的的引入之初，可能给当地的经济带来了一定的效益。但是，管理上的落后使得引入物种很快蔓延，人们无法有效控制，致使危害发生。

据统计，我国目前已知的外来有害植物中，超过50%的种类是人为引种的结果。按照引种目的，有意引种大致可以分为以下几类。

（1）作为牧草或饲料引种。

因作为牧草或饲料引进而造成入侵的例子很多，例如水花生（Alternanthera Philoxeroides）、紫苜蓿（Medicago Sativa）、白花草木樨（Melilotus Albus）、赛葵（Malvastrum Coromandelianum）、大黍（Panicum Maximum）、梯牧草（Phleum Pratense）、牧地狼尾草（Pennisetum Setosum）、苏丹草（Sorghum Sudanense）、波斯黑麦草（Lolium Persicum）、大漂（Pistia Stratiotes）、芒颖大麦草（Hordeum Jubatum）、凤眼莲（Eichhornia Crassipes）等。以空心莲子草（Alternanthera Philoxeroides）为例，20世纪50年代后，南方许多地方曾经将此草作为猪饲料引种扩散，嗣后逸为野生。1986年的调查发现，其自然发生面积约为889600公顷，已经成为蔬菜、甘薯等作物田及柑橘园的主要害草。又

如，1901 年，水葫芦从原产地南美洲引入我国，20 世纪 50 年代被作为优良的青饲料在全国推广种植。水葫芦的泛滥成灾，不仅遮蔽了阳光，夺去了水中的养分和氧气，使许多原生物种消亡，还阻塞了河流航道。

（2）作为观赏植物引种。

对奇花异草的追求促使人们不断地引进外地的或国外的花草品种。这些花草免不了从花园中逃逸，而在自然生长下，其中一些外来观赏植物逃逸后成为危险的外来入侵种，如熊耳草（Ageratum Houstonianum）、剑叶金鸡菊（Coreopsis Lanceolata）、秋英（Cosmos Bipinnata）、堆心菊（Helenium Autumnale）、万寿菊（Tagetes Erecta）、加拿大一枝黄花、牵牛（Pharbitis Nil）、圆叶牵牛（P. Purpurea）、马缨丹（Lantana Camara）、含羞草（Mimosa Pudica）、红花酢浆草（Oxalis Corymbosa）、韭莲（Zephyranthes Grandiflora）、荆豆（Ulex Europaeus）、蜘蛛兰（Hymenocallis Littoralis）等。

例如，凤眼莲（水葫芦）原产于南美洲，于 1901 年作为花卉引进我国，并曾作为饲料和净化水质植物推广种植，后逸为野生，广泛分布于华北、华东、华中和华南的大部分省地的主要河流、湖泊和水塘中。20 世纪 90 年代中期，在我国南方地区的一些河流和湖泊里，凤眼莲覆盖面积达 100%。凤眼莲引进滇池以后蔓延成灾，严重破坏了当地水生生态系统的结构和功能，导致大量水生动植物死亡。20 世纪 60 年代以前，滇池的主要水生植物有 16 种，水生动物有 68 种；到 80 年代，大部分水生植物相继死亡，水生动物仅存 30 余种。

（3）作为药用植物引种。

我国传统中医药所采用的超过 12000 多种生物中的绝大部分为我国原产，也有部分为外来物种，其中一些已经成为入侵种，如肥皂草（Saponaria Officinalis）、含羞草决明（Cassia Mimosoides）、决明（Cassia Tora）、土人参（Talinum Paniculatum）、望江南、垂序商陆（Phytolacca Americana）、洋金花（Datura Metel）、澳洲茄（Solanum Laciniatum）等。

（4）作为改善环境的植物引种。

为快速解决生态环境退化、植被破坏、水土流失和水域污染等长期困扰我们的问题，人们往往片面地看待外来物种的某些特点，这就

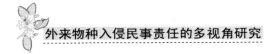

为外来物种的入侵提供了一个极好的机会。现在很多地区都在积极地进行植被恢复工作，但其中使用的一些物种是危险的外来物种。目前已经有一些物种形成入侵，典型的案例有互花大米草（Spartina Alterniflora）、薇甘菊和凤眼莲等。互花大米草自 1979 年从美国东海岸作为盐沼植被被引进，首先于 1980 年 10 月在福建沿海等地试种，之后得到大规模宣传，1982 年扩种到江苏、广东、浙江和山东等地区。当初引种的目的是保滩护岸、改良土壤、绿化海滩与改善海滩生态环境。现在这个物种已经在我国浙江、福建、广东、香港地区大面积逸生，1990 年仅福建宁德东吾洋一带的水产业一年的损失就达 1000 万元以上。这个物种已经成为沿海地区影响当地渔业产量、威胁红树林存亡的一个严重问题。

（5）作为食物引种。

人们为了追求食品的色、香、味、新、奇，大量引种食用植物和动物，殊不知这样也会造成生物入侵，如作为蔬菜引进的番杏（Tetragonia Tetragonioides）、尾穗苋（Amaranthus Caudatus）、落葵（Basella Alba），作为水果引进的番石榴（Psidium Guajava）、鸡蛋果（Passiflora Edulis），作为产生"凉粉"原料的假酸浆（Nicandra Physaloides），以及作为食用动物的大瓶螺、褐云玛瑙螺等。有一些哺乳动物的皮张具有较高的经济价值，如麝鼠和海狸鼠，人们在大范围内推广饲养以获取皮张，结果也造成生物入侵。

（6）作为宠物引种。

一些动物作为宠物而在城市中广泛养殖，例如，巴西龟（Trachemys Scripta）已经是全球性的外来入侵种，目前，在我国从北到南的几乎所有宠物市场上都能见到巴西龟的出售。虽然我国关于巴西龟的危害的报道还不多，但其已经被世界自然保护联盟（IUCN，2001）列为世界最危险的 100 个入侵种之一；同时，巴西龟也是疾病传播的媒介。

（7）作为水产养殖品种引种。

水产养殖业是我国的重要产业之一，几乎所有可以利用开展养殖的水域，如河流、湖泊、池塘、水库、稻田和公园，都或多或少地在开展养殖业。涉及的外来物种包括从国外引进的，如克氏原螯虾（Procambius

Clarkii）、罗氏沼虾（Macrobrachium Rosenbergii）、红螯螯虾（Cherax Quadricianalus）、虹鳟鱼（Oncorhynchus Mykiss）、口孵非鲫（Tilapia Sp.）、欧洲鳗（Anguilla Anguilla）、匙吻鲟（Polyodoh Spathula）、淡水白鲳（Colossoma Brachypomum）、斑点叉尾鮰（Morone Saxatilis）、加州鲈（Micropterus Salmoides）、条纹石鮨（Morone Saxatilis）和金眼石鮨（Morone Chrysops）等。从额尔齐斯河引入的河鲈（Perca Fulviatilis）已导致新疆博斯腾湖中新疆大头鱼（Aspiorhynchus Laticeps）的灭绝。

除了这些从国外引进的物种之外，我国南方本地产鱼类，如"四大家鱼"（青草鲢鳙）被引进到西北和西南部高海拔水域，这些物种以及随这些物种的引进而带入的小型杂鱼（鰕虎鱼、麦穗鱼等）所引起的灾难并不亚于国外的物种。例如，鳙鱼（Aristichthys Nobilis）在云南杞麓湖和星云湖的养殖，导致杞麓湖和星云湖中当地鱼种大头鲤（Cyprinus Pellegrini）的数量急剧减少，现在不得不依靠人工培育。

（8）植物园、动物园、野生动物园的引入。

我国许多城市都有动物园、植物园、鸟园。已经有许多外来植物从植物园逃逸归化，也有造成入侵的事例。我国动物园虽然还没有报道有外来物种入侵问题，但也有一些物种在野外自然繁殖，如八哥（Acridotheres Cristatellus）已经在北京形成了自然种群。特别是现在各地时兴建立野生动物园，大量物种被散放到自然区域，如不加强管理措施，防止外来物种的逃逸（其中可能会携带外来的野生生物疾病），这些潜在的外来入侵种源可能会带来灾难性生态入侵。❶

2. 无意引种

无意引种（Unintentional Introduction）是指某个物种利用人类或人类传送系统为媒介，扩散到其自然分布范围以外的地方，从而形成的非有意的引入。

很多外来入侵生物是随人类活动而无意传入的。尤其是近年来，随着国际贸易的不断增加、对外交流的不断扩大和国际旅游业的快速

---

❶ 解焱. 外来物种入侵、危害及我国的对策研究［EB/OL］. www. wwf. com. cn/... ruq/ruq7. htm－86k－2003－09－02.

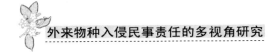

升温，外来入侵生物借助这些途径越来越多地传入我国。除了随人及其产品，通过飞机、轮船、火车、汽车等交通工具，作为偷渡者或"搭便车"被引入新的环境之外，建设开发、军队转移、快件服务、信函邮寄等也会无意引入外来物种。

（1）随人类交通工具带入。

许多外来物种随着交通路线进入和蔓延，加上公路和铁路周围植被通常遭到破坏而退化，因此，这些地方通常是外来物种最早或经常出现的地方。例如，豚草多发生于铁路、公路两侧，最初是随火车从朝鲜传入的；新疆的褐家鼠和黄胸鼠也是通过铁路从内地传入的。近年来，我国沿海海域赤潮越来越严重，重要原因之一是外来生存能力较强的赤潮生物的危害。通过船舶压载水带来的外来赤潮生物主要有洞刺角刺藻、新月圆柱藻、方格直链藻等16种藻类。这些外来赤潮生物对生态适应性强，分布广，只要环境适宜，就可发生赤潮，导致海洋生态系统的结构与功能彻底崩溃，对海域原有生物群落和生态系统的稳定性构成极大的威胁。

（2）随进口农产品和货物带入。

许多外来入侵种是随引进的其他物种掺杂进入的。大宗粮食进口是杂草籽进入我国的重要渠道。根据1998年的统计资料，我国在大连、青岛、上海、张家港、南京、广州等12个口岸截获了547种和5个变种的杂草，分属于49科。这些杂草来自30个国家，随食品、饲料、棉花、羊毛、草皮和其他经济植物的种子进口时带入。例如，毒麦传入我国是随小麦引种带入，一些林业害虫是随木质包装材料而来。货物进口是外来物种进入我国的重要渠道。

（3）旅游者带入。

旅游者异地携带的活体生物，如水果、蔬菜或宠物，可能携带有危险的外来入侵种。我国海关多次从入境人员携带的水果中查获到地中海实蝇等。还有一些物种可能是由旅游者的行李黏附带入我国的，如北美车前（Plantago Virginica）。

（4）随人类的建设过程传入。

人们在农田、林场工作的时候，交通工具、工作工具、鞋底的泥土、运输的苗木等都可能带入外来物种。例如，湿地松粉蚧可借助很多种方式传播扩散，异地运输苗木、接穗和球果均可将湿地松粉蚧传入新的林区，其初孵幼虫可随进入林地的工作人员带入，动物体上也可附着幼虫传播，经过林区的车辆也可成为快速携带者。❶

据国家有关部门在全国范围内展开的外来入侵物种调查显示，39.6%的案例属有意引进造成，43.9%为进出口贸易、游客等无意间携带进入，仅有3.1%是借助自然力量。从调查比例来看，人为因素占绝大部分。

四、我国外来物种入侵的危害

据专家初步分析，世界自然保护联盟 IUGN 公布的世界上 100 种最具破坏力的外来入侵物种，约有一半已入侵我国。这些入侵物种对我国的经济、生态环境和人们的健康同样造成了巨大危害。截至目前，已成功入侵我国的外来物种种数至少在 100 种以上，例如，美洲斑潜蝇、美国白蛾、非洲大蜗牛、湿地松粉蚧、马铃薯甲虫、飞机草等对我国生态安全已构成重大损害；除青藏高原上少数人迹罕至的偏远保护区外，全国 34 个省、市、自治区都不同程度地存在外来入侵物种的影响和威胁。我国外来物种入侵的危害主要表现在以下几个方面。

（一）对我国生物多样性的危害性

外来物种入侵导致生态系统中生物物种多样性的丧失。生物的多样性是包括所有植物、动物、微生物物种和它们的遗传信息和生物体与生存环境一起集合形成的不同等级的复杂系统。在每一个独特的生态系统内，由于自然界长期的演变，生物与其天敌相互制约，且受气候等其他因素的影响，各自的种群被限制在特定的区域和数量内。当一物种传入一新的地域后，由于各种原因（如缺乏足够的生物阻力），其在与本土物种的竞争中获胜，进而扩散蔓延，形成优势种群，不断缩小本土物种的生存空间，造成本土物种数量减少乃至灭绝，从而导

---

❶ 解焱. 外来物种入侵、危害及我国的对策研究［EB/OL］. www. wwf. com. cn/... ruq/ruq7. htm – 86k – 2003 – 09 – 02.

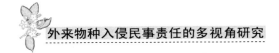

致物种的单一化、生物物种多样性的丧失。❶

入侵种中的一些恶性杂草，如紫茎泽兰（Eupatorium Adenophorum）、飞机草（Eupatorium Odoratum）、小花假泽兰（薇甘菊，Mikania Micrantha）、豚草属（Ambrosia）、小白酒草（Coryza Canadensis）、反枝苋（Amaranthus Retroflexus）等，可分泌有化感作用的化合物来抑制其他植物发芽和生长，排挤本土植物并阻碍植被的自然恢复。外域病虫害的入侵会导致严重灾害。例如，原产于日本的松突圆蚧（Hemiberlesia Pitysophila）于 20 世纪 80 年代初入侵我国南部，到 1990 年年底，已导致 130000 多公顷马尾松林枯死，其还侵害一些狭域分布的松属植物，如南亚松（Pinus Latteri）。原产于北美的美国白蛾（Hyphantria Cunea）于 1979 年侵入我国，仅辽宁省的虫害发生区就有 100 多种本地植物受到危害。三叶斑潜蝇侵入广东中山市坛洲镇后，迅速给当地 2 个 1000 余亩的蔬菜基地带来灭顶之灾，其中以芹菜受害最重，被害株率几乎达到 100%。该虫体长约 2 毫米，头顶和额区呈黄色，头鬃呈现褐色；一般以幼虫潜入寄主叶片和叶梗引起危害，是世界上危害花卉、蔬菜最严重的害虫之一，曾造成土耳其温室中的石竹大量受害，如果蔓及全国，后果不堪设想。另一种与三叶斑潜蝇相同科属的美洲斑潜蝇，1995 年在我国海南首次发现后，现已遍布全国，每年给我国的花卉业造成数十亿元的损失。在广东，薇甘菊往往大片覆盖香蕉、荔枝、龙眼、野生橘及一些灌木和乔木，致使这些植物难以进行正常的光合作用而死亡。在上海郊区，北美一枝黄花往往形成一优势群落，致使其他植物难以生长。20 世纪 60 年代，在云南滇池草海曾有 16 种高等水生植物，但随着水葫芦的大肆"疯长"，大多数本地水生植物如海菜花等失去生存空间而死亡，到 20 世纪 90 年代，草海的高等植物所剩种数无几。豚草可释放酚酸类、聚乙炔、倍半萜内脂及甾醇等化感物质，对禾本科、菊科等一年生草本植物有明显的抑制和排斥作用。薇甘菊也可分泌化感物质，影响其他植物生长。水葫芦在河道、湖泊、池塘中的覆盖率往往可达 100%，

---

❶ 胡珀. 外来物种入侵及其法律防治体系构建［J］. 求索，2005（11）.

由于降低了水中的溶解氧，会致使水生动物死亡。❶

（二）摧毁生态系统

在自然界长期的进化过程中，生物与生物之间相互制约，相互协调，将各自的种群限制在一定的栖境内和数量上，形成了稳定的生态平衡系统。其他物种入侵到本地后，便会打破现有的生态平衡，同时也会破坏当地的生物多样性。在我国，云南大理洱海原产鱼类 17 种，后来，人们在无意间引入了 13 个外来鱼种，竟然使原有的 17 种土著鱼类中的 5 种陷入濒危状态，而它们大多恰恰是有重要经济价值的洱海特产。主要原因是外来种与土著种争食、争产卵场所以及吞食土著种的鱼卵等，破坏了原有生态系统的平衡。原产于中美洲的紫茎泽兰（Eupatorium Adenophorum）仅在云南省发生的面积就高达 24.7 平方千米，还以每年 10 千米的速度向北蔓延，侵入农业植被，占领草场和采伐迹地，不但损害农牧业生产，而且使植被恢复困难。小花假泽兰（Mikania Micrantha）原产于热带美洲，20 世纪 70 年代在我国香港地区蔓延，80 年代初传入广东南部。在深圳内伶仃岛，该种植物像瘟疫般滋生，攀上树冠，使大量树木因失去阳光而枯萎，从而危及岛上 600 只猕猴的生存。20 世纪 60~80 年代，我国为了保护滩涂的植物，分别引进了 4 种大米草。由于人工种植和自然繁殖，其迅速扩散，现在生长在我国 80 多个县（市）沿海滩涂。结果造成了大米草泛滥，致使大量鱼类死亡，不仅破坏了滩涂的生态系统，降低了生物多样性，同时带来了不可估量的经济损失。在以水产业闻名全国的"蓝色宝库"——福建省霞浦县东吾洋，大米草已经成了大祸害，每年因此产生的损失高达 600 万元以上。凤眼莲（Eichhornia Crassipes）原产于南美，1901 年作为花卉引入我国，20 世纪五六十年代曾作为猪饲料"水葫芦"推广，此后大量逸生。在昆明滇池内，1994 年该种的覆盖面积约达 10 平方千米，不但破坏了当地的水生植被，堵塞了水上交通，给当地的渔业和旅游业造成很大损失，还严重损害了当地水生生态系统。连绵 1000 公顷的滇池，水葫芦疯长成灾，布满水面，严

---

❶ 傅俊范. 中国外来有害生物入侵现状及控制对策［J］. 沈阳农业大学学报, 2005 (6).

重破坏了水生生态系统的结构和功能，已导致大量水生动植物死亡。20
世纪 60 年代以前，滇池的主要水生动物、植物分别有 68 种和 16 种；
到 80 年代，大部分水生植物相继消亡，水生动物仅存 30 余种。

外来入侵物种通过竞争或占据本地物种生态位，排挤本地物种；
或直接扼杀本地物种，或分泌释放化学物质，使本地物种的种类和数
量减少，抑制其他物种生长，甚至使其他物种濒危或灭绝，造成生态
系统遗传多样性的丧失。例如，云南泸沽湖由于引入麦穗鱼等外来鱼
种，很快就造成了裂腹鱼的灭绝。

1992—1993 年在福建东山和厦门马銮湾海域相继发现了一种叫沙
筛贝的贝类，它原产于美洲。10 多年后的今天，沙筛贝数量激增，在
这些海域的浮筏上和桩柱上，所有养殖设施的表面几乎全被它们占
据，因争夺饵料，原来数量很大的藤壶、牡蛎等都被它们排挤掉。近
岸养殖的菲律宾蛤仔、翡翠贻贝等产量也都大幅度下降。

外来入侵物种还会影响当地生态系统的遗传多样性，可能使某些
物种的基因库变窄，还可能与当地物种杂交而导致基因污染。随着生
境片段化，残存的次生植被常被入侵物种分割、包围和渗透，使本土
生物种群进一步破碎化，还可以造成一些物种的近亲繁殖和遗传漂
变。有些入侵物种可与同属近缘种甚至不同属的种（例如加拿大一枝
黄花与假蓍紫菀）杂交。入侵物种与本地物种的基因交流可能导致后
者的遗传侵蚀。在植被恢复中将外来物种与近缘本地物种混植，如在
华北和东北国产落叶松（Larix）产区种植日本落叶松（L. Kaempferi），
以及在海南国产海桑属（Sonneratia）产区栽培从孟加拉国引进的无瓣
海桑（S. Apetala），都存在相关问题，因为目前这些属已有一些种间
杂交的报道。

（三）破坏景观的自然性和完整性

外来物种入侵还会破坏原有景观的自然性和完整性。例如，明朝末
期引入的美洲产仙人掌属（Opuntia）4 个种分别在华南沿海地区和西南
干热河谷地段形成优势群落，那里原有的天然植被景观已很难见到。

外来物种的入侵引起景观多样性的改变，导致大量外来人造景观
的出现和乡土景观的减少，在植物入侵的事件中表现出景观的单调

性,例如,城区街道、街头绿地、广场等环境中外来物种的大量采用,以及彩叶树种的大量运用,故意强调异地植物的配置模式、植物造景造型,从而导致原有生态系统景观结构的改变。

(四)造成巨大的经济损失

据研究统计,所有被引进的外来物种中,大约有10%在新的生态系统中可以自行繁殖;在可以自行繁殖的外来物种中,又有大约10%能够造成生物灾害,成为外来入侵物种。这些外来入侵物种虽然种类数量相对较小,但给我国带来的经济损失是不可忽视的。

外来物种入侵造成的经济损失可以分为直接经济损失和间接经济损失两大类。前者主要指外来病虫害和杂草对农林牧渔业、交通等行业或人类健康造成的物品损毁、实际价值减少或防护费用增加等。后者是指其对生态系统服务功能、物种多样性和遗传多样性造成的经济损失。

分析和计算表明,外来入侵物种每年对我国国民经济有关行业造成直接经济损失共计198.59亿元。其中,农林牧渔业160.05亿元,交通运输仓储和邮政业8.47亿元,水利环境和公共设施管理业0.87亿元,人类健康29.21亿元。外来入侵动植物对农田、园艺、草坪、森林、畜牧、水产等可带来直接经济危害,成为直接危害农林业经济发展的重大有害生物。例如,水花生对水稻、小麦、玉米、红苕和莴苣5种作物全生育期引起的产量损失分别达45%、36%、19%、63%和47%。紫茎泽兰含有的毒素易引起马匹的气喘病,仅1979年在云南省的52个县179个乡就造成发病马5015匹、死亡马3486匹,甚至造成"无马县"。广东、云南、江苏、浙江、福建、上海等省市每年都要人工打捞水葫芦,仅浙江省温州市和福建省莆田市1999年用于人工打捞水葫芦的费用就分别为1000万元和500万元。美洲斑潜蝇最早于1993年在海南省被发现,到1998年在全国21个省市区发生面积已达130万公顷以上,它寄生于22个科的110种植物,尤其是蔬菜瓜果类受害严重,包括黄瓜、甜瓜、西瓜、西葫芦、丝瓜、番茄、辣椒、茄子、豇豆、菜豆、豌豆和扁豆等。●

● 傅俊范. 中国外来有害生物入侵现状及控制对策 [J]. 沈阳农业大学学报, 2005 (6).

例如，20 世纪 50 年代被人为引入作为猪饲料的水花生，现已成为恶性杂草，对许多作物造成损失，以番薯的损失最重，达 63%，莴苣和水稻的损失高达 45% 左右，小麦的损失约 36%，玉米的损失约 19%，1998 年稻水象甲在我国河北省唐海县爆发成灾，水稻受害后，一般产量损失 5%~10%，严重田块达 40%~60%，少数田块基本没有收成。被称为"松树癌症"的松材线虫病在短短 10 年间，疫区已扩至江浙等 6 省，发生面积超过 6.67 万公顷，对黄山、张家界等风景名胜区构成了巨大威胁。❶

外来物种成功入侵后，一般会造成大面积的爆发和流行，要彻底根除极为困难，防治费用昂贵。入侵的杂草会使作物减产，增加防治成本。"据不完全统计，外来杂草引起的农业损失每年近 9 亿元人民币。"害虫和农作物病菌的引入不仅会直接毁坏植物和畜类，许多传染病毒的扩散通常也与外来物种入侵有关，它们带来的经济损失是巨大的。"外来病虫害每年造成的损失达到 70 亿~80 亿元人民币"，极大地影响了农林牧业的生产。据统计，我国几种主要入侵物种所造成的经济损失每年就达到 574 亿元，间接经济损失则大大超过这一数目。❷

与外来生物入侵造成的直接经济损失相比，间接损失的计算虽然十分困难，但绝不容忽视。外来生物通过改变侵入的生态系统带来一系列水土、气候等不良影响，比如，大量的水葫芦死亡后与泥沙混合沉积水底，抬高河床，使很多河道、池塘、湖泊逐渐出现了沼泽化，有的因此而被废弃，同时使周围气候和自然景观产生不利变化，加剧了旱灾、水灾的发生和危害程度；而且，水葫芦植株大量吸附重金属等有毒物质，死后沉入水底，构成对水质的二次污染。❸

根据间接经济损失评估模型计算的结果表明，外来入侵物种对我国生态系统、物种多样性及遗传资源造成的间接经济损失每年为

---

❶ 郭建英，崔旭红. 外来入侵生物对我国经济的影响［J］. 大自然，2004（2）.

❷ 谢玲，曹望华. 防治外来物种入侵的法律制度分析——外来物种入侵特征的视角［J］. 重庆社会科学，2004（2）.

❸ 郭建英，崔旭红. 外来入侵生物对我国经济的影响［J］. 大自然，2004（2）.

1000. 17 亿元,其中对生态系统、物种多样性和遗传资源造成的经济损失分别为 998. 25 亿元、0. 71 亿元和 1. 21 亿元。❶

(五) 直接威胁人类健康

外来物种入侵不仅给生态环境和经济发展带来巨大危害,而且还威胁人体健康。许多入侵生物本身就是人类的病源或病源的传播媒介,它们入侵成功的同时还可能会带来大范围疾病的流行,从而严重影响人类的健康和生存。

许多入侵生物是人类的病原或病原的传播媒介,它们一旦入侵成功,可能会造成大范围的疾病流行,严重影响人类的健康和生存。例如,紫茎泽兰全株有毒性,人接触后会头晕眼花;飞扬草全株有毒,有致泻作用;豚草和三裂叶豚草现分布在东北、华北、华东、华中地区的 15 个省市,豚草所产生的花粉是引起人类花粉过敏症的主要病原物,可导致"枯草热"症,豚草开花时会产生大量呈黄色雾状的花粉,人一旦吸入,会出现咳嗽、流涕、全身发痒、头痛、胸闷、呼吸困难等症状,严重的还会诱发肺气肿和哮喘,体质弱者可发生其他并发症并死亡;一些外来动物如福寿螺是人畜共患的寄生虫病的中间宿主,除在许多省份直接危害作物、降低当地淡水生态系统生物多样性外,所感染的广州管圆线虫能够引起人类嗜曙红细胞脑膜炎,这已成为近年来该种脑膜炎、感染率上升的一个主要原因;麝鼠可传播"野兔热"。这些疾病都给人类的生存带来了巨大的挑战。

此外,人们为了将有害外来物种控制在疫区之内,并将危害减少到最低程度,有时不得不大量使用农药,结果造成了对环境的污染。而环境中残留的农药又对人体健康构成威胁。

五、我国外来物种入侵的原因分析

生物入侵最根本的原因是人类活动把这些物种带到了它们不应该出现的地方。专家指出,造成一些外来物种成功入侵我国的主要原因是缺乏科学的认识、管理和防范措施,缺乏综合性的利益与风险评估

---

❶ 国家环境保护总局. 我国外来物种入侵研究和管理工作存在的问题及建议 [J]. 专报信息,2004 (3).

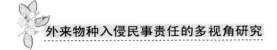

体系，生态保护意识淡薄等。目前，必须加紧制定一些指导性准则，采取切实可行的措施，以尽量减少外来入侵物种的威胁。

（一）生态安全性意识比较淡薄，宣传教育方面不足

我国对外来物种危害的认识还极大地局限于病虫害和杂草等造成的严重经济损失，没有意识到或者不重视外来物种对当地自然生态系统的改变和破坏。从高层管理人员、科研人员到基层工作人员和大众，普遍没有认识到外来物种已经引起的危害和潜在的危险。对于没有造成严重经济损失，却正在排挤、取代当地物种，改变当地生态系统的物种，没有给予足够的重视。

实际上，在某种程度上，正是我们的"抵抗"不力，甚至是我们主动敞开大门，才让"入侵者"得以长驱直入。比如，在海南召开的中国—东盟热带生物资源与生物技术应用研讨会上，一位印尼植物园主看到海南竟有那么多的外来树种十分不解，他指出，印尼同海南自然风光相似，但印尼非常重视种植本土树种，在进行引种试验时，也是将引进的物种严格控制在观察范围内。显然，如果我们也"严格控制"，"入侵"又谈何容易？

造成我国外来物种危害严重的一个重要原因，是地方政府和种养殖户片面追求经济效益，盲目引进，对本地特有的物种没有信心，总认为外来的比当地的好。例如，20 年前，新疆曾引进一批意大利黑蜂，这些入侵者迅速扩散到野外，大有令当地主要产蜜优良蜂种伊犁黑蜂灭绝之势，已造成巨大经济损失。

中科院植物研究所副研究员高贤明博士认为，造成外来生物入侵危机的原因还包括各地在治理外来有害生物中，为追求"立竿见影"的短期效果，未经过任何科学论证和必要的试验，就普遍采取从国外引进天敌和替代物种的"以夷治夷"方式，导致新生物的入侵危险性极高。

我国外来物种入侵与宣传教育不足也有极大的关系，人们在不知道什么是外来物种以及会造成什么样的危害后果时，往往无意中就通过交通、旅游等进出境方式带入外来物种，加上监管不严，从而导致大量外来物种进入我国并造成了严重的损害。

（二）重视经济效益，忽视生态效益，缺乏生态风险评估机制

一些部门以提高经济效益、观赏、环保等为主要目的，大量引进外来物种，并且没有对之进行生态风险评估。例如，1901 年水葫芦从原产地南美洲引入我国，到了 20 世纪 50 年代被作为优良的青饲料在全国推广种植，迅速扩散到珠江流域、长江三角洲水网和云南滇池等地滋生繁衍。水葫芦很快就成为入侵地的优势水生植物，泛滥成灾。它的茂密植株遮蔽了阳光，夺去了水中的养分和氧气，使许多原生物种消亡。它的疯长还阻塞了河流航道，目前我国每年用于治理水葫芦灾害的费用都在 5 亿元以上，仅上海市一年就要从水体中打捞出 80 万吨水葫芦。再如，作为庭园观赏植物引进的加拿大一枝黄花，其枝杆挺立，一个头上开着几百朵小小的黄花，花色艳丽，黄金点点，有着说不出的诗意。但其根系极为发达，易连接成片，和其他作物争光、争肥，形成强大的生长优势，繁衍非常迅速，很容易在极短的时间里破坏植物链群，造成生态系统失衡。随着人们生活水平的提高，各种珍奇花木受到追捧，一些外来生物也随着异地或异国的转运和相互赠送而悄然入侵。现在，许多用于城市绿化、美化的一年生草本花卉，如三色堇、矮牵牛等种子全部由国外引进。

我国目前缺乏有效的外来生物风险评估体系。对于生物引种，在引入前没有进行充分的科学评估、预测和测验。外来物种的引种不仅要考虑当前，还应预测将来；不仅要看经济利益，还要看它的生态危害；不仅要考虑地区性问题，更要考虑全国性问题。引入后，应加强观测和跟踪，如发现问题，应及时采取有效对策，避免造成大面积危害。因此，必须建立统一的科学环境评价和风险评价办法。要逐步建立起引进外来物种的环境影响评价制度。对于所引进的物种，不仅要考虑其经济价值，还要考虑其可能会对生物多样性和生态环境产生的影响，进行风险评估和必要的相关试验。只有通过了环境安全影响评价的外来物种，才能被引进、应用及商业化❶，从而全面地解决和控制外来入侵物种对我国可能造成的生态、经济和人民健康的破坏。

---

❶ 国家环境保护总局. 生物多样性履行简报［R］. 2003（1）.

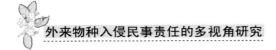

（三）检验检疫标准、检疫手段滞后

检疫是防止外来物种入侵的第一道防线。对此，通常需要制定检疫对象，严格检查从境外引入的作物种子、林木、花卉、有机肥料以及一些包装材料等，防止危险性物种传入。在经济全球化的今天，世界贸易、旅游的迅速发展都为生物入侵打开了方便之门，我国现有的检验检疫标准已经难以"阻挡"外来入侵物种。检疫手段的落后也是导致生物入侵的一个重要因素，我国目前对外来生物的快速、准确识别与鉴定能力不足，在许多入侵物种的引种及种苗调运过程中，检疫措施未能跟上。❶

（四）对造成危害的入侵物种的处理不当

例如，在调查香龙血树（巴西木，Dracaena Fragrans）的有害昆虫——蔗扁蛾的过程中发现，一些地方将严重受害的巴西木淘汰后，作为垃圾堆放在园艺场的角落，其上虫口密度大得惊人，一般受害巴西木桩有虫 100 头／米以上。这种不做任何防止扩散的处理方法，对于蔗扁蛾这种寄主植物达 24 科 50 多种，不仅危害巴西木，而且可危害香蕉、甘蔗、玉米、马铃薯等农作物及多种观赏植物的物种，一旦扩散到自然生态系统，后果不堪设想。❷

（五）相关法律法规不健全，现有法律责任追究制度不健全

虽然目前我国涉及外来生物入侵的法律、法规及条例有 18 部，相关的内容散见于各环境资源法和检疫法，但没有一部专门的有关外来物种管理的法律法规，大多是各行其是，相互扯皮，漏洞不少。例如，对于有意引进外来物种，现有立法只规定了行政罚款；对于无意引入外来物种造成损害的，没有建立起责任追究制度，致使损害发生后无法得到赔偿。

目前我国对外来入侵物种的防范主要散见于一些相关的法律中，

---

❶ 杨会英，刘丽霞. 我国城市园林绿化引进外来物种的法律思考［J］. 河北法学，2005（10）.

❷ 解焱，李振宇，汪松. 中国入侵物种综述［C］//汪松，谢彼德，解焱. 保护中国的生物多样性（二）北京：中国环境科学出版社，1996：91－106.

例如，在《中华人民共和国海洋环境保护法》（以下简称《海洋环境保护法》）、《中华人民共和国农业法》（以下简称《农业法》）、《中华人民共和国渔业法》（以下简称《渔业法》）、《中华人民共和国进出境动植物检疫法》（以下简称《进出境动植物检疫法》）等法律法规之中有个别的防范外来物种的规定，但是都不够具体深入。例如，《农业法》在第64条第1款中规定"从境外引进生物物种资源应当依法进行登记或审批，并采取相应安全控制措施"，但是至今尚未出台有关外来入侵物种预防、引进、控制的专项法律法规，也没有防范外来入侵物种的预警体系和相关法律制度，这就使得外来入侵物种的管理缺乏法律依据。因此，我国目前应该加紧外来物种管理法的制定。此外，也要建立健全对现行防御外来有害生物法律法规和措施的回顾审查制度，对法律法规和措施执行情况、效果进行评估和分析，及时清理、修改、更新和完善防御外来有害生物的法律法规和措施，以适应形势变化的需要。

（六）管理体制的漏洞

防治外来物种入侵往往涉及环保、检疫、农、林、牧、渔、海洋、卫生等多个不同部门。对外来入侵物种进行清除控制需要诸多相关部门的通力合作，采取协调一致的行动。管理体制的设置是否合理，分工是否明确，互相之间是否协调，会直接影响整个清除控制的效果。外来物种入侵的途径是复杂多样的，一旦入侵成功，涉及的范围非常广泛，如果某个环节薄弱，则可能导致整个清除控制工作功亏一篑。目前，我国防治外来物种入侵的监督管理体制不完善，部门之间的分工不甚明确，缺乏有效的协调机制。各部门之间（农、林、科研部门等）职责不明，各自为政，不能及时和积极地采取行动，极大地阻碍了防控外来入侵物种的综合能力的发挥。相关部门之间信息不畅，甚至造成许多有意引进的外来物种侵袭当地生态系统，外来入侵物种呈现出不断蔓延的趋势，导致了重大的恶性后果。

外来物种防治应实行统一监督管理与部门分工负责相结合，中央监管与地方管理相结合，由各部门分工承担相应的职责，在涉及的检验检疫、农、林、牧、渔、环保等部门之间建立合作协调的机制。因此，我

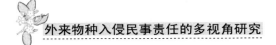

国应成立专门机构，以协调各部门在防范活动、管辖范围方面的关系，合理配置各职能部门之间的权力，最大限度地统一执法主体。

第二节　外来物种入侵的立法比较分析

一、概述

外来入侵物种及其危害问题从 20 世纪 50 年代开始就引起了社会的注意❶，但是其在全球范围内引起广泛关注并且开始采取有计划的行动，则是在 1992 年里约环境与发展大会之后。这次大会签署的《生物多样性公约》是目前唯一涵盖外来入侵物种所有相关内容的国际公约。❷

尽管外来物种问题已经成为一个全球性环境问题，但是由于各个国家受到外来物种入侵的危害程度并不相同，各国对外来入侵物种的认知程度和重视程度也不相同。因此，从国家立法层面来看，各国针对外来入侵物种的立法存在较大差异。而自 20 世纪末叶以来，主要发达国家纷纷制定实施了防治外来入侵物种的综合性法律及战略，对防治外来入侵物种的各项事务进行了全面的规定和部署。❸

我国已成为遭受外来入侵生物危害最严重的国家之一。据统计，我国每年因外来物种造成的损失已高达 1198 亿元，占国内生产总值的 1.36%。❶ 因此，如何通过法律方法有效抵御外来物种入侵，已经成为摆在我国面前的一个亟须解决的重大问题。

本部分通过比较分析的方法，针对各国有关外来入侵物种的立法，从立法模式、管理体制和法律制度设计 3 个层面展开比较研究，并结合我国外来物种入侵的相关立法及其存在的问题，提出完善我国

---

❶ 徐汝梅. 生物入侵——数据集成、数量分析与预警 [M]. 北京：科学出版社，2003：3.

❷《生物多样性公约》第 8 条（h）款规定：每一缔约国应尽可能并酌情防止引进、控制或消除那些威胁到生态系统、生境或物种的外来物种。

❸ 汪劲. 抵御外来物种入侵：我国立法模式的合理选择——基于国际社会与外国法律规制模式的比较分析 [J]. 现代法学，2007，29（2）：24 – 31.

❶ 马力. 外来物种入侵年造成损失近 1200 亿 [N]. 新京报，2005 – 05 – 23.

外来物种入侵立法的建议。

二、外来入侵物种防治立法模式之比较

在外来入侵物种立法过程中，采用什么样的立法模式至关重要，因为这关系到外来入侵物种立法的实施效率，并且和外来入侵物种立法目的、管理体制、管理范围和制度设计有着密切的联系。

各个国家应对外来入侵物种的立法在广泛性方面存在显著的差别，在某种程度上，这种差异反映了外来入侵物种对各国经济和环境所带来的威胁程度的不同。各个国家的立法大致分布在两点之间：外来物种在立法上没有被明确关注——涉及外来物种的不同领域被整合在一个统一的体系框架中。在这个模式的一端，任何防治或控制引入的措施必须从分散的法律中获取授权，而这些法律往往致力于某一个特定的领域。在另一端，存在明确的法律授权、充分的技术支持，制度和预算能力则会与将要出现或能够被预见到的问题的严重程度相适应。❶

IUCN 的专家曾将外来入侵物种立法模式分为 3 种，即综合性立法模式、核心法律模式与协调各部门立法减少冲突的立法模式。综合性立法模式，即审查现有的措施并将它们统一到一个综合性法律当中，这部法律应当覆盖所有物种、所有部门和所有生态系统，并且能够为采取全方位的行动提供全面的保障。核心法律模式，即保留现有关于外来物种入侵防治的法律法规，把其中共同的基本要素归纳出来，并加以补充和完善，从而制定出一部在外来入侵物种方面的核心法律。协调各部门立法减少冲突的立法模式，即采取最低限度的变动，协调所有外来入侵物种相关的法律或法规，消除矛盾或冲突的规定，以促进国内统一一致的行动。❷

---

❶ 英国环境、食品与农村事务部. 外来入侵物种立法和指南评估［R］. 2001：99.（DEFRA，"Review of Non-native Species Legislation and Guidance"，2001，p. 99.）

❷ 科勒尔·海因，纳特雷·威廉姆斯，卢塔·格云格里克. 外来入侵物种立法和制度设计指南［R］. 世界自然保护同盟环境法中心环境政策和法律文件第 40 号，2000：41.（Clare Shine, Nattley Williams and Lothar Gŭndling, A Guide to Designing Legal and Institutional Frameworks on Alien Invasive Species, Environmental Policy and Law Paper No. 40, IUCN Environmental Law Centre［R］. 2000：41.）

这种概括更侧重于理论的完整性，其所概括的综合性立法模式只是一种理想状态，在实践中几乎没有一个国家采取这种模式。本书认为，无论是综合性立法还是核心法律，都可以归结为针对外来入侵物种的一种专门性立法，因此，本书将外来入侵物种立法的模式概括为两种，即专门性立法模式和部门式立法模式，如表1－1所示。

表1－1　外来入侵物种立法模式

模式		表现	代表性国家
专门性立法模式	综合性专门立法	制定一部覆盖所有物种、所有部门和所有生态系统，并且能够为采取全方位的外来入侵物种管理行动提供全面保障的综合性法律	新西兰（1996年的《有害固体废物和新生物体法》、1993年的《生物安全法》）
	核心性专门立法	在保留现有关于外来入侵物种的法律法规的基础上，将其共同的基本要素归纳出来，制定一部专门针对外来物种入侵防治的核心法律，该法的目标在于协调原有法律法规的关系，并且填补空白	日本（2004年的《关于防止特定外来生物致生态系统损害的法律》）
	特定领域专门立法模式	针对不同领域的外来物种或者外来物种管理体制方面的重大问题制定特定领域的专门性法律，同时在其他的相关法律中也包含应对外来物种事务的规定	美国（1900年的《联邦野生动物保护法》、1990年的《非本土水生有害物种预防和控制法》、1996年的《国家入侵物种法》、1999年处理入侵物种事务的第13112号总统令）
部门式立法模式		不存在专门性的外来入侵物种立法，有关外来入侵物种的法律规范广泛存在于野生动物保护、动植物检疫、公共卫生保护、农业保护、渔业保护等法律领域	英国、德国、意大利、中国等大多数国家都采取了这种模式

第一种模式是专门性立法，即在一国的法律体系中存在专门针对外来入侵物种的立法。如新西兰1996年的《生物安全法》和日本2004年的《关于防止特定外来生物致生态系统损害的法律》。

根据专门性外来入侵物种立法的适用范围，该种模式又可以细分为 3 种子类型。

第一种类型是综合性专门立法模式，这也是最理想、最完美的类型，即审查现有的措施，并将它们统一到一个综合性法律当中，这部法律应当覆盖所有物种、所有部门和所有生态系统，并且能够为采取全方位的外来入侵物种管理行动提供全面的保障。但是，如此规模的立法改革在政治上和技术上都是复杂的，并且可能引起得到长期授权的有关行政部门的抵制。

新西兰在这个方向上走得最远，通过了 2 部关于外来物种和转基因生物体的有意引进（1996 年《有害固体废物和新生物体法》）和关于无意引进和管理/控制计划（1993 年《生物安全法》）的综合性法律。1993 年新西兰议会正式施行世界上第一部专门为系统地保护有价值的生态系统（引入的或本土的），以保护其免受外来有害物和疾病的有害影响的法律——《生物安全法》。● 而 1996 年通过并施行的《有害物质和新生物体法》则是新西兰目前在管理有害物质和新生物体、维护生态安全方面最主要的法律，该法的目的是通过阻止或管理有害物质和新生物体的不利作用来保护环境及人们与社会的健康和安全。在综合性立法的基础上，2003 年新西兰农业和森林部（MAF）制定了《生物安全战略》，该战略是新西兰保障生物安全、防治外来入侵物种的新里程碑。

第二种类型是核心式专门立法模式，即制定一部专门针对外来物种入侵防治的核心法律。在这种立法模式下，保留了现有关于外来入侵物种的法律法规，但是将其中共同的基本要素归纳出来，例如共同的目的、定义、制度、标准、程序和责任等，并加以补充和完善，在这部核心法律中做出详尽的规定，其立法目标在于协调原有法律法规

● 该法于 1993 年、1994 年、1996 年、1997 年、1998 年、1999 年、2003 年进行了较为频繁的修改。

的关系，并且填补空白。❶

日本采取了这种模式，于 2004 年 3 月通过了《关于防止特定外来生物致生态系统损害的法律》，即采取专门立法的模式，对已经确认有害的外来生物禁止引进，对存在风险的外来生物进行风险评估，对于除此之外的生物，该法不予规范。

与此同时，日本也存在一些与专门控制外来物种入侵法律相关的法律，如《林业种苗法》《水产基本法》《关于规制遗传因子组合生物等的使用等确保生物多样性的法律》《植物防疫法》《关于鸟兽保护以及狩猎适当化的法律》《关于爱护动物及其管理的法律》等。但是，这些法律的目的并非防治外来物种入侵，而是通过法律规定从事某些可能涉及外来物种入侵行为的规范，要求这些行为必须与《关于防止特定外来生物致生态系统损害的法律》的规定相一致。

第三种类型是特定领域专门性立法模式，即针对不同领域的外来物种或者外来物种管理体制方面的重大问题制定特定领域的专门性法律，同时在其他相关法律中也包含应对外来物种事务的规定。

这种立法模式的典型代表是美国，其实用性和针对性更强，而立法的体系性和逻辑性则相对稍差。美国颁布了许多处理入侵物种事务的联邦法律，其中具有代表性的是 4 部法律，即 1900 年的《联邦野生动物保护法》、1990 年的《非本土水生有害物种预防和控制法》、1996 年的《国家入侵物种法》以及 1999 年处理入侵物种事务的第 13112 号总统令。1900 年的《联邦野生动物保护法》是美国国会第一次针对引入入侵物种的立法。该法禁止向美国进口会损害人类健康，或农业、园艺业、林业的利益，或美国的野生生物资源的外来野生哺乳动物、野生鸟类、鱼类（包括软体动物和甲壳动物）、两栖动物、爬行动物、褐树蛇，以及内政部长随后通过规章禁止的前述物种的后代或卵。1990 年美国国会通过了《非本土水生有害物种预防和控制法》，创立了一个水生有害物种专责小组，并且要求运输部部长发布

---

❶ 有学者将这种模式比喻为"补漏"，本书认为这是一种比较形象而恰当的比喻。参见王运生，肖启明，万方浩，等. 日本《外来入侵物种法》及对我国外来物种管理立法和科研的启示 [J]. 植物保护，2007，33（1）：24 - 28.

防止水生入侵物种通过压舱水引入五大湖的规章。根据该法，1993年，运输部制定了一个强制性的压舱水管理机制，管理进入五大湖地区的港口的船舶排放压舱水的行为。1996年的《国家入侵物种法》创造了一个强制性的机制，要求在五大湖地区运营的船舶在进入五大湖的港口之前交换压舱水。该机制包含了一个与船舶安全有关的例外，这种豁免完全取决于船东的自由裁量。该法要求制定一个防止通过压舱水排放引入水生入侵物种的国家指南。1999年，美国时任总统克林顿发布了一个有关入侵物种的第13112号总统令，要求所有联邦机构确定所有与其有关的行动是否可能对入侵物种造成影响。该总统令授权联邦机构采取各种各样的措施应对入侵物种的问题。此外，该总统令还建立了一个部门间委员会——国家入侵物种委员会。

从上文的介绍来看，美国有针对外来入侵物种的专门性立法，但并没有一部"核心法律"。上文提到的3部法律各有侧重，很难说得上是核心法律。一个总统令虽然看起来像是核心，但是否能称得上核心法律？另外，它在内容方面侧重管理体制，不怎么涉及其他事项和制度，似乎也够不上核心法律。

与专门性立法的另外两种类型和后文将要谈到的部门式立法模式相比，美国的立法模式介于部门式立法模式和专门性立法模式之间，有针对外来入侵物种的专门性立法，但是其专门性立法又带有明显的部门痕迹，是针对不同领域的外来入侵物种分别制定专门性立法的。因此，我们可以将美国的立法模式概括为"特定领域专门立法模式"，即针对不同领域的外来物种或者外来物种管理体制方面的重大问题制定适用于特定领域的专门性法律，同时在其他的相关法律中也包含应对外来物种事务的规定。

第二种立法模式是部门式立法模式。在这种模式下，不存在专门性的外来入侵物种立法，有关外来入侵物种的法律规范广泛存在于野生动物保护、动植物检疫、公共卫生保护、农业保护、渔业保护等法律领域，由各个部门制定的部门规章和条例从各自主管的范围内共同参与外来入侵物种的管理行动。

目前，大多数国家都采取了这种立法模式，其与外来物种有关的规

定分布在检疫、农林、渔业、自然保护和水立法中，还可能分布在最新的适用于改性活生物体的法律中，有关措施还可能在调整为储备而进行物种引进和释放活动的狩猎、捕鱼和野生动物法等法规中被发现。❶

德国、英国和意大利等欧洲国家是这种立法模式的典型代表，在这些国家，外来入侵物种立法是分散和部门化的，立法的重点在于保护农业、林业等经济上的利益，而对一些威胁当地物种或其栖息地的外来物种，立法则几乎没有涉及、规定得不清楚或者与其他立法存在冲突。这种差异或模糊性对于有效控制物种问题来说可能是灾难性的。

例如，英国有关外来入侵物种的立法分散地规定于野生生物和乡村法、乡村和通行权法、环境保护法、鱼种进口法、动物健康法、蜜蜂法、濒危物种法、危险野生动物法、森林法和鹿法等 10 余部法律之中。德国与英国情况类似，有关外来入侵物种的内容分散地规定于联邦以及各州的自然保护法、狩猎法、渔业法、植物保护法、动物疾病控制法、动物保护法、森林法等各个领域的立法之中。

在这种模式下，由于没有综合性或指导性的法律，协调所有相关法律或法规、消除矛盾或冲突的规定、促进国内统一的行动就成为非常突出的问题。因此，与这种立法模式相适应，建立一个提供建议的协调机构，以为协调制定指标和提供必要的建议和预测，往往是必需的。

三、外来入侵物种管理体制之比较

在各国外来入侵物种立法中，有关外来入侵物种管理体制的设置都是一个非常重要的问题。通过对各国外来入侵物种管理体制的分析归纳，本书从理论上将其分为 3 种模式，即单一部门综合管理模式、多部门分散式管理模式和协调式管理模式，如表 1 - 2 所示。

---

❶ 科勒尔·海因，纳特雷·威廉姆斯，卢塔·格云格里克. 外来入侵物种立法和制度设计指南［R］. 世界自然保护同盟环境法中心环境政策和法律文件第 40 号，2000：37. （Clare Shine, Nattley Williams and Lothar Gǔndling, A Guide to Designing Legal and Institutional Frameworks on Alien Invasive Species［R］. Environmental Policy and Law Paper No. 40, IUCN Environmental Law Centre, 2000：37. ）

表1-2　外来入侵物种管理体制模式

模式	表现	代表性国家
单一部门综合管理模式	指定或者创设一个独立的部门负责所有领域的外来入侵物种管理工作，并拥有外来入侵物种管理所需的完整权力	尚无
多部门分散式管理模式	外来入侵物种管理职权由不同的部门分担，并且不存在联系相关行政机关和机构或确保一致实施的协调体系或机构	英国、德国、意大利以及中国等大多数国家
协调式管理模式	在多部门分散式管理的基础上，指定或设立一个机构专门从事各部门有关外来入侵物种管理工作的协调	美国、新西兰等

　　单一部门综合管理，即指定或者创设一个独立的部门来负责所有领域的外来入侵物种管理工作，并拥有外来入侵物种管理所需的完整权力。对于管理体制的设想而言，这是最理想的机构。但是，很多种类的活动都能够引起外来物种入侵问题的产生，并导致大范围的利益冲突，而外来入侵物种问题涉及很多政策领域，行政责任也分布于不同的政府部门。设立单一部门进行综合管理，往往与现实情况不符而难以实现，因此，世界各国均没有设立这种机构。

　　多部门分散式管理，即外来入侵物种管理职权由不同的部门分担，并且不存在联系相关行政机关和机构或确保一致实施的协调体系或机构，这种模式为世界上绝大多数国家所采取。

　　这种部门化的管理方法是随着各部门针对各自领域特有的外来入侵物种威胁而发展起来的，而且这些方法主要是基于外来入侵物种带来经济利益损失而产生的。在多部门分散式管理模式下，一个单一机构可能有促进林业、农业或渔业发展并执行检疫控制的法定职责，部门官员可能屈从于贸易者的压力，在进口检疫中于科学警告可能发出之前释放检疫物品。❶ 例如，德国、意大利和英国目前采取的就是零散式的分部门

---

　　❶　科勒尔·海因，纳特雷·威廉姆斯，卢塔·格云格里克. 外来入侵物种立法和制度设计指南［R］. 世界自然保护同盟环境法中心环境政策和法律文件第40号，2000：41．（Clare Shine, Nattley Williams and Lothar Gündling, A Guide to Designing Legal and Institutional Frameworks on Alien Invasive Species ［R］. Environmental Policy and Law Paper No. 40, IUCN Environmental Law Centre, 2000：41. ）

管理方法，在某些领域，例如植物健康领域，管理覆盖面很好；而在另外一些领域，特别是威胁到自然生态系统的领域，则涉及的很少。❶

多部门分散式管理模式中，各部门间的职责冲突和不协调是很难克服的，这在很大程度上降低了行政管理的效率。英国的研究小组也发现：根据物种和部门的差别，英国现有的涉及外来入侵物种的法定职权、检查、研究和管理职能分布于各种机构之中，现在没有一个机构有能力或职责应对外来入侵物种。在决策层面，协调是必需的；在管理层面，协调也能够最大限度地发挥现有部门的能力并填补空白。而缺乏对政府职能的充分协调，则是制定有效、有机的应对外来入侵物种问题的政策时存在的一个最大缺陷。现有的分散式方法导致了方法不一致、控制上的空白、潜在的低效率以及重复性努力。通过提高机构间的协调性问题也可以得到改善，但是指定或设立一个独立的领导性协调机构是非常必要的。❷

协调式管理，即在多部门分散式管理的基础上，指定或设立一个机构专门从事各部门有关外来入侵物种管理工作的协调。美国和新西兰提供了这种管理模式的范例。

协调式管理模式是在多部门分散式管理的基础上发展起来的，而且是在受到外来入侵物种侵害最为严重的两个国家——美国和新西兰率先建立起来的。这也从一个侧面说明，当面临严重的外来入侵物种问题时，多部门分散式管理是低效率、低效能的。

英国的研究小组在对英国的外来入侵物种管理体制进行分析时，也得出了相似的结论。他们认为，在英国，外来物种的检查、执行和控制方面的职权在涉及经济利益保护的领域时是非常明显的，而在其他主要涉及生态保护利益的领域，承担这些职能的机构经常是不明确的。控制外来入侵物种的职能也是根据经济因素和物种因素被分裂的，并且其与保护生物多样性的措施往往有冲突。某物种一旦入境

---

❶ 这或许是因为在欧洲国家由外来入侵物种所带来的损失的规模目前还没有美国和新西兰那样大。

❷ 英国环境、食品与农村事务部. 外来入侵物种政策评估：工作组报告［R］. 2003：25.（DEFRA，Review of Non-native Species Policy：Report of the Working Group［R］. 2003：25.）

后，经常首先是被保护的物种，在控制措施实施之前必须要采取特定的措施来证明其对当地生态系统带来了威胁。总之，几乎没有机构具有跨越不同物种或经济团体的能力或者职责。然而在某些领域，特别是保护经济活动的领域，有着较为成熟的立法，支持和控制功能由已经确立的机构承担，其他领域则很少建立起协调机制。没有一个机构有能力针对多于一种或两种的物种实施政策、研究或者执行职能，尽管现有的机构拥有相当数量的专家；也不存在一个协调性机构将利益相关各方召集起来，设定优先行动事项或者制定标准程序。❶

美国在外来物种的管理方面涉及20多个机构，为了协调它们之间的关系，1990年美国成立了特别工作组，其成员包括主任、美国海岸警卫队司令、美国国家环保局局长等。美国在1990年和1996年颁布的法律中制定了许多详细的计划，也体现了协调这一特点。❷

2001年年初，美国发布了《国家入侵物种管理计划》，规定了联邦行动的总体蓝图。《国家入侵物种管理计划》的发布奠定了基础，在此之上美国发展出一个解决外来入侵物种所导致的难题的更具有协调性和综合性的管理体制。处于这个管理体制核心的是根据第13112号总统令建立的国家入侵物种委员会，该委员会是一个部门间的机构，委员会的成员包括国务卿、财政部部长、国防部部长、内政部部长、农业部部长、商务部部长、运输部部长、联邦环保局局长、国土安全部部长以及美国贸易代表办公室主任。委员会由农业部部长、商务部部长以及内政部部长担任联合主席。委员会设立的目的就是领导全国的外来入侵物种管理工作，监督工作计划的执行状况，确保联邦部门活动的协调性，鼓励在各个层面开展与利益相关者和现有机构的合作，为国际合作提供建议，提出指导意见并协调管理和监督活动。在国家入侵物种委员会的协调之下，委员会各组成部门在各自领域内

---

❶ 英国环境、食品与农村事务部. 外来入侵物种政策评估：工作组报告［R］. 2003：25. (DEFRA, Review of Non-native Species Policy：Report of the Working Group［R］. 2003：25.)

❷ 张博. 美国外来物种入侵的相关法律对我国的启示［J］. 黑龙江省政法管理干部学院学报，2005（2）：118 – 120.

具体实施有关外来入侵物种的管理工作。❶

外来入侵物种管理体制问题在新西兰也被高度重视，新西兰已经形成了在生物安全委员会与部长论坛的领导和协调下，以农业及森林部为主导，与健康部、渔业部、保存部共同构成新西兰生物安全领域的四大主要机构各司其职、分工管理的管理模式。

日本的管理体制较为特殊，根据日本2004年制定的《防止外来物种入侵法》第29条的规定，"本法有关的主管大臣是指环境大臣。但是，在有关防止农林水产业的损害事项中，是指环境大臣以及农林水产大臣"，从中可以看出，环境省在总体上掌管防止外来物种入侵的职权，在有关经济领域由环境省和农林水产省分别掌管职权。

日本的管理体制介于分部门管理和协调式管理之间：一方面，实行环境省和农林水产省的分部门管理；另一方面，其虽然不存在一个协调机构，但是环境大臣又参与所有的外来入侵物种管理工作，而且在制定《防止外来物种入侵法》之后，日本还专门对《环境基本法》（1993年）授权实施《自然公园法》《农田土壤污染控制法》《自然环境保全法》《保护和饲养动物法》《内外陆海洋环境特殊措施法》《对损害健康的污染补偿法》《野生动植物濒危物种保护法》《对二氧（杂）芑的特殊措施法》《以废物利用为导向的社会促进基本法》《重新利用废旧车辆法》《野生动植物保护和猎捕法》的某些行政管理权限的条文做出部分修改，核心就是将上述法律所涉及的外来物种的管理权限统一交由环境省来行使。因此，环境省在外来入侵物种管理体系中的地位又似乎高于分部门管理中的管理部门，类似于一个外来入侵物种管理方面的领导机构。

四、外来入侵物种管理法律制度之比较

外来入侵物种问题引起各国重视并采取立法行动予以应对的历史比较短暂，因此，外来入侵物种管理方面的法律制度远未成熟，而且，根据各国受到外来物种侵害的严重程度的不同，其法律制度的完

❶ 童光法. 我国外来物种入侵的法律对策研究［M］. 北京：知识产权出版社，2008：55 – 56.

善程度也有较大差异。

目前关于外来入侵物种管理制度的立法进程还处于由理论转化为实践的过程之中，而其理论的主要来源就是 IUCN 和 GISP 等外来入侵物种方面的国际组织发布的报告、指南等非规范性文件，比较重要的如《生物多样性公约》第六次缔约方大会通过的《关于预防引进对生态系统、栖息地或物种构成威胁的外来物种并减轻其影响的指导原则》、IUCN 1996 年发布的《防止外来入侵物种导致生物多样性丧失的指南》、GISP 2000 年发布的《关于设计外来入侵物种的立法和制度框架的指南》等。虽然这些非规范性的指南和报告不具有法律效力，但是其中提出的应对外来入侵物种的措施对各国解决外来物种问题具有很强的指导意义，美国、新西兰、日本等已有专门性立法的国家的立法实践也印证了这一点。

总结各国外来入侵物种立法的内容则不难发现，各国在外来物种入侵的防治立法方面，不外乎设立了包括预防、早期监测和快速反应、控制管理评估等在内的全过程监控制度，以确保外来入侵物种"从摇篮到坟墓"都处于有效的监管之下。其中，早期预防和监测措施的实施又是各种措施的重中之重。❶

总体来看，解决外来物种问题的法律措施主要体现了全过程管理和分类管理的指导思想。全过程管理要求针对外来物种采取预防性措施，早期监测措施，清除、控制与恢复措施，即针对外来物种产生、发展、消灭的全过程都采取管制措施。分类管理要求根据外来物种产生途径的不同而采取不同的管理措施，具体而言主要是针对无意引进和有意引进的外来物种采取不同的管理措施。其实，无意引进和有意引进的差别主要体现在预防性措施上，对于无意引进而言，预防性措施主要是检疫措施；而对于有意引进而言，预防性措施主要是禁止、引入许可和释放许可等管理措施。早期监测措施以及清除、控制与恢复措施在无意引进和有意引进之间没有实质性差别。下文结合各国立

❶ 汪劲. 抵御外来物种入侵：我国立法模式的合理选择——基于国际社会与外国法律规制模式的比较分析 [J]. 现代法学，2007，29（2）：24-31.

法的具体规定，对这些法律制度做一简要介绍，如表1－3所示。

表1－3　外来入侵物种管理法律制度

管理制度		各国立法状况
预防性措施	预防性措施包括禁止性措施、许可制度、检疫措施，通过生物控制或者物理、化学方法销毁无意引进的物种，其中禁止性措施、许可制度主要适用于有意引进行为，而检疫措施主要适用于无意引进行为	针对无意引进的检疫措施是各国都普遍确立的制度；针对有意引进的预防性措施主要是许可制度，许可主要包括引入许可和释放许可，很多国家是将许可制度与目录制度和风险评估制度结合起来运作的；日本《防止外来物种入侵法》所确立的"不输入、不丢弃、不扩大"三原则也是针对预防外来物种入侵的简明概括
早期监测措施	包括一般性的监控或者信息核对、定点监控、监视、种类识别等措施	早期监测制度在外来物种危害较为严重的国家都已确立
清除和控制措施	当外来物种变为入侵物种时，防止其建立种群或者扩散的选择包括清除、限制或长期控制措施、减轻外来入侵物种影响的措施	与预防性措施相比，各国立法在清除和控制措施方面较为薄弱；控制措施也是根据部门不同而呈分散化，另外，法律授权范围较小，也缺乏有关优先行动安排的战略框架；针对活体动植物采取控制措施，还可能遇到一些法律上和伦理上的障碍

　　预防性措施包括禁止性措施、许可制度、检疫措施，通过生物控制或者物理、化学方法销毁无意引进的物种，其中，禁止性措施、许可制度主要适用于有意引进行为，而检疫措施主要适用于无意引进行为。❶ 日本《防止外来物种入侵法》所确立的"不输入、不丢弃、不扩大"三原则也是对预防外来物种入侵的简明概括。不输入是指不得

---

　　❶ 联合国环境规划署/生物多样性公约/科学、技术和工艺咨询附属机构. 现有外来入侵物种预防、早期监测、清除和控制措施的有效性和效率综合评估〔R〕. 2001：5. （UN-EP/CBD/SBSTTA, Comprehensive Review on the Efficiency and Efficacy of Existing Measures for their Prevention, Early Detection, Eradication and Control〔R〕. 2001：5.）

将可能对日本环境带来不良影响的外来生物通过各种方式引入日本；不丢弃是指不得将已经饲养的外来物种向野外丢弃；不扩大是指不得将已在野外生存的外来物种从一个地域带到另一个地域。

针对无意引进的检疫措施是各国都普遍确立的制度。例如，对于无意引入，新西兰主要实行的是边界前（Pre-border）制度，即所有的物品或人在没有检查者许可的前提下不能离开控制区。检查者可能拒绝申请并要求进口物品返回原地。在运输任何风险物品到新西兰时，运送者必须保证其遵守相关的进口健康标准，否则不能进口。

但是，必须注意到各国确立检疫制度的目的并不相同，有些国家确立检疫制度的主要目的是保护动植物和人体健康，也就是说，其通过检疫想要防止的是害虫，而非一般意义上的外来物种。例如，在英国和意大利，通过进口植物及其制品和动物而导致的已知害虫的无意引进是受到控制的，但是那些可能危及当地生态系统的物种在检疫阶段可能并不受控制。另外，检疫系统从理论上看应该覆盖所有的引入行动，但是在实践中，则根据国家疆域和行政意愿的不同变化很大，很多国家面临严重的检测设备短缺、信息不足、人力和财力资源不足等问题。❶ 因此，对于无意引进的途径，各国立法的覆盖面也并不全面，例如，英国缺乏对通过压舱水和其他国际航运载体导致的无意引进的控制。

针对有意引进的预防性措施主要是许可制度，许可主要包括引入许可和释放许可。很多国家将许可制度与目录制度和风险评估制度结合起来运作。例如，在新西兰，风险评估制度和许可制度的运用通常是结合在一起的。《有害物质和新生物体法》第27节规定了许可的几种类型，主要包括：为释放而进口或制造有害物质的许可；为释放而进口或者从遏制政策释放任何新的生物体的许可；进口新生物体进入遏制政策的许可，实地测试在遏制政策中新生物体的许可以及在遏制

---

❶ 联合国环境规划署/生物多样性公约/科学、技术和工艺咨询附属机构. 现有外来入侵物种预防、早期监测、清除和控制措施的有效性和效率综合评估［R］. 2001：9.（UN-EP/CBD/SBSTTA, Comprehensive Review on the Efficiency and Efficacy of Existing Measures for Their Prevention, Early Detection, Eradication and Control［R］. 2001：9.）

政策中发展新生物体的许可；进口有害物质进入遏制政策或制造有害物质进入遏制政策的许可；在紧急事件中进口或制造任何将要释放的有害物质的许可，在紧急事件中进口将要释放的新生物体的许可或者在紧急事件中从遏制政策中释放新生物体的许可。以引入许可为例，任何人要进口某物种，必须先向主管机关提出申请，主管机关接到申请后会对拟进口的物种进行风险评估，然后根据不同的评估结果，决定是否同意该申请。

而在日本，其许可制度则须以目录制度作为适用的前提。日本的《防止外来物种入侵法》将外来生物分为特定外来生物、未判定外来生物两大类实行分别管理。针对特定外来生物，实行一般禁止，以行政许可为限对饲养、繁殖、贩卖、转让等行为予以管制，并以强制进入土地为手段对特定外来生物可能造成的损害实行控制；而针对未判定外来生物，实行进口申报与限制。

对外来入侵物种的早期监测措施包括一般性的监控或者信息核对、定点监控、监视、种类识别等措施。❶ 早期监测和警报制度是对新的外来入侵物种做出快速反应的基本前提，监测的规定不仅适用于主管机关，还应在经过适当调整后适用于有意引进外来物种的团体和个人。❷

早期监测制度在外来物种危害较为严重的国家都已确立，例如，澳大利亚在《国家杂草策略》中规定了外来杂草管理的 3 个目标，目标 1 的第 2 个子目标是：确保对新出现的杂草进行早期监测，并采取

---

❶ 联合国环境规划署/生物多样性公约/科学、技术和工艺咨询附属机构. 现有外来入侵物种预防、早期监测、清除和控制措施的有效性和效率综合评估［R］. 2001：11.（UN-EP/CBD/SBSTTA, Comprehensive Review on the Efficiency and Efficacy of Existing Measures for Their Prevention, Early Detection, Eradication and Control［R］. 2001：11.）

❷ 科勒尔·海因，纳特雷·威廉姆斯，卢塔·格云格里克. 外来入侵物种立法和制度设计指南［R］. 世界自然保护同盟环境法中心环境政策和法律文件第 40 号，2000：67.（Clare Shine, Nattley Williams, Lothar Gündling, A Guide to Designing Legal and Institutional Frameworks on Alien Invasive Species［R］. Environmental Policy and Law Paper No. 40, IUCN Environmental Law Centre［R］. 2000：67.）

快速行动。● 而新西兰的《生物安全法》则制定了收集、记录和传播出现在国家管辖范围内的外来物种的信息的法律依据，这些信息将被作为在国家和地区层面制定外来入侵物种管理战略的依据。●

当外来物种变为入侵物种时，防止其建立种群或者扩散的选择包括清除、限制或长期控制措施、减轻外来入侵物种影响的措施；在决定采取哪种措施时，风险分析是十分重要的决策工具。●

澳大利亚《国家杂草战略》目标 2 和目标 3 均涉及控制和管理制度，对已被确定为杂草的植物规定了适当的控制措施。另外，澳大利亚《国家杂草战略》的目标 2——"降低目前最紧急的杂草问题导致的影响"也包括一系列与控制杂草有关的战略行动，其主要做法是根据杂草和杂草问题的严重程度列出优先顺序，并根据优先顺序采取控制、清除等行动。●

在采取清除或控制措施时，行政机关需要获取足够的法律授权，否则将很难进入私人所有的土地采取清除或控制措施。日本《防止外来物种入侵法》就明确规定，在防治措施的必要限度内，主管大臣等可以委派其职员进入他人的土地或者水面，捕获特定外来生物，或者对阻碍捕获该特定外来生物的林木予以砍伐。主管大臣等在委派职员实施前款规定的行为时，应当事前以书面方式通知其土地或水面的占有者或者林木的所有者，并给予其陈述意见的机会。依法进入他人土

● 澳大利亚自然资源管理部际委员会. 澳大利亚杂草战略——澳大利亚杂草管理国家战略 [R]. 2007：14. (Natural Resource Management Ministerial Council, Australian Weeds Strategy——A national strategy for weed management in Australia [R]. 2007：14.)

● 科勒尔·海因，纳特雷·威廉姆斯，卢塔·格云格里克. 外来入侵物种立法和制度设计指南 [R]. 世界自然保护同盟环境法中心环境政策和法律文件第 40 号，2000：68. (Clare Shine, Nattley Williams, Lothar Gündling, A Guide to Designing Legal and Institutional Frameworks on Alien Invasive Species [R]. Environmental Policy and Law Paper No. 40, IUCN Environmental Law Centre, 2000：68.)

● 联合国环境规划署/生物多样性公约/科学、技术和工艺咨询附属机构. 现有外来入侵物种预防、早期监测、清除和控制措施的有效性和效率综合评估 [R]. 2001：13. (UN-EP/CBD/SBSTTA, Comprehensive Review on the Efficiency and Efficacy of Existing Measures for Their Prevention, Early Detection, Eradication and Control [R]. 2001, p. 13.)

● 澳大利亚自然资源管理部际委员会. 澳大利亚杂草战略——澳大利亚杂草管理国家战略 [R]. 2007：15. (Natural Resource Management Ministerial Council, Australian Weeds Strategy——A National Strategy for Weed Management in Australia [R]. 2007：15.)

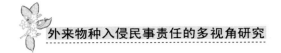

地的职员应当携带证明其身份的证明书并向有关人员出示。

与预防性措施相比，各国立法在清除和控制措施方面的规定是较为薄弱的。控制措施也是根据部门不同而呈分散化状态，另外，法律授权范围较小，也缺乏有关优先行动安排的战略框架。进一步而言，针对活体动植物采取控制措施还可能遇到一些法律上和伦理上的障碍。因为很多法律的保护对象是所有野生物种，而不考虑是本地还是外来物种。这也就意味着清除或者控制措施只能适用于那些被指定为"害虫""杂草""有害物种"的物种。而相关规章和物种名录的更新程序又是比较滞后的，不能为快速介入提供有力的支持。❶ 例如，英国目前对外来物种的控制措施在法律上还没有明确的要求和规定，只是在环境保护法中规定了对含有日本蓼科杂草虎杖（Japanese Knotweed Fallopia Japonica）的土壤和废物的控制措施。

为保障上述管理制度的有效实施，美国、新西兰、日本等在外来入侵物种立法方面走在世界前列的国家都规定了一些保障措施。总体来看，这些措施包括培养公众意识、加强科学研究和明确法律责任。例如，日本《防止外来物种入侵法》对违反该法的行为人（法人）明确规定了以下处罚措施：第一，对不以贩卖或者运输为目的饲养或者贩卖特定外来生物等者，采用虚假或者其他不正当手段获取许可者，未经许可饲养或者运输者，向未经许可者贩卖特定外来生物者，违反所附条件饲养特定外来生物者，向野外丢弃特定外来生物者，当个人违反时，可以处3年以下的惩役或者300万日元以下的罚金；当法人违反时，除处罚行为人外，对法人可以处1亿日元以下的罚金。第二，以贩卖或者运输以外目的饲养或者转让特定外来生物等者，进口未判定外来生物未接受进口通知者，当个人违反时，可以处1年以下的惩役或者100万日元以下的罚金；当法人违反时，除处罚行为人外，对法人可以处5000万日元以下的罚金。另外，日本《防止外来

---

❶ 联合国环境规划署/生物多样性公约/科学、技术和工艺咨询附属机构. 现有外来入侵物种预防、早期监测、清除和控制措施的有效性和效率综合评估［R］. 2001：14.（UNEP/CBD/SBSTTA, Comprehensive Review on the Efficiency and Efficacy of Existing Measures for Their Prevention, Early Detection, Eradication and Control［R］. 2001：14.）

物种入侵法》规定的费用负担制度也比较有特色，体现了环境法上的受益者负担原则。根据该法规定，当国家必须依法采取防治措施时，对致害原因的行为者可以在实施防治措施的必要限度内，责令其负担全部或者部分费用。主管大臣等在责令原因行为者负担费用时，应当在主管省令中确定费用的负担数额以及缴纳期限和命令缴纳。对在规定的缴纳期限之前未缴纳负担金者，主管大臣应当通过主管省令以督促状指定期限的形式予以督促。

五、我国外来物种入侵的相关立法及其存在的问题

总体来说，鉴于外来入侵物种带来的巨大危害，我国立法已经对外来入侵物种做了相应的规范，国务院各部委都相应地发布了一些防治外来物种入侵的规章或者规范性文件。但是，这些法律的根本目的并非防治外来物种入侵，且其对外来入侵物种的规范是散在的，不足以为外来入侵物种的监督、控制和管理提供充分的法律依据。

具体而言，我国目前涉及外来物种入侵的法律主要有：《进出境动植物检疫法》《中华人民共和国动物防疫法》（以下简称《动物防疫法》）《海洋环境保护法》《农业法》《渔业法》《中华人民共和国草原法》《中华人民共和国畜牧法》和《中华人民共和国种子法》等。这些管理法律中，有一些关于外来物种入侵的零星规定：❶ 例如，《进出境动植物检疫法》第 10 条规定："输入动物、动物产品、植物种子、种苗等其他繁殖材料的，必须事先提出申请，办理检疫审批手续。"但是，与西方发达国家相比，我国在防治外来物种入侵方面的立法存在不少问题，大体上主要有：

第一，缺乏一部统一的防范外来物种入侵的法律。就外来物种入侵而言，上述相关立法过于零散，且不便于操作。这样的立法现实，首先会导致行政执法无法可依，其次也不利于司法或法律的适用，再次也会使诸如外来物种入侵的风险评估、综合治理、跟踪监测等法律机制缺失。

---

❶ 法律中具体有关外来物种入侵的条款可参见：汪劲，王社坤，严厚福. 抵御外来物种入侵：法律规制模式的比较与选择［M］. 北京：北京大学出版社，2009：228 - 240.

第二，忽视了对生态环境和生物多样性的保护。我国当前治理外来物种入侵的法规条例偏重于对经济利益和人民身体健康的保护，而忽视了对生态环境、生态平衡和生物多样性的保护。这必然导致在具体的执法过程中为了短期的经济利益而放松对长期来看会对当地生态环境构成严重危害的外来物种入侵的防治，从而使执法效果大打折扣。

第三，我国到目前为止还没有建立统一的防范外来物种入侵的专门监管机构。当前应对外来物种入侵问题的主要部门有国家质检总局、环保部、农业部、林业局、渔业局、海洋局、海关总署等。这么多部门若各自为政，相互之间的信息又不畅通，难免会出现防控行动的不积极、不主动、不及时等问题，从而极大地阻碍对外来物种入侵的综合防控措施的发挥，其后果就是外来物种频频侵袭我国的生态系统，破坏生态环境，导致严重的经济损失和其他重大的恶性后果。

第四，防范外来物种入侵的具体制度存在许多缺陷。我国目前尚没有建立物种进境前的风险评估、进境后的跟踪监测、综合治理以及相应的法律责任制度。如果没有这些制度的系统规定，我国外来物种入侵日益严重的现实就不可能发生根本性扭转。

六、防治外来物种入侵的立法完善建议

通过各国有关外来入侵物种防治立法的比较，可以在立法模式、管理体制和法律制度设计上为我国相关立法提供一些经验借鉴；同时，整合我国现有法律法规的规定，构建一套较为科学完备的防治外来物种入侵的法律体系。

在立法模式方面，综合考虑我国的情况，选择核心式专门立法模式更为适合。原因在于：虽然综合性专门立法的设想最理想，但是这种模式的立法改革在政治上和技术上都是非常复杂的，并且可能会引起长期拥有对外来物种行政管理权的部门的抵制，立法的最终完成需要一个长期的过程并付出很大的代价，不能满足我国外来物种入侵防治的急迫要求。而部门式立法模式实际上是一种权宜之计，可以说代价最小，也很实际，但是，只有一个协调机构而没有核心立法的指导

和保障，各部门规章条例的实施效果堪忧，从长远角度来讲不利于生物多样性和生态环境的保护。❶ 因此，我国应当尽快对现有相关法律或法规进行全面考察，制定一部核心的法律，对涉及外来物种入侵的共同要素进行总结、归纳、补充和完善，建立外来入侵物种管理方面的专项法规，对管理的对象、内容、权利与责任等问题做出明确规定，特别要对为满足农业、林业、养殖业等生产需要而有意引进外来物种的行为加强立法，对已入侵的外来物种的控制行动做出规定，并保证法律条文的有关规定与相应的国际公约、协议的一致性，从而全面实现外来入侵物种的依法管理。❷

在管理体制方面，从我国的情况来看，长期以来的环境保护行政主管部门统一管理和其他相关部门分工负责相结合的环境保护行政管理体制是历史遗留的问题，短期内也很难改变。目前，我国外来物种入侵所导致的生态破坏已经非常严重，尽快结束法律控制缺失的状况势在必行。这种严峻的形势下，最节约成本和立竿见影的办法就是建立一个常设性综合协调机构或者领导机构，并赋予这个机构在外来物种入侵防治工作中的法律地位，专门从事外来物种入侵的预防、管理和治理工作，并对各个部门的具体工作加以指导，同时法律应当赋予这个专门机构在外来物种安全管理工作中较高的法律地位，以保证外来物种入侵防治法的全面有效实施，促进统一的行动。

在法律制度设计方面，各国关于外来入侵物种的管理制度大同小异，只存在完善程度的差别，而没有性质上的差别。因此，对于我国的外来入侵物种立法而言，制度选择并不困难，我们只需要对现有的法律规定进行清理和整合，将其成功的地方在专门性立法中再次确认，同时填补其空白，明确模糊地带，解决法律之间的矛盾和冲突。最后，还需要注意在立法中明确规定保障各类管理制度有效实施的保障措施，主要包括提高公众教育和科学研究水平、明确法律责任等。

---

❶ 张晔. 外来物种入侵防治立法比较研究［D］. 北京：北京大学，2004.
❷ 陈良燕，徐海根. 澳大利亚外来入侵物种管理策略及对我国的借鉴意义［J］. 生物多样性，2001，9（4）：466－471.

通过比较法上的思考，笔者认为应当尽早设计和制定一部比较完善且能够代表世界先进水准的外来物种管理法。该法的体系应当包括以下几个部分：第一部分是总则，包括外来物种和外来物种入侵的概念、该法的适用范围和原则等共性问题；第二部分是外来物种的管理，可以分为有意引入外来物种的管理和无意引入外来物种的管理两个部分；第三部分是外来物种的监测和报告；第四部分是外来入侵物种的清除和控制；第五部分是法律责任。外来物种管理法的具体内容拟包括如下：

（1）外来物种管理法应确定的基本原则有：①预防原则，即先推断某一外来物种入侵存在风险，直到证明该风险不存在为止的原则。只要有任何可预见的风险，即使缺乏确认或确切的证据，也必须采取预防性措施。②使用受益者承担费用原则。外来物种入侵所造成的损害应当由那些有意引种单位承担一定的赔偿责任。③统一管理原则。我国应成立一个专门机构，如国家外来物种（或外来入侵物种）管理委员会，负责起草相关法律法规、监管全国所引进的外来物种。④信息公开与共享原则。掌握外来入侵物种风险信息的自然人、法人和国家机关应当将这些信息向社会公众公开，并鼓励所有利益相关的民众或组织参与防控与治理。

（2）针对有意引种，建立外来物种的风险评估、名录和许可证制度以及相应的引种数据库。要做好外来物种入侵的防御工作，首先需要对引进的物种进行风险评估、预审查，以决定其是否能够被引进。我们可以从对健康风险、对经济生产的威胁、对当地野生生物和生物多样性的威胁，以及引起环境破坏或导致生态效益损失的风险等方面进行评估。其次，为了便于审查工作的开展，我们应当建立外来物种（或入侵物种）名录。该名录可以分列出红色名录即禁止引入、绿色名录即允许引入和黄色名录即需要在不同水平上进行风险评估和测试的物种名录。这些名录是动态的，可以考虑新设一个具有协调性质的机构——国家外来物种管理委员会，并由其会同不同部门和相关领域的专家对名录进行更新、维护和修订。进入红色名录的外来物种绝对不可以引进；针对绿色名录即允许引入的外来物种，也不能放任地、随意地引进，而应当从每个省、直辖市或者某一个独特区域的自然生态、气候、人文环境等方面考虑，采取颁发许可证的方式来实施；针对黄色名录，则需要进行相应的科学引种试验、环境风险评估、预审查等来决定是否许可引进，并建立后续的跟踪监测制度等。同时，针对所有引进的外来物种建立一个国家数据库，以便日后监管、跟踪监测和追究责任等。

（3）针对无意引种，我们需要继续强化和完善边境检验、检疫制度。随着贸易的增长和国际往来活动的频繁，通过产品或物品、船舶或飞机等交通工具、旅行者的身体等带来无意引进外来生物的风险越来越高。无意引进导致的生物入侵因具有很大的隐蔽性，给预防工作带来非常大的困难。因此，必须建立边境检验、检疫制度，以御敌于国门之外。在国际贸易领域，对物种、日用品、包裹和其他传播媒介所采取的检疫与边境控制手段日益重要。为了防范有害物种的传入，我们必须完善有关检验、检疫制度，制定外来物种检疫的法定程序、项目和标准，扩大检疫的范围，建立边境有害生物预警系统，加强检疫部门的执法能力建设，以及强化检疫机构的责任，等等。

（4）建立早期预警、报告、公告制度和快速反应体系。我们需要加强国家和省级外来入侵物种早期预警机制、及时报告制度和信息沟通机制；同时，应当及时向社会民众公告相关的生物入侵信息，包括入侵物种、危害程度及拟采取的相关控制措施等，以便提高预警应对能力和快速反应能力。

（5）建立控制、清除与恢复等综合治理机制。对于已经造成危害的外来物种入侵，我们应当迅速采取阻隔、控制、清除等行动，要针对不同的情况采用不同的物理、化学、生物等方法，确保控制和清除技术达到对外来入侵物种治理的最佳效果。同时，在此治理过程中，应当避免和防止对生态环境可能造成的二次污染。在控制和清除后，还必须采取必要的生态系统恢复或修复措施。

（6）建立严格的责任追究制度。当外来物种入侵导致发生危害后

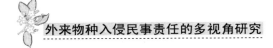

果时，若无法或根本不能追究当初直接责任人、引种人的责任，由此所造成的损害最终由全社会或者无辜民众来承担，这显然不公平。因此，首先必须明确相关人员的责任，可以考虑依照"谁受益谁补偿，谁破坏谁恢复"的原则，规定引种单位必须承担相应的清除、赔偿和恢复等民事责任，后果十分严重的，也可以考虑追究其刑事责任。同时，我们也必须强化监管机关及其工作人员的义务和监管不到位、不力的行政责任，乃至刑事责任。

第二章　外来物种入侵的法经济学分析

第一节　外来物种入侵民事责任的法经济学视角

一、外来物种入侵事故民事责任的经济功能和目标

（一）使外来物种入侵事故的外部成本转化为责任人自己的成本

1. 外来物种入侵具有"外部性"

无论是有意引种还是无意引种，外来物种入侵对他人利益和生态环境造成的损害对于引种者来说都是一种外部成本，具有"外部性"。

"外部性"（Externalities 或"外部效应"）是指没有通过价格机制反映和协调的利益影响，包括"正外部性"和"负外部性"。"正外部性"是指一个人的行为给别人带来好处（收益），而后者并没有给前者付费；"负外部性"是指一个人的行为给别人带来害处（成本），而前者并没有给后者付费。

如果外来物种引入得当，会产生"正外部性"。我国自古以来就存在大量外来物种成功引入的事例，例如作为食物的玉米、西红柿、马铃薯等，作为经济作物的棉花等，还有其他用于美化环境和改善生态的植物、水产养殖的物种、宠物、药用植物以及用于饲料的牧草等。这些外来物种的引入，一方面给引种人带来了利益，另一方面也给他人乃至整个社会带来了利益，比如改善了人们的物质文化生活水平，促进了经济、社会的发展等，但是后一种利益的获益者并未通过价格机制向引种者支付报酬。

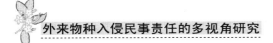

而如果外来物种引入不当，则会产生"负外部性"。本书所说的"外来物种入侵"就属于这种情况，它给他人的生命健康或经济利益造成损害、对原有生物造成侵害、对生态环境造成破坏等，但是引种者并未通过价格机制对此付费。对引种者来说，这是一种外部成本，与自己的利益没有直接的联系，因此，其在行为时也就不会考虑这种后果。

2. "外部性"的解决方式

英国经济学家庇古第一次对"外部性"问题进行了系统分析，并指出了它的解决方式。在庇古看来，外部性意味着私人成本或收益与社会成本或收益的不一致性，后者高于前者，因为在行为人自己的私人（内部）成本或收益之外，还存在行为人给他人带来的外部成本或收益。这种不一致由于没有通过市场定价机制予以反映，因此需要由政府运用税收、财政补贴等手段来矫正，使外部成本或收益内部化。❶

庇古的这一理论在西方经济学中占据了相当长时期的支配地位，即所谓的"庇古传统"，外部性问题被看作属于市场失灵、需要政府干预的范畴，直到科斯对此提出了挑战和批判。科斯指出，侵害（即负外部性）是相互的，不应先入为主地认为是某一方（造成影响的一方）的行为侵害了另一方（受到影响的一方）的正当利益，而应该具体情况具体分析，不应武断地认为一定要通过政府强制干预的方式解决。在此基础上，科斯论证了两点：第一，如果交易成本为零，那么只要权利界定清晰，无论将权利配置给哪一方（认定哪一方的利益为正当），通过当事人之间协商谈判的后续调整都会达到相同的社会资源配置结果（但当事人之间的利益分配不同），因此，政府干预不是必要的。第二，如果交易成本不为零，那么权利的初始界定会对经济运行效率产生影响，一种安排会比另一种安排带来更多的社会产值，法院的判决直接影响经济行为。由于通过协商谈判的后续调整只有在带来的产值增长多于交易成本时才能进行，因此，在不损害法律确定性的前提下，法院应该在判决时考虑其判决的经济后果，将权利

---

❶ 庇古. 福利经济学 [M]. 朱泱，等，译. 北京：商务印书馆，2006：146，196 – 209.

界定给能够有利于实现社会资源最大产值的一方，以尽量减少不必要的后续调整以及由此产生的资源耗费。❶

按照庇古的理论，"外部性"属于市场机制失灵范畴，需要通过"政府之手"的强制手段来矫正，包括财政手段，也包括法律责任手段，以此来实现外部收益或成本的内部化。财政手段可用于矫正"正外部性"和"负外部性"，针对"正外部性"可以采用补贴（包括奖励）的方式，针对"负外部性"可以采用税（或费）的方式，这都要求能够以某种科学的标准计算出合适的补贴方案或税率。法律责任手段一般只能用于矫正"负外部性"，包括民事责任、行政责任、刑事责任等。民事责任主要以赔偿的方式把受害者所负担的外部成本转化为责任人自己的成本，行政责任和刑事责任则以惩罚的方式把受害者所负担的外部成本转化为责任人自己的成本。

按照科斯的理论，"外部性"虽然属于市场机制失灵范畴，但是不一定要通过"政府之手"的强制手段来矫正。造成市场机制失灵的原因是交易成本过高，可用通过降低交易成本完善市场机制，或者创设一种新的市场机制来解决"外部性"问题，比如排污权交易制度。只有在交易成本不可能有效降低时，才可以用"政府之手"的强制手段来矫正。

就外来物种入侵事故来说，因为受害者是不确定的，由引种者与受害者进行事先协商的成本（交易成本）会比较高，既没有办法通过某种措施降低交易成本，也难以像排污权交易制度那样再创设一种新的市场协调机制，因此只能采用"政府之手"的强制手段来解决。具体来说，可以有3种方式：一是以税（或费）的方式事先让引种者负担一定的成本，补偿社会的损失；二是以行政责任和刑事责任的方式对引种者进行事后的惩罚，使其负担一定的成本，补偿社会的损失；三是以民事责任的方式使引种者赔偿受害者的损失。税（或费）的优点是可以事先支付；但缺点是不容易确定合适的税率，并且可能会给

---

❶ 科斯. 社会成本问题——企业、市场与法律［M］. 盛洪，陈郁，译校. 上海：三联书店，1990.

引种者造成一种负担，妨碍有益的引种。❶ 行政责任和刑事责任的优点是可以较好地使责任人负担成本，并且操作简单；但缺点是有可能难以充分弥补受害者的损失，外来物种入侵事故造成的损害可能是巨大的，而罚款的数额一般存在上限，不足以弥补这些损害。民事责任是根据损害来确定赔偿数额，可以更充分地弥补受害者的损失，但是在操作上存在一些难题。一是外来物种入侵事故造成的损害有时很难进行精确测算。二是受害者有时是不确定的主体，就我国当前的法律制度来说，可能会存在索赔主体缺位的问题。我国的民事诉讼法律制度要求原告必须是直接受害者，还缺乏针对不确定受害者的公益诉讼制度，仅在实践中存在检察机关代表国家提起民事诉讼的个案。而如果这些问题得以有效克服，民事责任就可以发挥很大的功能，可以把外来物种入侵给他人和社会造成的损失转化为引种者自己的损失，解决"外部性"问题。

通过民事责任使外来物种入侵事故的外部成本转化为行为人自己的成本，体现了环境法上的"责任者负担"原则。该原则是20世纪70年代由联合国经济合作与发展组织（OECD）理事会针对由于人类的某种具体行为对生态环境造成破坏而导致的经济损失应该由谁承担的问题而提出的。责任者负担原则的实施可以有两方面的作用：一是使防止环境损害的外部成本内部化；二是得以筹集治理环境损害的资金。

（二）使外来物种入侵事故的社会成本最小化

"外部性"问题的解决不仅涉及"公平"问题，还涉及"效率"问题。通过民事责任，一方面旨在实现"公平"，让侵害者付费，把外来物种入侵事故给他人和社会造成的损失转化为引种者自己的损失；另一方面也旨在实现"效率"，激励引种者事先采取最有效的预防措施，使外来物种入侵事故所产生的社会成本最小化。

民事责任主要分为侵权责任和违约责任两种类型，外来物种入侵事故的民事责任属于侵权责任。侵权行为不同于市场交易行为，它往

---

❶ 针对这一缺陷，可以采取的对策是在经过一段时间后将未发生损害的引种者的税费退回。

往不具有合作产生双赢（一加一大于二）的效果，从而增加社会福利，相反，它与犯罪行为一样，更多的是降低社会福利。因此，尽可能地使侵权行为造成的社会成本最小化，就成为法经济学在分析侵权责任问题时所依据的核心准则和价值目标。❶ 一般所说的"效率"是指实现社会资源最大产值，而对侵权责任来说，所谓"实现社会资源最大产值"是从反面来说的，就是实现社会损失（社会成本）的最小化。

侵权行为可以分为 3 种类型：故意侵权行为、未尽合理注意义务（过失）的侵权行为、适用无过错责任或无过错责任（不考虑是否故意或过失）的侵权行为。法经济学分析的只是后两种，对于故意侵权行为，则适用关于犯罪的分析。❷ 既然是非故意侵权，那么行为人的动机并不是去获得什么直接的好处，而是由于疏忽大意导致伤害事故的发生，因此，行为人从该行为（事故）中获得的收益可以忽略不计。这样，在侵权行为涉及的成本和收益中，行为人因该行为所带来的收益就未被考虑进去，被纳入分析范畴的主要是该事故给受害者造成的损失（伤害成本）和为了预防该事故需要付出的预防成本。此外，有可能被纳入分析的还有诉讼成本、管理成本、保险费等。

如果不考虑诉讼成本、管理成本、保险费等因素，那么使侵权行为的社会成本最小化，就是使事故的伤害成本和预防成本之和最小化。这两者都与预防水平直接相关。预防成本是预防水平的增函数，即预防水平越高，则预防成本越高。伤害成本是预防水平的减函数，即预防水平越高，则伤害成本越低。如果用 x 表示预防水平，用 w 表示每单位的预防成本（为了简化，假定 w 为常数），用 p 表示事故发生的概率，用 A 表示事故造成的损失（为了简化，假定 A 为常数），用 SC 表示事故的社会成本，那么预防成本就是 wx，伤害成本就是

❶ 最早提出把减少事故的成本作为侵权法的目标的是卡拉布雷西："除了正义的要求之外，我把减少的事故成本目标视作不证自明的公理，事故法的首要功能就是减少事故成本与避免事故发生的成本的总和。"卡拉布雷西. 事故的成本［M］. 毕竞悦，陈敏，宋小维，译. 北京：北京大学出版社，2008：24.

❷ 比如：考特，尤伦. 法和经济学［M］. 第3版. 施少华，姜建强，等，译. 上海：上海财经大学出版社，2002：246-247；卡普洛，沙维尔. 公平与福利［M］. 冯玉军，涂永前，译. 北京：法律出版社，2007：91.

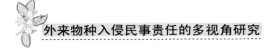

p（x)A，社会成本就是：

$$SC = wx + p（x）A$$

能够使 wx + p（x）A 最小的预防水平，就是最有效率的预防水平（以下简称有效预防水平）。在该水平上，如果再采取预防措施，所增加的预防成本（该措施的边际成本）与减少的伤害成本（该措施的边际收益）在价值量上是相等的。如果当事人目前的预防水平低于有效预防水平，那么再采取预防措施所增加的预防成本就会小于所减少的伤害成本，再采取预防措施就是值得的（成本有效的）；如果当事人目前的预防水平高于有效预防水平，那么再采取预防措施所增加的预防成本就会大于所减少的伤害成本，再采取预防措施就是不值得的。❶

外来物种入侵事故民事责任的设定也需要体现这一原理，尽可能地激励当事人采取最有效的预防措施，从而使外来物种入侵事故的社会成本最小化。

二、外来物种入侵事故民事责任的归责原则

（一）确定归责原则的经济学依据——有效预防水平

通过比较预防措施的边际成本与边际收益，可以确定能够使侵权行为的社会成本最小化的有效预防水平。达到该水平，可以实现伤害事故的社会成本的最小化。也就是说，如果采取某一预防措施的边际成本（增加的预防成本）小于边际收益（减少的伤害成本），那么当事人就应该采取该预防措施。

"有效预防水平"所体现出来的思维逻辑与侵权法上著名的汉德公式具有内在的联系。汉德公式（Learned Hand Rule，或称汉德法则）的直接用途是分析过错责任原则下被告是否构成过失，其基本含义在于，通过将预防事故的成本与事故造成的损失（反过来说也就是该成本能够产生的收益）进行比较，来确定被告是否尽到合理注意的义务。如果前者小于后者，那么采取措施预防事故的发生就是值得

---

❶ 考特，尤伦. 法和经济学［M］. 第3版. 施少华，姜建强，等，译. 上海：上海财经大学出版社，2002：257.

的，当事人有义务采取该措施，如果其没有这样做，就构成过失。

汉德公式是由美国著名法官汉德在 1947 年美利坚合众国诉卡罗尔拖船公司案（United States v. Carroll Towing Co.）中确立的。在该案中，一家拖船公司拖航的驳船中，有一个驳船脱离泊位，顺水漂流后撞在一艘油轮上，驳船被撞坏并连同货物沉到水底。汉德法官在分析驳船的主人是否存在过失时，出于推理的需要使用了函数式，认为驳船主人的合理注意义务是三种变量的函数：驳船脱离泊位的可能性；如果驳船脱离泊位，会造成的损害的严重性；完全预防该事故的成本。用代数形式来表达就是，假定三者分别为 P、L、B，那么是否承担责任取决于 B 是否小于 P 乘以 L，即是否 B < PL，如果小于则应承担责任，如果大于则不承担责任。从本案的实际情况来看，B < PL，原因在于，驳船上本来安排有一个船工守护，但是该船工在此期间离开了驳船，事故发生时，驳船上没有船工，如果当时有船工在驳船上，本有可能提早发现问题，避免事故的发生。最后，汉德法官判定驳船的主人存在过失。❶

虽然汉德法官创造性地使用了数学公式来表达其思想，但是通过权衡预防成本与风险程度和损害程度来确定合理注意义务的思维方式并非其首创，在该案之前，已有其他法官使用了这样的方法❷，在大陆法系国家也有类似的方法❸，只不过不像该案那样受到法经济学的广泛关注。这种思维方式可以说是法官在判定是否构成过失时运用的推理方法之一，只不过由于法官并不掌握经济学分析工具，因此未使用经济学工具来表述，而这一工作是经由法经济学家的挖掘和整理之后才完成的。

在经济学中作为变量分析的成本和收益，使用的是"边际"分析，即边际成本和边际收益，因此，需要将汉德法官提出的 B < PL 公式按照边际分析进行简单的修正，即：B 为边际预防成本，P 为事故

---

❶ 考特，尤伦. 法和经济学［M］. 第 3 版. 施少华，姜建强，等，译. 上海：上海财经大学出版社，2002：267.

❷ 新帕尔格雷夫法经济学大辞典［M］. 第三卷. 北京：法律出版社，2003：577.

❸ 冯珏. 汉德公式的解读与反思［J］. 中外法学，2008（4）：513.

损失，L为边际概率。❶如果B<PL，那就说明，采取某一预防措施后增加的收益（减少的损失）大于采取该措施所增加的成本，是有效率的，因此当事人应该采取该措施（有此义务），如果其没有这样做，就构成过失。相反，如果B>PL，则采取预防措施的成本高于收益，是无效率的，当事人不应采取预防措施（无此义务）。

经过"边际"分析修正的汉德公式所要表达的是：对于当事人来说，是否在只需要付出较低成本的基础上就能达到大幅降低事故发生率的效果，这需要将二者（预防措施的边际成本与边际收益）进行比较。如果预防措施是非持续性的（离散的），就意味着当事人还应该"再注意"一些，这对其来说不需要付出太高成本，却能产生很大收益（减少很大损失），因此，其负有这种"再注意"的义务。如果预防措施是持续性的（可以不断地提高预防水平），那么只要采取预防措施后增加的收益大于采取该措施带来的成本（B<PL），就需要采取该措施来提高预防水平，也就是说，进一步的预防是有效率的（成本优化的），一直到二者相等（B=PL），才算达到最有效率的预防水平。❷ B=PL就是有效预防水平的标准。

在司法案件中，通常的情形是，预防措施是非持续性的（离散的），这时法官需要判断当事人采取进一步的预防措施是否是有效率的（预防措施的边际成本小于边际收益），如果是，那么其就负有采取该预防措施的合理注意义务，而如果其没有这样做，就构成过失。

"边际"化修正的汉德公式不仅可以用于分析过错责任，还可以用于分析无过错责任。无过错责任一般适用于危险程度较高且由侵害者采取预防措施会更有效的情形。为什么由侵害者采取预防措施会更

---

❶ 边际预防成本B是指采取某一预防措施所耗费的成本，比如，在美利坚合众国诉卡罗尔拖船公司案中，B就是在当时如果驳船上安排有人值守需要增加的费用；边际概率L是指采取该预防措施后可以使事故减少的概率，在该案中，在当时的情况下，假定驳船上无人值守时驳船脱离泊位的可能性为50%，即概率为0.5，假定驳船上有人值守时驳船脱离泊位的可能性为1%，即概率为0.01，那么L就是0.5−0.01=0.49。

❷ 最早提出这一理论的是Brown，参见：Brown, J. P. 1973. Toward an Economic Theory of Liability. Journal of Legal Studies 2：323−349；新帕尔格雷夫法经济学大辞典［M］. 第三卷. 北京：法律出版社，2003：578.

有效？这是因为如果由其采取预防措施，边际成本会远远低于边际收益。也就是说，只要其"稍稍"更注意一些，再采取一些预防措施，就能大大降低（避免）伤害事故的发生。相反，如果由受害者采取更多的预防措施，则边际成本会远远高于边际收益。也就是说，无过错责任与过错责任所遵循的经济学逻辑是一样的。

需要指出的是，汉德公式的运用涉及3个变量的信息，法经济学家在进行模型分析时，常常使用简化的方式——假定预防成本为××美元、事故损失为××美元、概率为××，而在现实案件中，很多情况下这些信息不太容易被量化估算，比如事故发生的概率、事故造成的精神损害等。当这些信息不能被量化时，也就无法进行比较。因此，很多人质疑汉德公式的适用范围。对此，笔者认为，汉德公式的意义在于它所提供的分析思路，有时，对它进行量化其实并不是必要的，它主要更适合于预防措施的边际成本与边际收益之间明显悬殊很大（后者远远高于前者）的情形，此时无须量化也会具有很大的说服力。外来物种入侵事故的民事责任即属于此类。外来物种入侵事故对他人的利益特别是对生态环境造成的损失往往是巨大的，相对于此，引种者采取预防措施所付出的成本也显得微不足道。因此，让引种者承担民事责任，促使其采取有效的预防措施，所付出的成本会远远低于所获得的收益（减少他人和社会的损失），从社会的角度来说是值得的。

（二）不同归责原则的激励效果

从逻辑上说，侵权责任的归责原则可以分为无责任（免责）、过错责任、无过错责任（严格责任）3种基本类型，它们各自具有不同的激励效果。

1. 适用于"单边预防"的归责原则：无责任与无过错责任

在无责任原则下，侵害者无须对损害进行赔偿，伤害成本完全由受害者承担。对于侵害者来说，如果采取预防措施提高预防水平，所产生的边际成本（增加的预防成本）将由自己承担，而所产生的边际收益（降低的伤害成本）则与自己无关，因此，其没有动力采取预防措施，对其来说，最佳的选择就是使预防成本为0。而对于受害者来说，如果采取预防措施提高预防水平，所产生的边际成本将由自己承

担，而所产生的边际收益也归自己，因此，其有动力采取预防措施提高预防水平，一直达到边际成本与边际收益相等的有效预防水平。

无过错责任原则与此相反，侵害者应当对损害进行赔偿，如果受害者的损失能够得到完全赔偿，那么伤害成本将完全由侵害者承担。对于侵害者来说，如果采取预防措施提高预防水平，所产生的边际成本将由自己承担，而所产生的边际收益也归自己，因此，其有动力采取预防措施提高预防水平，一直达到边际成本与边际收益相等的有效预防水平。而对于受害者来说，如果采取预防措施提高预防水平，所产生的边际成本将由自己承担，所产生的边际收益则与自己无关，因此，其没有动力采取预防措施，对其来说，最佳的选择就是使预防成本为 0。

无责任原则将导致侵害者没有动力采取预防措施，但是会激励受害者选择最有效的预防措施，达到使社会成本最小化的有效预防水平；相反，完全赔偿条件下的无过错责任原则将导致受害者没有动力采取预防措施，但是会激励侵害者选择最有效的预防措施，达到使社会成本最小化的有效预防水平。这与我们的直觉判断是一样的。因此，对于某种侵权行为，如果只有受害者努力采取预防措施才能够避免其发生，那么采用无责任原则将可以提供有效预防的激励机制；如果只有侵害者努力采取预防措施才能够避免其发生，那么采用完全赔偿条件下的严格责任原则将可以提供有效预防的激励机制。❶

这种只有一方当事人努力采取预防措施才能够避免伤害事故发生的情形被称为"单边预防"，适宜采用无责任（免责）原则与严格责任原则。那么什么样的情形是只有一方当事人努力采取预防措施才能够避免其发生？这需要哪一方当事人的努力？这又取决于采取预防措施的边际成本与边际收益之间的对比。如果由一方当事人进一步采取预防措施的边际收益远远高于边际成本，那么说明其还未达到有效预防水平，有义务进一步采取预防措施；而与此同时，如果由另一方当事人进一步采取预防措施的边际收益低于边际成本或二者差不多，那么说明

❶ 考特，尤伦. 法和经济学 [M]. 第 3 版. 施少华，姜建强，等，译. 上海：上海财经大学出版社，2002：260.

其已经达到或者超过了有效预防水平，没有义务进一步采取预防措施。在这种情形下，如果义务人是潜在的受害者，则适宜采用无责任原则；如果义务人是潜在的侵害者，则适宜采用无过错责任原则。

2. 适用于"双边预防"的归责原则：过错责任

与"单边预防"相对应的另一种情形是"双边预防"，它需要双方当事人努力采取预防措施才能够避免伤害事故的发生，适宜采用过错责任原则。过错责任原则比较复杂，又分为不同的情况。

第一种情况，在过错责任原则下，侵害者尽到了合理注意义务，则无须对损害进行赔偿，伤害成本由受害者承担。这与前面分析的无责任原则的激励机制原理是一样的。对于侵害者来说，如果其采取的预防措施已经达到合理注意义务的标准，那么再提高预防水平，所产生的边际成本将由自己承担，而所产生的边际收益则与自己无关，因此，其没有动力进一步采取预防措施，对其来说，最佳的选择就是使预防水平保持在正好符合合理注意义务标准的预防水平上。如果该标准就是有效预防水平（进一步采取预防措施的边际成本与边际收益相等），那么就能够对侵害者产生最佳的预防激励。而对于受害者来说，伤害成本由自己承担，采取预防措施提高预防水平所产生的边际成本将由自己承担，所产生的边际收益也归自己，因此，其有动力采取预防措施提高预防水平，一直达到边际成本与边际收益相等的有效预防水平。这样，无论是对于侵害者还是对于受害者，都产生了最佳的预防激励。

第二种情况，在过错责任原则下，侵害者没有尽到合理注意义务，则又有不同的情况。我国《侵权责任法》第26条规定："被侵权人对损害的发生也有过错的，可以减轻侵权人的责任。"也就是说，如果受害者也没有尽到合理注意义务，那么伤害成本将由侵害者和受害者共同承担。而如果受害者尽到了合理注意义务，那么伤害成本由侵害者承担。这与前面分析的无过错责任原则的激励机制原理是一样的。对于侵害者来说，进一步采取预防措施提高预防水平，所产生的边际成本将由自己承担，而所产生的边际收益也归自己，因此，其有动力进一步采取预防措施提高预防水平，一直达到边际成本与边际收益相等的有效预防水平（假定该预防水平与侵害者合理注意义务的标

准一致）。而对于受害者来说，如果其采取的预防措施已经达到合理注意义务的标准，那么再提高预防水平所产生的边际成本将由自己承担，所产生的边际收益则与自己无关，因此，其没有动力进一步采取预防措施，对其来说，最佳的选择就是使预防水平保持在正好符合合理注意义务标准的预防水平上。如果该标准是有效预防水平（进一步采取预防措施的边际成本与边际收益相等），那么就能够对受害者产生最佳的预防激励。

（三）外来物种入侵事故民事责任适宜采用的归责原则

我国目前并没有法律明确规定外来物种入侵事故的民事责任，我们可以根据前面所述的经济学原理，对此进行研究。

1. 有意引种者的民事责任应当采用无过错责任原则

如果是有意引种，则防范外来物种入侵事故的预防措施具有"单边预防"性质。引种者具有相应的知识、技术，该外来物种也处于其控制范围之内，由引种者采取预防措施不需要耗费太高的成本，却能产生很大的收益——降低外来物种对他人利益和社会利益的损害，即采取预防措施的边际成本会远远低于边际收益。与此相反，受害者则一般缺乏相应的知识、技术，该外来物种不处于其控制范围之内，由受害者采取预防措施需要耗费较高的成本，效果却不好，即采取预防措施的边际成本会远远高于边际收益。因此，有意引种者的民事责任应当采用无过错责任原则，以此激励引种者采取预防措施，一直达到采取预防措施的边际成本等于边际收益的有效预防水平。

我国法律对环境污染的民事责任采用的就是无过错责任原则。《侵权责任法》第7条规定："行为人损害他人民事权益，不论行为人有无过错，法律规定应当承担侵权责任的，依照其规定。"第65条规定："因污染环境造成损害的，污染者应当承担侵权责任。"因有意引种造成外来物种入侵事故，与环境污染类似，可以适用相同的归责原则。

需要注意的是，国家往往对有意引种实行引种许可证和引种备案等监管制度，要求引种者向有关主管部门提交拟引进外来物种的详细资料，由管理部门会同技术咨询机构对这些资料进行综合评审之后决定是否引进该物种，以及是否需要附加保障措施，引种者还必须将外来物种引进的情况在环保部门进行备案。如果引种者遵守了这些制度，甚至采取了预防措施，但仍然发生了外来物种入侵事故，则引种者仍然需要承担民事责任。因为是否遵守这些制度只影响行政责任，而不影响民事责任。即使采取了预防措施，也仍然要承担民事责任，这就是无过错责任原则。这样，就可以激励引种者采取最有效的预防措施。

2. 无意引种者的民事责任应当采用过错责任原则

无意引种与有意引种不同，该外来物种不是有意引进，而是无意间带入，行为人可能并不具备相应的知识、技术，该外来物种也不一定处于其控制范围之内，由其采取预防措施可能并不一定具有效率；相反，由受害者采取一定的预防措施也许更有效率。因此，对于无意引种，防范外来物种入侵事故的预防措施具有"双边预防"性质，适宜采用过错责任原则。为此，需要对无意引种者设定"合理注意义务"。"合理注意义务"的设定标准取决于有效预防水平，即在该预防水平上，进一步采取预防措施的边际成本与边际收益相等。

具体来说，就是要求无意引种者在物种被带入之初，在该外来物种还处于其控制范围之内时就采取一定的预防措施，比如遵守入境检疫部门规定、接受检查、如实报告等。其如果尽到了该义务，则不用为日后因其无意带入的外来物种发生的事故承担民事责任。为什么说达到这样的注意义务就是达到了有效预防水平？因为对无意引种者来说，此时该外来物种还处于其控制范围之内，采取这样的预防措施所需要负担的成本比较低，而收益却很大。再往后，该外来物种可能就会脱离其控制范围，再让其采取预防措施就会负担比较高的成本，而收益却有限。

无意引种者在尽到合理注意义务之后，即不用承担民事责任，因此，对于受害者来说，也需要采取一定的预防措施。如果受害者是不确定的主体，或者是生态环境受损，则要求作为公共利益代表的国家为此采取一定的预防措施，比如进行比较严格的入境检疫、日常监测等。

三、外来物种入侵事故的损害赔偿

外来物种入侵事故民事责任的经济功能在于把相关的外部成本转

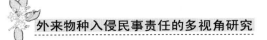

化为引种者的成本，从而既弥补受害者的损害，也激励引种者采取有效的预防措施。这一功能的实现有赖于责任的落实。责任的具体承担方式有停止损害、排除妨碍、恢复原状、赔偿等，其中最主要的是支付损害赔偿金。赔偿是否充分、合理，直接影响该经济功能的实现。

（一）补偿性赔偿

补偿性赔偿是向受害者支付的用于弥补其所受损害的金钱。从经济学角度来说，其作用就是使受害者恢复到未受害时本应享有的效用水平。补偿性赔偿的计算方式主要有两种：①无差异方法，主要适用于能够在市场上顺利买到受损物之替代品的情形，其目标是使受害者觉得"受到伤害并得到赔偿"与"未受到损害"没有差异；②等量风险方法，主要适用于受损之物没有市场替代品的情形，是以一定的方法推算出受害者对受损失之物的估价。❶

1. 无差异方法

无差异方法是法律所认可的最主要的损害赔偿计算方法。它立足于实现对损害的完全赔偿，但是适用范围是有限的，对于那些没有市场替代品的特定物品的损害以及不能恢复的损害，无论如何赔偿，对受害者而言都不可能恢复到未受损害时的效用水平，因此无法实现"无差异"赔偿。外来物种入侵事故造成的损害有的就是不能恢复的损害，比如对特定地区生态环境的巨大破坏，或者说生态环境修复的成本是难以估算的。另外，在外来物种入侵事故的受害者中，有很多属于间接受害者，损害结果往往是慢性的、长期潜伏性的。因此，这种损害赔偿计算方法在赔偿范围上具有很多内在缺陷，不能达到完全弥补受害者损失的效果，也就不能将污染者的外部成本充分内部化，难以形成充分的激励来使污染者采取最有效的污染防治措施。

2. 等量风险方法

等量风险方法是从风险防范的角度来计算赔偿金，其原理来自汉德公式，是汉德公式的变换形式，可适用于对没有市场替代品的受损

---

❶ 考特，尤伦. 法和经济学［M］. 第3版. 施少华，姜建强，等，译. 上海：上海财经大学出版社，2002：295－296.

害物品、不可恢复的损害进行估价。该方法可用于从充分补偿受害者损害的角度来计算赔偿金，也可用于从有效激励侵害者采取合理预防措施的角度来计算赔偿金。

对于没有市场替代品的受损害物品或不可恢复的损害等，没有办法从外部给出一个客观的估值，因为它们是一种主观感受，完全取决于受害者自己的心理判断。那么如何计算赔偿金才能达到与受害者的主观估价相一致？等量风险方法的要旨就在于通过估算采取预防措施的边际成本和事故的边际概率，推算出在受害者心中该受损害之物的价值，此即侵害者应当承担的赔偿金，从而实现充分补偿受害者的损害的目的。具体方法为：假定当事人为达到心目中认为最有效的防范水平（边际成本等于边际收益）所愿意付出的边际预防成本为 B，采取该防范措施后事故发生概率的下降值（边际概率）为 p，事故发生后给当事人造成的损失为 L，那么在最有效的预防水平下，$B = pL$，因此可以推导出 $L = B/p$。只要估算出 B 和 p，就可以估算出 L。L 为事故给当事人造成的损失（当事人对它的估价），要想充分补偿受害者，赔偿金的数额也应当与 L 的数值一致。

例如，某个引种者如果花费 1 万元（B）采取某种预防措施，就会使发生外来物种入侵事故的概率降低 1/1000（p），那么就说明其愿意为了使事故的概率降低 1/1000 而付出 1 万元，由此可以推算出其对事故损失的估值为 $L = B/p = 1000$ 万元。❶

以等量风险方法来计算受害者的损失，相对于无标准的主观臆断可以说要"科学"得多，但是，其缺陷也是显而易见的。首先，它是个案计算的，无法确定统一的标准。其次，该方法所需的一些信息仍然是难以确定的，比如事故发生概率的下降值（边际概率），这为该方法的适用带来很大难题。第三，即使这些信息能够用调查、统计等方法确定，受害者选择某种预防水平的原因，也并不一定是出于利害计算，也许是出于不同的风险偏好（等量风险方法实际上未考虑风险

---

❶　考特，尤伦. 法和经济学 ［M］. 第 3 版. 施少华，姜建强，等，译. 上海：上海财经大学出版社，2002：295 - 296.

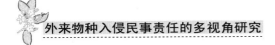

偏好问题)。第四,即使受害者选择某种预防水平的原因是出于利害计算,也往往是因为受制于财富状况、收入等条件的预算约束,不能仅仅依此确定其对事故损失的估值。

除了从补偿受害者损害的角度计算赔偿金,等量风险方法也可用于从有效激励侵害者采取合理预防措施的角度来计算赔偿金。假定采取某一预防措施后所增加的成本(边际预防成本)为 B,采取该措施后事故发生概率的下降值(边际概率)为 p,事故发生后造成的损失为 L,在最有效的预防水平下,$B = pL$,因此可以推导出 $L = B/p$。只要估算出 B 和 p,就可以估算出 L。L 为事故的损失,要想激励侵害者采取达到最有效的预防水平的预防措施,赔偿金的数额应当与 L 的数值一致。

仔细分析 $L = B/p$ 这一公式就会发现,B(边际预防成本)越小并且 p(边际概率)越大,则 L(赔偿金)就会越小。为追求最小的 L(赔偿金),侵害者会尽可能采用能够使 B(边际预防成本)极小而 p(边际概率)极大的措施,能够具有这样效果的措施恰恰就是最有效率的防治措施,即能够以极小的代价使事故风险得到极大程度的下降。相反,如果侵害者采用的防治措施效率较低,即花费一定的 B(假定边际预防成本为 1 万元)却只能使事故发生的概率降低很小(p 值很小,假定为 1/1000),则相应的 L(赔偿金)就会很大(L = $B/p = 1 \times 1000 = 1000$ 万元)。因此,通过 $L = B/p$ 的公式,以 B(边际预防成本)与 p(边际概率)之比来确定 L(赔偿金),有利于激励侵害者采取最有效率的防治措施。

下面再看因事故带来的社会总成本问题。我们用 SC 来表示它,它是事故造成的外部成本与侵害者自身的预防成本之和,前者即 pL,后者即 B,因此,$SC = pL + B$。在 $B = pL$ 时,$SC = 2B$,因此,处于 $B = pL$,并且数值越小也就意味着 SC(社会总成本)越低,而这同样取决于防治措施的效率。

总之,一个最有效率的防治措施,就是能够使 B(边际预防成本)极小而同时 p(边际概率)极大的措施,这取决于防治技术,而这种技术是无止境的。因此,以 $L = B/p$ 公式计算损害赔偿金有助于促使侵害者积极开发和应用最有效率的防治技术,这种激励效果显然是传统的赔偿计算方法所不具备的。

不过，这种计算方法也面临法律和技术上的障碍。它不像前一种方法那样简单、直观，而且信息的分散性和具体性也导致难以确定统一的技术标准，因此很难以立法的方式规定，只能在个案中由法官来灵活运用，而这又依赖于法官具有较大的自由裁量权并掌握完备的信息与技术。信息和技术难题是这种方法的内在缺陷，特别是难以精确核算 B 值和 p 值。B 值（边际预防成本）还相对比较容易核算，p 值（边际概率）则很难测算，需要掌握大量复杂的专业信息，而这是法院难以胜任的。因此，一种更可行的方案是由承担环境污染责任保险的保险公司在一个较小和专业的范围内（比如按照具体行业）以 L = B/p 公式设定赔偿限额和保险费率。

3. 外来物种入侵事故责任保险与两种方法的综合运用

从法律角度来说，外来物种入侵事故的损害赔偿金只能依照第一种计算方法来确定，这是法律所规定和确认的方法。双方当事人需要做的只是尽可能全面、准确地核算出事故所造成的损失。但是这种方法不能对引种者产生充分的激励来使其采取最有效的污染防治措施。

第二种方法不是立法所确认的计算方法，但是它具有很好的激励机制，虽然不能被用来计算损害赔偿金，但是如果存在责任保险制度，它可以用来确定保险公司的赔付金额（即 L）。如果某个引种者采用的防治措施极有效率，那么其责任保险赔付金额（L）就会极低，相应的保险费也会极低，这样不仅引种者自己的负担（边际预防成本＋保险费）极低，保险公司的赔付成本也会极低（因为事故发生的概率和损失程度极低）。相反，如果引种者采用的防治措施极无效率，那么所有这些数值都会极高，事故造成的社会总成本也会极高，由于引种者要支付的保险费同样也会极高，这就会迫使其改进防治措施，提高防治效率。作为催化剂，保险公司可以根据投保人的防治措施效率变化定期调整赔付金额和相应的保险费，从而增加激励。这样，通过责任保险，可以产生较好的激励机制。

而且，以第二种方法计算的赔付金额往往会高于以第一种方法计算的赔偿金（原因在于前面所说的第一种方法的缺陷），因此对受害

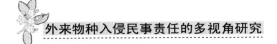

者来说就有了更好的保障。而且，由于它对污染者形成了有效的激励机制，事故发生的概率和损失程度会大大降低，相应地，保险公司也会具有很大的盈利空间。同样，因事故带来的社会总成本也会不断下降。这将是一个多赢的局面。至于第二种方法存在的技术障碍，对于像保险公司这样的专业性机构来说，也是相对容易解决的。

另外不得不提的是，在我国当前国情下，为推行责任保险，必要的行政法律强制是不可缺少的，但是这种强制显然不可能像机动车强制责任保险那样整齐划一。外来物质入侵事故比交通事故复杂得多，不同事故之间的共性较少，难以适用统一的标准，因此还需要保险公司根据具体信息个案确定，行政主管部门只能提供一个框架。2007 年12 月国家环境保护部（原国家环境保护总局）与中国保监会联合发布的《关于环境污染责任保险工作的指导意见》指出："承保前，保险公司应对投保企业进行风险评估，根据企业生产性质、规模、管理水平及危险等级等要素合理厘定费率水平。"其中所提出的实际上也是这种思路。笔者认为，以 $L = B/p$ 公式作为标准来确定环境污染责任保险的赔付金额（即 L）和相应的保险费率，是一种比较合理的方法。

（二）惩罚性赔偿金

惩罚性赔偿金是在补偿性赔偿金之外向受害者支付的赔偿金。为什么要支付惩罚性赔偿金？如何计算其数额？法经济学对此进行了大量研究。[1] 总体来说，惩罚性赔偿金的基本作用在于弥补补偿性赔偿金在使侵权行为的外部成本内部化方面的不足。而之所以会出现这些不足，原因是多方面的，比如：①故意侵权行为或者侵害者的收益违反社会利益。惩罚性赔偿金常常被用于故意侵权特别存在恶意、欺诈的案件中。[2] 这种侵权行为常常伴随一定的收益（获取该收益正是侵权行为的动机），如果该收益高于补偿性赔偿金（被内部化的伤害成本）和预防成本，那么侵权法就难以对该行为产生充分的威慑作用。

❶ 新帕尔格雷夫法经济学大辞典［M］. 第三卷. 北京：法律出版社，2003：224 - 225.
❷ 考特，尤伦. 法和经济学［M］. 第 3 版. 施少华，姜建强，等，译. 上海：上海财经大学出版社，2002：299.

因此，增加一种惩罚性赔偿金可以抑制故意侵权。此外，除了故意侵权，有些非故意侵权也可能存在超过补偿性赔偿金和预防成本的收益，只要这种收益违反社会利益，都需要通过支付额外的赔偿金来矫正。②损害被低估。在侵权行为造成的损害中，有些损害由于技术上或政策上的原因而难以被纳入补偿性赔偿金，因此需要借助惩罚性赔偿金来把这些损害内部化为侵害者的成本。但是，也有观点认为这一理由并不充分，因为导致这些损害不能被纳入补偿性赔偿金的难题同样适用于惩罚性赔偿金。❶ ③逃脱责任，履行差错。在现实中，并非所有受害者都去起诉，特别是在受害者众多的事故中。如果仅有部分受害者起诉获赔，那么外部成本的内部化将不充分，从而会影响侵害人采取预防措施的动机，达不到有效预防水平，因此需要增加惩罚性赔偿金。在不少法经济学家看来，这是支持惩罚性赔偿金的一个强有力的理由，并针对此设计了惩罚性赔偿金的计算方法。❷ 那就是在补偿性赔偿金基础上附加一定的倍数，这个倍数为"履行差错"的倒数，所谓"履行差错"，就是实际起诉并得到赔偿的受害者在全部受害者中所占的比例。例如，某一事故造成 1000 名受害者，实际进行起诉并赔偿的有 200 名，那么"履行差错"就是 1/5，假如每个受害者的损失为 1 万元，那么应当判定侵害者支付的损害赔偿金总数额应当是 1 万元乘以 5 倍，即补偿性赔偿金 1 万元和惩罚性赔偿金 4 万元。这样就可以保证侵权行为的外部成本充分内部化，从而激励侵害人采取有效的预防措施。④鼓励事先交易。虽然侵权法适用于事先协商谈判存在较高交易成本的情形，但是在有些情况下，侵害者与受害者之间可以事先进行交易，只不过侵害者未进行这种交易而是直接选择了侵权，这时，如果让其承担惩罚性赔偿，可以促使侵害者选择事先协商解决，事先协商解决也可能会比事后通过诉讼的方式解决耗费更少

---

❶ Polinsky, A. M., Shavell. S. Punitive Damages: an Economic Analysis. Harvard Law Review 111. 870（1998）.

❷ 考特，尤伦. 法和经济学［M］. 第 3 版. 施少华，姜建强，等，译. 上海：上海财经大学出版社，2002：301－302. 新帕尔格雷夫法经济学大辞典［M］. 第三卷. 北京：法律出版社，2003：219.

的管理成本。❶ 当然，这主要适用于事先协商不存在实质性障碍以及交易成本不高的情形。此外，适用惩罚性赔偿金的理由还有财富分配（劫富济贫），比如对经济状况好的被告课以惩罚性赔偿金。但是，这一理由遭到一些法经济学家的反对，他们认为，如果侵害者在选择采取何种预防措施时没有与其财产状况相联系，那么也就没有理由将赔偿数额与其财产状况相联系，特别是当被告是公司时，惩罚性赔偿金会转嫁到顾客头上，或损害中小股东的利益。❷

就外来物种入侵事故的损害赔偿来说，适用惩罚性赔偿金的有效理由主要是上面所说的②和③。外来物种入侵事故中的有些损害，由于技术上的原因而难以被纳入补偿性赔偿金，加之外来物种入侵事故中的受害者往往众多，而并非所有受害者都去起诉，因此，可以通过惩罚性赔偿金把外来物种入侵事故造成的损害充分内部化为引种者的成本。但是，如何确定惩罚性赔偿金的计算标准仍然是一个难题。

第二节　外来物种入侵的民事责任承担的外部性视角

外来物种是指出现在其过去或现在的自然分布范围及扩散潜力以外（即在其自然分布范围以外，在没有直接或间接的人类引入或照顾之下而不能存在）的物种、亚种或以下的分类单元，包括其所有可能存活继而繁殖的部分、配子或繁殖体。❸ 当外来物种在自然或半自然生态系统或生境中建立了种群，改变或威胁本地生物多样性的时候，其就成为外来入侵物种。外来物种入侵会对生态环境、人类健康和经济发展产生十分严重的影响和危害。外来物种入侵主要是由于人的行为包括有意引种行为和无意引种行为所引起的，当然也有一些是由自然原因等其他因素

❶ 新帕尔格雷夫法经济学大辞典 [M]. 第三卷. 北京：法律出版社，2003：220-221.
❷ 新帕尔格雷夫法经济学大辞典（第三卷）[M]. 北京：法律出版社，2003：222.
❸ 世界自然保护同盟防止外来入侵种导致生物多样性丧失的指南（2000年中文版）.
[EB/OL] http://www.chinabiodiversity.com/shwdyx/ruq/ruq-index-cn.htm.

所引起的。❶ 外来物种入侵每年给我国造成的损失逾千亿元人民币。❷
当前，我国农业部、环保部、质检总局等正在着手制定，外来入侵生物
防治条例。如何构建外来物种入侵的法律责任尤其是民事责任，是我们
无法回避的立法问题。本章中，笔者将从社会成本理论中的"外部性"
视角来分析探讨不同途径外来物种入侵的民事责任承担问题。

一、社会成本理论中的"外部性"问题

　　西方经济学时常讲造纸厂的污水排放到邻人鱼塘的故事。当这种情
况发生时，造纸厂就向邻人输送了一个"额外成本"，这种成本加上造
纸厂的生产成本就构成了社会成本。造纸厂的生产成本也就是其私人成
本，是指个人或企业从事某种经济活动或者采取某种行动所需要支付的
费用；而社会成本则是指全社会为了这项活动或者这一行动所需要支付
的费用，包括私人成本以及私人活动或行动给其他主体或社会整体带来
的成本。当私人成本包含了因私人活动或行动而给整个社会带来的成本
时，社会成本就等于私人成本；否则，就会产生"外部性"问题。❸ 造
纸厂输送给邻人的"额外成本"或称外部成本，就是其产生的外部性。
为了解决"外部性"问题，西方经济学两位著名的学者分别提出了
"庇古税"和科斯交易成本理论。

　　庇古（Arthur Pigou）在1920年出版的《福利经济学》一书中提出
了边际私人成本（收益）与边际社会成本（收益）不一致的问题。他
认为，在完全竞争的条件下，通过竞争与资源自由流动，最终会使边际
私人成本（收益）等于边际社会成本（收益），从而达到"帕累托最
优"（Pareto Optimality）❶。然而在现实中，由于种种原因，边际私人成

---

❶ 我国外来物种入侵的途径中，有意引入占40%，无意引入占49%，自然原因占3%，其他占8%。参见徐海根，丁辉，李明阳. 生物入侵：现状及其造成的经济损失 [C]. 中国科协第五届青年学术年会文集，2004.
❷ 国家环境保护总局. 我国外来物种入侵研究和管理工作存在的问题及建议 [J]. 专报信息，2004（037）：3.
❸ 萨缪尔森（P. A. Samuelson）将此定义为"那些生产或消费对其他团体强征了不可补偿的成本或给予了无须补偿的收益的情形"。参见萨缪尔森，诺德豪斯. 经济学 [M]. 北京：华夏出版社. 1999：263.
❶ 又称"帕累托效率"（Pareto Efficiency），是指一个经济到达该境况时，已经不可能通过重组或贸易等手段，既提高某一人的效用或满足程度，而又不降低其他人的效用或满足程度。该概念是以意大利经济学家和社会学家帕累托（Vilfredo Pareto）的名字命名的。

本（收益）与边际社会成本（收益）往往并不相等。如果在边际私人收益之外还有其他人得到利益，那么边际社会收益大于边际私人收益；反之，如果其他人受到损失，那么边际社会成本大于边际私人成本。当边际社会成本大于边际私人成本时，政府就应当通过征税进行干预；反之，政府应当给予一定的补贴。

科斯在《社会成本问题》一文中指出，如果交易成本为零，无论权利如何界定，当事人都可以通过市场交易和自愿协商来纠正"外部性"的影响，从而达到资源的最优配置，而无须采取干预方案；如果交易成本不为零，外部性的内部化需要对各种手段——政府干预与市场调节——的成本收益加以权衡才可以决定，即资源的最优配置需要通过一定的制度尤其是产权制度和契约制度的安排与选择来实现。

科斯理论与庇古税的主要区别在于政府作用的大与小、干预手段是直接还是间接：科斯更强调政府的作用是使产权明晰，放任私人通过市场交易取得有效率的成果；庇古则强调政府的直接干预，认为直接干预是最有效、最现实的选择。可见，科斯的交易成本理论并没有完全否定庇古的理论，其所关注的核心依然是通过何种方式使外部性内部化的问题，同时强调制度在经济活动中的重要性。然而就"外部性"理论的合理性问题，也有不少学者提出质疑。❶

通过上述考察，我们可以得知：第一，当边际私人成本（收益）

---

❶ 张五常认为，外部性概念实际上是一个"模糊不清"的概念，容易引起混乱。杨小凯等人对外部性理论的批判主要集中在三个方面：第一，在交易成本为零的情况下，不同的产权安排都能导致资源配置的帕累托最优。既然交易成本为零，就不存在外部性，或者说外部性概念是没有意义的。如果存在外部性，也只是想象中的初始状态，若自愿协商则马上会离开这种初始状态。第二，有了交易成本概念就不需要外部性概念，传统的外部性问题的实质是交易成本问题，即节省界定产权的外生交易成本与节省产权界定不清引起的内在交易成本之间的两难冲突问题。第三，应该用内生交易成本与外生交易成本来替代外部性概念，或者说把外部性内生化。杨小凯把所有经济问题的本质都看作交易成本问题，于是在杨小凯等人的新兴古典产权经济模型中就内生了外部效果。（杨小凯，张永生. 新兴古典经济学和超边际分析［M］. 北京：中国人民大学出版社，2000.）笔者认为，外部性理论与交易成本理论并没有太大的实质性差异，只是解释的角度不同。外部性理论认为市场中的行动者没有承担其行为的所有成本（收益）是导致资源配置效率损失的主要原因，其核心是如何实现外部性内部化问题；交易成本理论认为过高的交易成本阻碍或扭曲了市场对资源的有效配置，其实质是如何降低交易成本问题。但是，二者都不否认边际私人成本（收益）与边际社会成本（收益）的一致性是判断经济效益的标准，也认可现实生活中存在私人成本与社会成本相背离这一事实。

等于边际社会成本（收益）时，能够达到社会资源的最优配置，即实现"帕累托最优"（Pareto Optimality）。第二，边际私人成本（收益）与边际社会成本（收益）时常发生不一致问题，此时就会产生"外部性"问题。第三，"外部性"有正负之分，当边际社会收益大于边际私人收益时，就会产生"正外部性"；当边际社会成本大于边际私人成本时，就会产生"负外部性"。第四，"外部性"的内部化需要通过一定的制度安排来实现。

二、"外部性"视角下外来物种入侵的民事责任承担

（一）概说

我国自古以来就存在数以万计的外来物种成功引入的事例，例如作为食物的玉米、西红柿、马铃薯等，作为经济作物的棉花等，还有其他用于美化环境和改善生态的植物、水产养殖的物种、宠物、药用植物，以及用于饲料的牧草等。这些物种的引入为改善我国人民的物质文化生活水平、促进经济社会的发展发挥了十分巨大的作用。从"外部性"视角观察，这些外来物种的引入不仅给引种人带来了经济效益，而且给他人乃至整个社会带来了巨大的利益和社会效益，从而产生了边际社会收益大于边际私人收益的问题，即产生了"正外部性"。按照庇古理论，此时国家或者政府应当给予引种人一定的补贴或奖赏。

但是，在我国同样存在不少引种不成功的案例，而不成功的引种或者说引种不当通常会导致外来物种的入侵。外来物种入侵又时常会对人类健康、环境生态和社会经济产生巨大且严重的损害。一旦发生这种严重的状况，引种人就会给他人或者社会带来很大的成本。相对于引种人的私人成本而言，外来物种入侵所产生的边际社会成本会远远超过或者大于边际私人成本，即产生"负外部性"问题。按照庇古理论，此时国家或者政府应当通过征税进行干预。

在查阅外来物种入侵的相关文献过程中，笔者欣喜地发现，武汉大学环境法研究所何琴在《防治外来物种入侵的经济刺激制度的构建》一文中，也尝试运用社会成本与私人成本之间的差异来分析外来物种入侵问题。她认为，我国可以对有意引进的外来物种按照其可能存在的成为入侵物种的可能性高低来征收不同的税，将所得税款用于对外来入侵物种的防治和清除。这就使得引进物种的私人成本与社会成本可以等

同，是一种有效排除外部性效应的方法。同时，由于我国公民的生物安全意识淡薄，缺乏科学知识与信息，存在盲目引进外来物种而使外来物种轻易侵入我国的情形，如果对引进外来物种征收一定的税，则这种盲目引进的行为可以得到一定的控制。对于那些明确存在无意引进外来生物造成环境生态损害情形的贸易、运输活动，可以实施强制保险，作为消除危害的资金来源。针对无意造成外来物种入侵且责任主体不明确的，建议运用环境基金来解决防治的资金问题；并建议以防治外来入侵物种征收的税收、强制保险以及对引进人提出引进许可和风险评估收取的费用的一部分作为该基金的资金来源，用于外来入侵物种的防治和清除。❶

笔者认为，何琴借鉴"庇古税"的观点值得重视。但是，她这种简单照搬庇古理论主张征收不同税的观点又值得商榷。她有关有意引种和无意引种的防治观点也过于抽象、过于原则且存在一些值得商讨之处。再者，她也回避了诸如自然原因或转基因行为等其他外来物种入侵途径的防治问题。为了回应何琴的有关观点，更为了全面科学客观地探讨外来物种入侵的民事责任问题，笔者下面将针对外来物种入侵的不同途径，运用"外部性"视角分别讨论其民事责任承担问题，涉及但不仅仅停留在防治层面。

（二）有意引种入侵的民事责任承担

有意引种通常是指为了发展经济、改善生活或环境的需要而有意引入、养殖或者种植外来物种的行为。这种行为具有"双刃剑"的特性，如果引种人疏忽大意或者稍有不慎，就可能导致外来物种入侵。此时，不仅不能够造福于引种地的人民，而且可能会制造严重的生态灾害或者导致人们的健康损害。为了减少、避免和防止这种"负外部性"的发生，我们应当通过一些制度设计来加大有意引种单位或者个人的私人成本，即增加行为人防范外来物种入侵的发生所采取措施的费用，即预防成本。这些制度可以包括但不限于：①引种的环境风险评估制度，主要评估健康风险、对经济生产的威胁、对当地野生生物和生物多样性的威胁以及引起环境破坏或导致生态系统生态效益损失的风险等。②引种许

---

❶ 何琴. 防治外来物种入侵的经济刺激制度的构建［J］. 法律与社会，2008（3）.

可证制度，即引种单位或个人必须向有关主管部门提交拟引进外来物种的详细资料，包括生物学和生态学特性、引种历史、原产地环境条件、经济损益分析以及风险评价等有关资料，由管理部门会同技术咨询机构对这些资料进行综合评审之后决定是否引进该物种，以及是否需要附加保障措施，对不产生危害或只产生可接受危害的物种的引进颁发引进许可证。③与引种许可证制度相配套的还有物种清单制度或者物种数据库等。❶ 因这些制度的设立而产生的环境风险评估费用、许可费用等制度成本，应当由有意引种人负担。

在此，笔者并不赞同何琴就有意引种行为征收不同税的主张。因为税收通常是在有经营活动或者盈利的情况下才征收，在引种之初尚未开展经营活动，更谈不上盈利的情况下，让引种单位或个人缴纳税款有违税法的基本理念。此外，何琴认为所征收的不同税款用于对外来入侵物种的防治和清除，而这一主张恰恰又混淆了防治外来物种入侵的费用与外来物种入侵后所造成环境生态损害的清除费用的本质区别。前一项费用可以通过风险评估费和许可费等来解决，而无须征税；后一项费用的负担则涉及环境本身损害的救济问题。在没有探讨环境损害是否应当救济之前，就让有意引种人承担环境生态损害的清除费用，是很难让人信服的。更何况环境生态损害的救济不仅包括清除费用，而且还包括环境生态的恢复费用或其他赔偿费用。这些救济费用单靠税收是不可能解决的。

有意引种行为所引起的外来物种入侵可能会造成人类健康损害和

---

❶ 国务院、地方各级人民政府有关主管部门应当建立统一的外来物种数据库，下分入侵性外来物种、不确定外来物种、非入侵性外来物种 3 个子数据库，并及时向社会公众实行红、黄、绿提示。进入红色警示名单的外来物种即具有入侵性，国务院有关主管部门或地方各级人民政府有关主管部门有权禁止该外来物种的引进、运输、放生、养殖、种植或存贮等活动。进入黄色警示名单的外来物种是否具有入侵性或危害性暂时无法确定，国务院有关主管部门或地方各级人民政府有关主管部门应限制其引入并对其活动区域进行实时监控。进入绿色警示名单的外来物种即不具有入侵性或入侵性较小，可以许可引入；但国务院有关主管部门或地方各级人民政府有关主管部门应对入侵性较小的外来物种进行追踪，一旦发现其具有较强的入侵性，就应当采取相应的控制措施并将其纳入红色或黄色数据库。参见童光法. 我国外来物种入侵的法律对策研究 [M]. 北京：知识产权出版社，2008（4）：174.

财产损失❶，或/和造成巨大的生态环境损害和经济损失❷，其责任尤其是民事责任应当如何承担？从损害后果来看，有单纯造成人类健康损害和财产损失的；有单纯造成环境生态损害的；有既造成人身损害、财产损失，又造成生态环境损害的。有意引种行为导致人类健康损害、财产损失的，属于通过环境介质侵害他人合法权益的行为，即特殊的侵权行为。此时，应当由引种人承担侵权责任。❸ 而对于有意引种行为导致环境生态的损害，有意引种人是否应当承担民事责任呢？从法律伦理学的角度而言，让引种人承担所造成的生态环境损害或其他所有损失符合"矫正的正义"❶。从经济学的角度来说，也只有这样，才能将引种人给他人或整个社会（当然包括生态环境）造成的成本转化为自己的私人成本，从而矫正"负外部性"问题。而且，这样安排会产生威慑作用，能够促使引种人慎重引种，采取预防措施防止外来物种入侵。因此，为了消除或矫正"负外部性"，笔者认为应当让有意引种人承担生态损害的修复责任和赔偿责任。当然，此时如何平衡有意引种人的行为自由值得探讨。

有意引种行为损害人类健康或者导致他人财产损失的，依照特殊侵权行为的一般理论，尤其是环境污染侵权的有关规定，在民事责任

---

❶ 例如，福寿螺、非典病毒、甲型 H1N1 流感等造成了全国人民乃至世界人民的身体健康损害或威胁。

❷ 例如，水葫芦是一种美观的植物，且含有少量淀粉，人们出于观赏和作为饲料的目的进行了引进。我国最早于 1901 年从日本以观赏植物为名将之引入我国台湾地区，后逃逸成为野生种群。水葫芦在 20 世纪 60 ~ 70 年代促进了我国农业、畜牧业和渔业的发展，80 年代后对水环境的污染起到了一定的净化作用。近几年，关于水葫芦的大面积繁殖所造成的水产养殖危害和对水库安全的威胁时有报道，并引起各界的关注，据估计，目前我国每年因水葫芦造成的经济损失接近 100 亿元。（莫莎. 对外贸易与保护我国生物安全 [J]. 对外经济贸易大学学报（国际商务版），2003（5）：20 - 22.）

❸ 《中华人民共和国民法通则》（以下简称《民法通则》）第 124 条规定："违反国家保护环境防止污染的规定，污染环境造成他人损害的，应当依法承担民事责任。"《中华人民共和国环境保护法》（以下简称《环境保护法》）第 41 条第 1 款规定："造成环境污染危害的，有责任排除危害，并对直接受到损害的单位或个人赔偿损失。"尽管我国目前尚没有制定外来物种管理法规，但是可以比照《环境保护法》的有关规定来处理。

❶ 亚里士多德. 尼各马克伦理学 [M]. 北京：商务印书馆，2003：137.

归责原则上宜采取无过错归责原则。❶ 而有意引种行为导致环境本身损害的，在归责原则上采取过错归责原则还是无过错归责原则呢？尽管我国目前仍然没有统一的外来物种管理法规，但是，让代表生态环境利益的一方❷或者受害人去举证证明有意引种单位或个人故意或过失地损害环境生态或他人合法权益是十分困难的，甚至是不可能的；而且，有意引进外来物种的行为具有极高的入侵危险性，属于高风险行为。因此，无论是有意引种行为导致环境本身的损害还是侵害他人合法权益，我们均不妨借鉴环境污染致人损害责任的规定❸，在归责原则上采取无过错归责原则。

在无过错归责原则下，有意引种人承担外来物种入侵民事责任的构成要件应当包括：有意引种单位或个人有从国外或者异地引入有害物种的行为；所引进的有害物种侵犯了他人合法权益或者造成生态环境损害，这种损害通常具有潜伏性、长期性、广泛性和严重性；有意引种行为与损害后果之间具有因果关系。外来物种入侵责任构成中的因果关系证明规则相当复杂，既包括单纯致人合法权益损害的因果关系证明，又包括损害生态环境的因果关系证明。基于研究能力和认知水平的限制，本书暂不涉及此问题的探讨。借鉴《环境保护法》第

---

　　❶　《民法通则》第106条规定："公民、法人违反合同或者不履行其他义务的，应当承担民事责任。公民、法人由于过错侵害国家的、集体的财产，侵害他人财产、人身的，应当承担民事责任。没有过错，但法律规定应当承担民事责任的，应当承担民事责任。"第106条第2款是关于过错责任归责原则的规定，第3款是关于无过错责任归责原则的规定。依照《民法通则》第124条和《环境保护法》第41条第1款的规定，学界通说认为环境污染致人损害的民事责任采无过错归责原则。参见张新宝. 侵权责任法［M］. 北京：中国人民大学出版社，2006（4）：277.

　　❷　《海洋环境保护法》第90条规定："造成海洋环境污染损害的责任者，应当排除危害，并赔偿损失；完全由于第三者的故意或者过失，造成海洋环境污染损害的，由第三者排除危害，并承担赔偿责任。对破坏海洋生态、海洋水产资源、海洋保护区，给国家造成重大损失的，由依照本法规定行使海洋环境监督管理权的部门代表国家对责任者提出损害赔偿要求。"实践中，也有检察机关提起的污染环境的民事诉讼。笔者认为，外来物种入侵导致生态环境损害的，应当主要由该地区的环境监管部门提起民事诉讼；如果其怠于提起诉讼，才可以由检察机关提起；个人通常不允许提起环境损害之诉，但可以基于相邻关系提起诉讼。

　　❸　通说认为环境污染致人损害的民事责任采无过错归责原则。参见张新宝. 侵权责任法［M］. 北京：中国人民大学出版社，2006（4）：277.

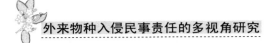

41 条第 3 款的规定❶，有意引种人因为不可抗力而导致所引物种致害的❷，可以免于承担责任。

有意引种人承担责任的方式大体包括停止侵害、排除妨害、恢复原状和赔偿损失等；具体而言，包括停止侵害他人合法权益、控制外来物种入侵的范围、清除已入侵的外来物种、恢复原有的生物多样性和生态系统、赔偿他人合法权益的损失以及赔偿有关的控制、清除和复原费用等。享有请求权的人既包括因引入外来有害物种而遭受权益损害的个人或单位，也包括代表生态环境权益的有关国家机构；如果代表生态环境权益的有关机构不行使或者怠于行使请求权的，有关国家检察机关可以对有意引种人提起相关的赔偿诉讼。借鉴《环境保护法》第 42 条的规定❸，上述赔偿请求权的时效期间可设计为 3 年，从当事人知道或者应当知道外来物种入侵招致损害之时开始计算；其他非赔偿请求权，如停止侵害、控制和清除入侵外来物种、恢复原有生物多样性和生态环境等，应当不适用时效。

当然，考虑到引入有害物种可能造成的十分巨大的人身伤害、财产损失和环境生态损失，引种单位或个人往往很难承担如此巨大的赔偿责任，所以，我们在制度设计上不妨引入赔偿责任限额制度和强制责任保险制度，让所有引种单位或个人一起来分担外来物种入侵所造成的损失，同时也规定有意引种人所承担的最高责任限额。

（三）无意引种入侵的民事责任承担

由于物质交流、贸易运输和人口的流动而使有害物种从异地带到入侵地，这种无意引种的行为应当不应当承担民事责任呢？就此种行为，无意引种人通常没有什么边际收益，也没有给社会带来什么效益。然而这种无意引种行为一旦引起外来物种入侵，对他人合法权益

---

❶ 《环境保护法》第 41 条第 3 款规定："完全由于不可抗拒的自然灾害，并经及时采取合理措施，仍然不能避免造成环境污染损害的，免予承担责任。"

❷ 《民法通则》第 153 条规定："不可抗力是指不能预见、不能避免并不能克服的客观情况。"

❸ 《环境保护法》第 42 条规定："因环境污染损害赔偿提起诉讼的时效期间为三年，从当事人知道或者应当知道受到污染损害时起计算。"

和生态环境的危害将会十分巨大，由此所导致的边际社会成本相对于可能支付的边际私人成本（例如出入境检验检疫制度成本❶）而言是十分巨大的。因此，无意引种所引起的外来物种入侵必然存在"负外部性"问题。要避免、减少或者消除这种"负外部性"，尽可能地促使外部性内部化，则我们必须在制度设计上有一些作为。首先，我们应当进一步强化出入境检验检疫制度，尤其应当加强有害物种的检验检疫措施。其次，在外来物种入侵的危机处理时期，可以利用非典时期的成功防治经验和借鉴当今世界在防治甲型 H1N1 流感上的经验，加强各种防御措施，以避免或减少灾害。最后，我们可以针对运输（尤其是海上运输）、旅游等容易发生无意引种入侵的行业或者活动，强制实施防范外来物种入侵的责任保险制度，让从事这一活动或者行业的人或者单位支付一定的预防成本。

如果无意引种行为导致外来物种入侵，造成他人合法权益的侵害或者严重的生态环境破坏乃至社会经济的损失，那么应当不应当追究以及如何追究引种人的民事责任呢？按照"责任自负""污染者付费"和"矫正正义"等理念，让无意引种人承担民事责任似乎是理所应当的；从减少或消除"负外部性"的角度，让无意引种人承担民事责任也合情合理。然而一旦发生无意引种入侵，我们通常无法得知具体的引种人是谁。受害人或者代表环境生态损害的机构如果根本就找不到引种人即加害人，即使设计让无意引种人负担民事责任的制度，也恐怕根本就没法实行。它不同于有意引种，在有意引种情形下，我们事先设计了引种许可证制度，如果发生外来物种入侵，我们可以通过许可证和相应的数据库很容易找到引种人（即加害人），也就可以开展后续的责任追究制度。当然，有人会质问：若有意引种人故意逃避许可而引种，是不是也存在很难认定引种人的问题呢？这种情况下，我们通常可以运用有关人员的检举或者举证等制度来找到引

---

❶　世贸组织在 1995 年制定了《实施动植物卫生检疫措施的协议》。根据该协议，世贸组织成员可采取国际措施或标准以保护人类和动植物卫生和生命免受病虫害、疾病和致病生物的进入、立足或蔓延所产生的危险。我国也颁布了《进出境动植物检疫法》《动物防疫法》《中华人民共和国国境卫生检疫法》等相关法律。

种人及其所引有害物种。对于无意引种行为，则通常不可能通过检举制度或相关人员的举证来查证引种人。因此，笔者认为，对于无意引种所引起的外来物种入侵不宜采取通常的民事责任救济程序，但可以考虑设立外来物种入侵应急保障机制和相应的防治基金等制度。

（四）其他途径引起外来物种入侵的民事责任承担

通过风、气流、水体流动或由昆虫、鸟类的传带，使得植物种子或动物幼虫、卵或微生物发生自然迁移而造成生物危害所引起的外来物种入侵，即自然原因所引起的外来物种入侵。由于此种情况不存在人的行为，所以没必要运用边际私人成本、边际社会成本和"外部性"理论进行分析。笔者认为，自然原因所引起的外来物种入侵属于不可抗力❶，应当由整个社会或者政府承担责任。此时，可以借鉴其他国家的经验❷，设立外来物种入侵防治基金，并由专门的基金委员会进行管理。

基因交流是指物种之间基因的单向或者双向传递。在基因交流存在的情况下，基因会从本地种或入侵种的一方传向另一方，或是双向传递。结果，一些本地种会因为基因交流带来的基因渗透而灭绝，即杂交产生的后代虽然具有生殖能力，却可能因为生殖选择和杂交前因素（行为的改变、生殖物候和生态位分离）而被生殖隔离；而有较大选择优势的入侵物种的等位基因在杂交情况下会更快地取代本地种的基因。❸此外，由于转基因生物往往具有抗环境胁迫、生长快、抗病虫等性状，转基因生物环境释放可能出现杂草化、基因漂移及逃逸、生物多样性破坏等潜在生态风险和物种入侵。

基因交流通常是由于人类转基因行为所引起的。因此，基因交流

---

❶ 《民法通则》第153条规定，不可抗力是指不能预见、不能避免并不能克服的客观情况。

❷ 例如，美国前总统克林顿在2000年财政年度预算中建议给抗击外来物种的基金增拨2880万美元，其中包括抵抗外来害虫和疾病的基金以及加速对恢复栖息地和生物综合治理害虫策略的研究基金。参见陈晓青，海青，伊立野. 外来物种入侵的法律问题研究［J］. 内蒙古大学学报（人文社会科学版），2005（6）：77.

❸ 高建亮，赵林艳，赵林峰. 我国外来入侵物种的危害及防治对策初探［J］. 湖南林业科技，2005，32（5）：72－75.

所引起的外来物种入侵也是人类的行为所引起的入侵，只不过这种行为具有特殊性而已。所以，我们可以运用"外部性"理论，强化转基因的单位或个人以及推广、种植转基因物种的企业的预防成本，加强转基因物种危害的早期预警和报告制度。一旦基因交流导致外来物种入侵，我们也可以借鉴上文针对有意引种民事责任承担的阐释来追究相关责任主体的民事责任，在此无须赘述。

三、结论

笔者尝试运用经济学上的"外部性"理论对外来物种入侵的民事责任承担问题进行了探讨，由于才疏学浅，又是首次尝试运用这种方法进行研究，所以不足的地方和谬误之处在所难免，而且有些问题比如有关外来物种入侵的民事责任构成中的因果关系，本书尚没有展开深入的探讨。但是，通过较深入系统的研究，本书也初步得出以下结论：

（1）为了减少和避免"外部性"，针对有意引种或转基因行为，立法上应当设计许可证制度、清单制度、环境风险影响评估制度及相应的数据库建设。

（2）为了矫正"外部性"，针对有意引种或转基因行为引起的入侵损害，由引种人或相应的行为人承担无过错责任，其责任构成包括引种或转基因行为、他人合法权益或环境生态的损害及其之间的因果关系。

（3）涉及生态环境的损害，主张由当地的环境保护主管机构代表行使相应的救济，若环境保护主管机构怠于行使的，可以由当地的检察机关来行使。

（4）针对有意引种人或转基因行为人时常无法承担巨额的损害赔偿的现象，建议设立相应的外来物种入侵责任保险和责任承担限额。

（5）针对无意引种行为，为了减少和避免"外部性"，主张就运输、旅游等活动或行业设立外来物种入侵强制责任保险。

（6）不主张让无意引种人承担民事损害赔偿责任。

（7）在无意引种和自然原因导致外来物种入侵的情形下，主张设立外来物种入侵的防治基金。

第三章 外来物种入侵的民事责任构成

第一节 外来物种入侵民事责任的归责原则

一、归责原则概说

我们首先设想一下完全行为自由的"原始社会"：每个人依照自己的心愿干自己想干的任何事情，依此所为的后果（包括不幸）完全由每个人自己承担。倘若如此，王勃在《滕王阁饯别序》中所述的"时运不齐，命途多舛"的人定会不少。如此众多的命运不顺或不幸的人若像基督教宿命论者那样自甘认命也就罢了，社会也将太平。但是，一些背经逆道之徒不免呐喊：凭什么让我自咽苦水、自食苦果？于是乎，他们起初采取"以牙还牙，以眼还眼"的方式找寻自己不幸的心理平衡，并冠之以"此乃我的心愿和自由使然"。后来，他们干脆就假借天命，组织叛逆之徒闹革命，自封为王。专制国家就此诞生，完全自由的"原始社会"不复存在。

然后我们再设想一下完全没有不幸的"理想社会"：每个人的权利和利益得到最充分的保护，所有的不好后果即不幸完全由社会承担。倘若如此，每个人的行为除非给他人和社会带来正外部性❶，否则都是不鼓励的，甚至是禁止的。于是乎，工厂不开工，机动车停运，食堂关门……若真能回复到农耕时代，过着如同老子所描绘的

---

❶ 关于外部性，萨缪尔森（P. A. Samuelson）给出的定义为"那些生产或消费对其他团体强征了不可补偿的成本（负外部性——笔者注）或给予了无须补偿的收益（正外部性——笔者注）的情形"。参见萨缪尔森，诺德豪斯. 经济学 [M]. 北京：华夏出版社，1999：263.

"无为而治"的状态也就好了。但是，偏偏许多人极不适应没有车出行、没有厂子上班、没有地方就餐唠嗑……他们以自由之名偷开会馆，偷办厂子，偷开矿产……起初，是为了满足自己和圈子的需要，后来创造需求，引诱他人和社会就范。因此，欺诈、欺骗充斥着诱惑，不幸和人生社会的苦果接踵而来，没有不幸的"理想社会"就荡然无存。

　　介于完全行为自由的"原始社会"和完全没有不幸的"理想社会"之间的，即为纷繁复杂的现实社会。完全的自由易于产生太多的不幸，完全消除不幸也就没有了自由，失去了活力。因此，在一个现实社会中，自由与不幸是相伴而生的。而当一个人的不幸或损害发生时，我们要面对的问题是：在什么情况下限制他人自由或者由他人承担责任？以什么样的理由或原因甚至标准将一个人的损失归责于他人？这也就是我们常说的归责或者归责原则问题，即"决定何人，对于某种法律现象，在法律价值判断上应负担其责任而言"❶。我国学者严谨地区分了归责与归责原则，例如，张新宝教授认为：归责是指确认和追究侵权行为人的民事责任，归责原则是指以何种根据或基础确认和追究侵权人的侵权责任，所解决的是侵权责任的伦理和正义性基础问题。❷ 但是，在笔者看来，区分二者的意义不大，因为归责原则或归责所解决的中心问题是将一人的损失或不幸归责于他人的原因和标准问题。❸ 正如我国台湾学者邱聪智所说："在法律规范原理上，使遭受损害之权益，与促使损害发出之原因者结合，将损害因而转嫁由原因者承担之法律价值判断因素，即为归责意义之核心。"❶ 因此，归责抑或归责原则就是要探寻一人的损失归责于他人的理由或依据，是在一人的权益保护与他人行为自由之间的政策选择。

　　我国《侵权责任法》第 6 条第 1 款规定："行为人因过错侵害他人民事权益，应当承担侵权责任。"第 2 款规定："根据法律规定推定

---

　　❶ Deutsch. Zurechnung und Haftung im Zivil Recht, S. 33. 转引自王利明. 侵权行为法研究（上卷）[M]. 北京：中国人民大学出版社，2011：184.

　　❷ 张新宝. 中国侵权责任法 [M]. 修订版. 北京：中国社会科学出版社，1998：42.

　　❸ 马克西米利安·福克斯. 侵权行为法 [M]. 齐晓琨，译. 北京：法律出版社，2006：1.

　　❶ 邱聪智. 庞德民事归责理论之评价 [J]. 台大法学论丛，11 卷（2）.

行为人有过错，行为人不能证明自己没有过错的，应当承担侵权责任。"本条第1款规定了过错责任原则，即过错是将一人的权益侵害（这里不是损害）归责于另一人（侵权人）的依据；如果侵权人主观上没有过错，尽管可能具备其他的侵权责任构成要件，也不构成侵权，不需要承担侵权民事责任。本条第2款规定了过错推定。张新宝教授认为过错推定属于过错责任的一部分，因为它仍然以侵权人一方的过错为责任的依据或标准，只不过在过错的举证责任上采取了侵权人来举证的倒置方法而已。❶ 杨立新等教授则认为，过错推定可以作为一个单独的归责原则。❷ 虽然过错推定可否作为一个单独的归责原则存在争议，但是过错推定本质上也属于过错责任乃为大家的共识，它在价值判断标准和责任构成要件上与普通的过错责任原则是一致的。因此，过错推定也属于过错归责的范畴。过错责任原则包含这样一个可能产生各种各样后果的基本价值观：当维护现有的法律地位和行为自由这两种利益发生冲突时，行为自由优先。❸ 行为自由是人追求经济利益或者物质财富所必不可少的，是新生代人改变自己地位、发展人格所必需的条件和施展才华的特别活动空间。正因如此，近现代国家民法无不将过错责任作为民法的基本准则。

随着经济社会的发展和科技的进步，产生了诸如工业灾害、产品缺陷致损、公害事故等现代社会病。倾向于优先保护行为自由的过错责任原则已经无法应对上述社会问题。于是，人们期待和呼唤倾向于权益保护和更多救济受害者不幸的制度的出现。作为应对措施，一方面，在"过错"的认定上由过去的主观过错标准向客观过错标准（例如交易安全义务之违反）转变；另一方面，在"过错"的举证责任上由过去的受害者举证向侵权者举证转变。而且，在20世纪的进程中，一项新的归责原则——无过错责任（或称危险责任）逐渐产生。我国《侵权责任法》顺应了这一发展趋势，第7条明确规定："行为人损害他人民事权益，不论行为人有无过错，法律规定应当承

❶ 张新宝. 侵权责任法 [M]. 第2版. 北京：中国人民大学出版社，2011：19-20.
❷ 杨立新. 侵权法论（上卷）[M]. 北京：人民法院出版社，2013：170. 王利明. 侵权行为法研究（上卷）[M]. 北京：中国人民大学出版社，2011：211-228.
❸ 马克西米利安·福克斯. 侵权行为法 [M]. 齐晓琨，译. 北京：法律出版社，2006：2.

担侵权责任的，依照其规定。"该条规定的就是无过错责任原则，即无论侵权人有无过错，法律规定应当承担民事责任的，侵权人应当对其行为所造成的损害承担侵权责任。无过错责任原则作为归责原则的依据或理由在于，工业社会和科技发展带来了各种各样的危险，相较于不幸的受害者，侵权方更有能力和优势控制和管领其所拥有的物、设施或先前的行为等所产生的危险。它使法律的天平倾向于不幸的解决和权益受害的救济，促使行为人理性且谨慎地行使自由的权利。

二、环境侵权民事责任的归责原则

我国《侵权责任法》第65条规定："因污染环境造成损害的，污染者应当承担侵权责任。"本条规定了环境侵权的适用范围和归责原则。关于环境侵权的归责原则，目前学界绝大部分学者认为适用无过错归责原则，因为这不仅有助于对污染环境或破坏环境而造成权益损害这一不幸的救济，而且有利于强化损害环境者的责任，促使其履行环境生态保护的法律义务，从而改善我们的生态环境质量。❶尽管环境侵权无过错归责原则似乎已经成为学界共识，但是，对于何谓环境侵权或其范围界定问题，学界存在不少分歧。因此，为了进一步明确无过错归责原则责任在环境侵害和生态损害等领域的具体适用问题，我们首先必须明确界定环境侵权的内涵及其范围。

（一）我国环境法学者就环境侵权的不同界定

1. 老一辈环境法学者的观点

马骧聪先生认为，环境侵权民事责任"首先是指损害赔偿，即在因污染和破坏环境而对他人的人身、财产或对国家、集体的公共财产造成损害时，造成损害的单位或个人应对受害者赔偿损失。其次，还指环境的污染和损害者应负责清除和治理他所造成的污染和损害，或

---

❶　张新宝教授认为环境侵权适用无过错归责原则的理由如下：①对此适用无过错的归责原则，为当代世界各国环境保护立法和侵权行为法的基本趋势，我国民事法律与国际民事经济立法接轨，必须顺应这一趋势；②适用无过错责任的归责原则，有利于强化污染环境者的法律责任，促进其履行环保法律义务，严格控制和积极治理污染；③适用无过错责任的归责原则，更有利于保护被侵权人的合法权益，减轻被侵权人证明侵权人的过错的举证责任（这在污染环境的案件中通常是十分困难的）；④适用无过错责任的归责原则有利于简化诉讼程序，及时审结案件。参见张新宝. 侵权责任法［M］. 北京：中国人民大学出版社，2010：288.

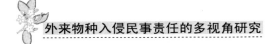

外来物种入侵民事责任的多视角研究

者负担清除污染和治理损害的全部或部分费用"❶。结合注释，我们可以从马骧聪先生的表述中得知，环境侵害的形式有污染环境和破坏环境，侵害的客体有人身权、财产权（包括公共财产）、环境权，侵害的救济为损害赔偿。

金瑞林先生认为，环境侵权民事责任是"公民或法人因过失或无过失排放污染物或其他损害环境的行为，而造成被害人人身或财产的损失时，要承担的民事责任"❷。结合注释，我们可以看出，金瑞林先生对环境侵权的理解首先还是坚持无过失归责原则的。其次，在他的表述中，环境侵害的形式除了污染环境外，还包括其他损害环境的行为，"其他损害环境的行为"在解释上可以理解为破坏环境所导致的损害等。再次，环境侵害的客体包括人身和财产，主体主要为公民和法人。

罗典荣先生认为，环境法制中的民事责任是指"违反环境保护法规，造成环境污染和破坏的单位和个人，依照民事法规所应承担的法律责任"❸。罗典荣先生除了指出环境侵害的形式、主体外，还将违法性作为环境侵权的构成要件。

曲格平先生认为，环境侵权民事责任是"公民或法人或者其他组织因污染或破坏环境，给他人造成人身或财产损失时应承担的民事方面的法律后果和责任"❶。曲格平先生除对环境侵害的形式、客体进行了界定外，还指明环境侵害的主体除公民、法人外，还包括其他组织。

---

❶ 马骧聪. 环境保护法基本问题 [M]. 北京：中国社会科学出版社，1983：85. 马骧聪先生在其著《环境保护法》中指出："危害环境的侵权行为，是一种特殊侵权行为。其侵犯的客体包括他人的财产权、人身权和环境权。在这里，对财产权的侵犯，是指因污染或破坏环境而使他人的财产受到损害，如污染或破坏了他人的土地、树木、设备、器材、衣物、农作物、牲畜、家禽、养殖的水产品等。对人身权的侵犯，是指因污染和危害环境而对他人的健康和生命造成的损害，包括致人患病、受伤、致残、死亡等。对环境权的侵犯，是指因违反环境保护法规，污染、损害、破坏环境而损害了他人享有的正常环境质量或环境舒适度，如以噪声、振动危害他人的安宁，妨害正常休息、工作和学习；或者违章建筑，非法挡住他人的住房采光、通风；等等。"参见马骧聪. 环境保护法 [M]. 成都：四川人民出版社，1988：141－142.
❷ 金瑞林. 环境法——大自然的护卫者 [M]. 北京：时事出版社，1985：98. 金瑞林先生在其主编的《环境法学》中指出："民事责任，一般是指公民或法人因污染和破坏环境，造成被害人人身或财产损失而应承担的民事方面的法律责任。"参见金瑞林. 环境法学 [M]. 北京：北京大学出版社，1999：216.
❸ 罗典荣. 环境法导论 [M]. 北京：中国政法大学出版社，1988：223.
❶ 曲格平. 环境与资源法律读本 [M]. 北京：解放军出版社，2002：91.

2. 当代环境法学权威学者的观点

蔡守秋教授认为，环境侵权民事责任是指"违反国家保护环境、防止污染的规定，污染环境造成他人损害者依法应当承担的民事责任"❶。蔡守秋教授对环境侵权的界定也强调违法性，并且在环境侵害的形式上仅指污染环境，这一定义是深受我国《民法通则》第124条❷影响的结果。

陈泉生教授认为："环境侵权是因人为活动致使生活环境和生态环境遭受破坏或污染而侵害相当地区多数居民生活权益或其他权益的事实，包括环境破坏和环境污染。"❸ 陈泉生教授在界定环境侵权时，强调人为活动所产生的环境问题，并对环境侵害的对象进行了界定，即生活环境和生态环境。在环境侵害的客体上，她指明是多数居民生活权益或其他权益，旨在强调环境侵权后果的广泛性和严重性，但是对"生活权益或其他权益"究竟是指私法上的权益还是公法上的利益没有给予解释。

汪劲教授认为，环境侵权的民事责任是指"公民、法人因其排污行为（产生环境污染和其他公害的行为）造成他人权利侵害时应依法承担的赔偿损失或者恢复原状的责任"❶。结合注释，我们可以看出，汪劲教授在界定环境侵权时不仅注意到普通的损害赔偿，还注意到针对环境侵权的特殊性而产生的恢复原状责任，同时有意将环境侵权的对象范围扩大到环境侵害、生态系统损害，这或许代表了环境侵权的发展方向。

周珂教授认为：环境侵权"是指污染或破坏环境，从而侵害他人

---

❶ 蔡守秋. 环境资源法学教程［M］. 武汉：武汉大学出版社，2000：529. 同在武大的韩德培教授指出，环境侵权民事责任是指"违反环境保护法规，造成环境污染或破坏的单位和个人依照民事法规所应承担的法律责任"。参见韩德培. 环境保护法教程［M］. 北京：法律出版社，1998：308.

❷ 《民法通则》第124条规定："违反国家保护环境防止污染的规定，污染环境造成他人损害的，应当依法承担民事责任。"

❸ 陈泉生. 论环境侵权的诉讼时效［J］. 环境导报，1996（2）.

❶ 汪劲. 中国环境法原理［M］. 北京：北京大学出版社，2000：349. 汪劲教授在其著《环境法学》中指出："环境侵害有广义和狭义之分，广义的环境侵害是指因任何人利用环境造成环境和生态系统的不良影响或不利改变。狭义的环境侵害特指开发利用环境行为导致环境质量下降、生态效益降低或者造成人体健康损害和财产损失的现象。本书仅指狭义上的环境侵害。"参见汪劲. 环境法学［M］. 北京：北京大学出版社，2011：277.

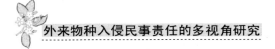

环境权益或财产、人身权益的行为"❶。周珂教授很简洁精炼地表述了环境侵害的形式——污染环境和破坏环境,以及环境侵害的客体——人身权、财产权和环境权。

王灿发教授认为:"环境侵权民事责任是指环境法律关系主体因不履行环境保护义务而侵害了他人的环境权益所应承担的否定性的法律后果。"❷王灿发教授是从法理的高度,即从义务的违反来阐述环境侵权民事责任。他认为,环境侵权就是违反环境保护义务而损害他人环境权益的行为。

吕忠梅教授认为:"环境民事责任,即公民、法人或其他组织的行为,给他人造成了人身或财产的损害,或者污染了环境、破坏了生态而应承担的民法规定的法律责任。"❸吕忠梅教授似乎是从两个层面来讨论环境侵权,即一般意义上通过环境媒介侵害了他人的人身、财产权益和直接损害环境的行为,避开了谈论他人的环境权问题。然而结合注释,我们会发现,她还是比较主张和强调侵害或危害公民的环境权这一点的。

3. 著名中青年环境法学者的观点

曹明德教授认为:"环境侵权是由于人为活动导致环境污染、生

---

❶ 周珂. 生态环境法论 [M]. 北京:法律出版社,2001:96.

❷ 王灿发. 环境法学教程 [M]. 北京:中国政法大学出版社,1997:129.

❸ 吕忠梅. 环境法 [M]. 北京:高等教育出版社,2009:199 - 200. 吕忠梅教授在其著《沟通与协调之途——论公民环境权的民法保护》中指出:"所谓环境侵权行为,是指由于人类活动所造成的环境污染和破坏,以致危害公民的环境权益或危及人类生存和发展的侵权行为。"参见吕忠梅. 沟通与协调之途——论公民环境权的民法保护 [M]. 北京:中国人民大学出版社,2005:262. 吕忠梅教授在其著《侵害与救济——环境友好型社会中的法治基础》中深入地剖析了公害、环境侵害、环境侵权、环境损害、生态损害等概念的含义,指出环境侵权不同于传统侵权:①损害原因的二元性。即环境污染和生态破坏。前者是指人的活动向环境排放了超过环境自净能力的物质和能量,从而使自然环境的物理、化学、生物学性质发生变化,产生了不利于人类及其他生物的正常生存和发展的影响的一种现象;后者是指人类不合理地开发利用环境的一个或数个要素,过量地向环境索取物质和能量,使它们的数量减少、质量降低,以致破坏或降低其环境效能、生态失衡、资源枯竭而危及人类和其他生物生存与发展的一种现象。②损害后果的二元性。无论是环境污染行为还是生态破坏行为,行为人通过向自然环境过度输入或输出物质和能量,都会造成他人的人身、财产等损害和环境本身的损害如物种灭绝、湖泊消失、水土流失、土壤污染、大气污染、水污染等。③救济主体的二元性,即针对人的损害的救济主体为受害人和针对生态环境本身的损害的救济主体为公益性的"人类"。参见吕忠梅. 侵害与救济——环境友好型社会中的法治基础 [M]. 北京:法律出版社,2012:14 - 35.

态破坏，从而造成他人的财产或身体健康方面的损害的一种特殊侵权行为。"❶ 曹明德教授主要是从传统民法学者的观点来讨论环境侵权，所以没有指出环境侵害的另一个环境法学界普遍认可的客体——环境权。当然，不同于传统民法学者仅局限于环境污染侵权，曹明德教授指出了环境侵权的缘由，不仅包括污染环境，还包括破坏生态。

王明远教授认为，环境侵权是"因产业活动或其他人为原因，致生自然环境的污染或破坏，并因而对他人人身权、财产权、环境权益或公共财产造成损害或有造成损害之虞的事实"❷。王明远教授不同于以上学者的表述主要体现在两个方面：一是环境侵害的客体不仅包括他人的人身权、财产权、环境权益，还包括公共财产，这或许是出于我国自然资源全民所有和环境本身的公共财产属性的考虑；二是环境侵害的后果形态既包括损害，也包括损害之虞。

罗丽教授认为，环境侵权是指"因产业活动或其他人为的活动致使环境污染、生态环境破坏等侵权行为发生，造成或可能造成他人生命、身体健康、财产乃至环境权益等损害的，行为人依法应承担的民事责任"❸。罗丽教授与王明远教授的表述大同小异，都注意到环境侵权除造成实际损害外，还存在"可能造成损害"；尽管在环境侵害客体的表述上没有王教授所指的"或者公共财产"类型，但是，罗丽教授很聪敏，在表述中加了一个"等"字，从而使她的表述又与王明远教授的表述区别不大。

4. 一个可能的结论

上述学者的观点的主要区别在于：首先，对于环境侵权除污染环境外是否还包括生态环境破坏，多数学者主张应当包括生态破坏或破坏环境；其次，对于环境侵权的客体除了他人的人身权、财产权损害外是否还包括环境权益或环境本身等，多数学者主张还应当包括环境权益，但对于能否包括环境、公共财产等存在不同看法；最后，对于

---

❶ 曹明德. 环境侵权法 [M]. 北京：法律出版社，2000：9.

❷ 王明远. 环境侵权救济法律制度 [M]. 北京：中国法制出版社，2001：13.

❸ 罗丽. 环境侵权民事责任概念定位 [J]. 政治与法律，2009（2）；罗丽. 中日环境侵权民事责任比较研究 [M]. 长春：吉林大学出版社，2004：85.

"损害"是否仅限于现实发生的实际损害，还是包括具有预防性质的损害危险或损害之虞，存在不同看法。

综合上述学者的见解，本书可以就环境侵权内涵得出以下结论：

第一，环境侵权的原因是指人为原因而非自然原因，即主要是因产业活动或者开发利用自然资源以及其他人类活动而导致的；具体原因既包括污染环境，也包括破坏（生态）环境。

第二，环境侵权的客体既包括他人的人身权、财产权，又包括环境权益❶，同时，环境法学界也主张包括环境生态本身或者公共财产。这反映了环境侵权所保护的对象范围存在一个不断扩张的趋势。但是，环境生态本身或者自然资源等公共财产的损害能否纳入传统的民事侵权领域，的确存在理论解释上的难题。

第三，环境侵权的后果既包括损害，又包括损害之虞。强调损害之虞，则体现了环境法上十分重要的预防原则。

第四，环境侵权的救济方式不仅包括损害赔偿，还包括恢复原状以及危害的防止、排除等。

基于上述结论，本书可以得出这么一个环境侵权的概念，即因人的活动而污染或破坏生态环境，从而导致损害或可能损害他人的人身权、财产权或环境权益等的行为。

（二）域外法上的考察

为了验证上述结论和有关环境侵权含义的科学性，本书拟对德国、日本和我国台湾地区相关的立法进行考察，并主要针对环境侵权的内涵进行分析，以期得出更加科学的界定。

1. 德国

在德国法中，德国《民法典》第906条规定："（1）土地所有人不得禁止煤气、蒸汽、烟气、臭气、煤烟、热气、噪声、振动以及从另一块土地发出的类似干涉的侵入，但以该干涉不妨害或仅轻微地妨害其土地的使用为限。在通常情况下，法律或法规命令确定的极限值

---

❶ 关于环境权的概念内涵及其种类，环境法学界历来存在不同争议，也同时存在否定环境权论者。

或标准值不被依照这些规定算出和评价的干涉所超出的，即为存在轻微的妨害。依照《联邦公害防止法》第48条颁布并反映技术水平的一般行政法规中的数值，亦同。（2）在重大妨害由对另一块土地作当地通常的使用而引起，且不能被在经济上对于这类使用人可合理地期待的措施所阻止的限度内，亦同。土地所有人据此须容忍某一干涉，且该干涉超过可合理期待的限度，侵害对其土地作当地通常的使用或侵害其土地的收益的，土地所有人可以向另一块土地的使用人请求适当的金钱补偿。"该条规定主要是通过相邻关系即不可量物侵入等轻微损害，使土地所有者负有忍受义务，进而来规制轻微的污染或破坏环境行为。

德国《环境责任法》第1条规定："因环境侵害而致人死亡，侵害其身体或者健康，或者使一个物发生毁损的，以此项环境侵害是由附件一中所列举的设备引起的为限，对于由此发生的损害，设备的持有人负有向受害人给付赔偿的义务。"该条直接保护的目标并非环境和生态法益的赔偿，而只是通过环境影响与个人损害的责任的联系，间接地起到了对环境的保护作用。❶

由此可见，德国法上的环境侵权主要是通过环境责任法和民法中相邻关系规则来共同发挥相应的作用。环境侵害的客体包括生命、身体、健康和物等，但不包括环境。这里的"物"主要是受害人的动产或不动产，解释上应不包括公共财产。环境侵权"损害"是指死亡、侵害身体或健康、物的毁损，即为实际发生的损害，不包括损害危险或未来的损害。

2. 日本

在日本法上，因社会经济发展等人类活动所产生的对生活环境的破坏并造成环境侵权的，称为公害。日本《环境基本法》第2条规定："公害是指伴随企（事）业活动及其他人为活动而发生的相当范围的大气污染、水体污染、土壤污染、噪声、振动、地面下沉和恶臭，并由此而危害人的健康或生活环境（包括与人的生活有密切关系

---

❶ 马克西米利安·福克斯. 侵权行为法 [M]. 齐晓琨，译. 北京：法律出版社，2006：297.

的财产以及动植物及其繁衍的环境）。"日本判例也承认了日照和通风妨害、风害和光害、眺望和景观破坏、填海破坏海岸、文化遗产和舒适生活环境破坏、放射线危害等环境破坏现象为公害。❶ 日本《民法典》第 709 条规定："因故意或过失侵害他人权利或受法律保护的利益者，负因此所发生的损害赔偿责任。"在公害这种侵权行为类型中，受害人不仅可以基于该条的规定请求加害人承担损害赔偿责任，而且还可以让加害人承担侵害排除责任。

由此可以得出，在日本法上，环境侵权或者说公害是一个范围比较大的概念，不仅包括污染环境和破坏环境所导致的侵害，而且还包括与环境有紧密关系的而在德国法上本应由相邻关系规则所规制的内容。而且，公害所规制的客体不仅包括我们常见的身体健康、财产，还包括环境本身。在环境侵害的救济方式上，由于日本法规定公害的范围包括不少本应当由相邻关系规则所规制的内容，所以其采取了损害赔偿和妨害排除或防止等多种责任救济方式。

3. 我国台湾地区

我国台湾地区借鉴日本立法，将环境侵权也视为公害，由"公害纠纷处理法"来规制。台湾地区"公害纠纷处理法"第 2 条规定："公害系指因人为因素，至破坏生存环境，损害人民健康或有危害之虞。其范围包括水污染、空气污染、突然污染、噪音、振动、恶臭、废弃物、毒性物质污染、地盘下陷、辐射公害及其他经中央主管机关指定公告为公害者。公害纠纷指因公害或发生公害之虞所造成之民事纠纷。"此外，台湾地区"环境基本法"第 4 条第 2 款规定："环境污染者、破坏者应对其所造成至环境危害或环境风险负责。"可见，我国台湾地区的环境侵权或公害的范围与日本相似，在侵害原因上包括污染环境和破坏环境，在侵害结果上包括现实损害和危害的可能性，在救济的对象上主要是人民健康，可能是一群人受到生命、身体和财产方面的侵害。❷

---

❶ 森岛昭夫，淡路刚久. 公害环境判例百选［M］. 东京：有斐阁，1994：146 - 210.
❷ 陈慈阳. 环境法总论［M］. 北京：中国政法大学出版社，2003：303.

当然，台湾地区"民法"也有其相邻关系规则，相关的如第793条规定："土地所有人与他人之土地、建筑物或其他工作物有瓦斯、蒸汽、臭气、烟气、热气、灰屑、喧嚣、振动及其他与此相类者侵入时，得禁止之。但其侵入轻微，或按土地形状、地方习惯，认为相当者，不在此限。"此时涉及公害纠纷，需要运用法律适用规则在个案中具体援引不同规定加以应用解决。

综合上述域外法上的考察，本书可以得出以下结论：

第一，关于环境侵害救济，主要是通过物权法上的相邻关系规则和侵权法上的特殊侵权规则共同协作来实现的。

第二，环境侵权的救济方式和手段由最初的只救济损害发展到救济与预防并重。可以断言，环境法制发展正朝着预防环境污染或破坏的方向发展，这也是日本和我国台湾地区公害保护范围和救济方式扩张的原因。

第三，域外法上都认可环境侵害是因为人类活动所导致的环境污染或环境破坏的现象，从而导致侵害了人民的健康、财产和其他权益。至于其他权益包不包括环境权益乃至环境本身，存在不同立法例。

因此，笔者前面所界定的环境侵权含义符合域外法的结论，不仅体现了日本和我国台湾地区环境侵权救济方式扩张的趋势，而且顺应时代潮流，扩张了环境侵权的客体范围，既包括人身权、财产权，又包括环境权益，甚至可能会扩大至包括环境本身，当然，这里又涉及与传统民事侵权在解释上存在冲突问题。

（三）我国《侵权责任法》第65条适用范围的可能解释

我国《侵权责任法》第65条规定："因污染环境造成损害的，污染者应当承担侵权责任。"本条源于《民法通则》第124条的规定："违反国家保护环境防止污染的规定，污染环境造成他人损害的，应当依法承担民事责任。"通过文字表述上的比较笔者发现，第65条删除了"违反国家保护环境防止污染的规定"和"他人"。

删除前者就是删除有关违法性的规定。根据《民法通则》第124条的规定，环境侵权者可以基于"合法排污"或者"达标排放"来否定自己应有的责任，因此该条规定不利于切实有效地保护受害者的

权益。基于此，原国家环境保护局曾于 1991 年 10 月 10 日做出了《关于确定环境污染损害赔偿责任问题的复函》。❶ 该复函明确指出："承担污染赔偿责任的法定条件，就是排污单位造成环境污染危害，并使其他单位或者个人遭受损失。现有法律法规并未将有无过错以及污染物的排放是否超过标准，作为确定排污单位是否承担赔偿责任的条件。至于国家或者地方规定的污染物排放标准，只是环保部门决定排污单位是否需要缴纳超标准排污费和进行环境管理的依据，而不是确定排污单位是否承担赔偿责任的界限。"

因此，之后的《环境保护法》第 41 条第 1 款规定："造成环境污染危害的，有责任排除危害，并对直接受到损害的单位或者个人赔偿损失。"同时，相关环保单行法都摒弃了《民法通则》第 124 条所规定的"违法性要件"。《侵权责任法》第 65 条取消了"违法国家保护环境防止污染的规定"，是对上述环境法制发展成果的重申。其实，在环境侵权诉讼中，损害的多是人身权、财产权、环境权益等绝对权，因此即使不取消该规定，通常也可根据结果违法来认定某一污染或破坏行为具有违法性。当然，侵权责任法对违法性要件的抛弃无疑会更好地救济损害、制裁不法，进而达到保护环境的立法目的。

删除后者即删除"他人"二字，是否可以理解为环境侵权不再仅限于"人的损害"，还可以包括其他损害，如环境本身损害、生态破坏等？立法者为什么删除了"他人"二字呢？这里可能的解释有三：第一，考虑到"他人"通常是指民事主体意义上的法人，而不包括国家，但是在不少环境侵权场合，国家作为自然资源所有者和环境容量的代表人也常常是受害人，却很难主张相应的环境损害救济和生态修复赔偿；第二，生态环境破坏或污染致损的受害者不仅包括当代人，而且还包括后代人，甚至当代人侵害的完全是后代人的权益，而"他人"很难涵盖后代人；第三，立法者有意扩大损害的适用范围，留一个口子让司法机构通过解释将环境本身的损害也纳入可调整和可救济的范围。无论哪种解释，要么通过扩大救济主体的方式，要么通过扩

---

❶ 国家环境保护局〔1991〕环法函字第 104 号。

大救济对象的方式，或者兼采两种解释方式，都能够实现环境侵害的司法救济，从而实现保护良好环境质量的目的。但是，从环境侵权属于民事侵权之一种来看，这两种类型的解释都有过于扩大环境侵权范围之嫌，因为：其一，环境本身能否作为私法上的财产存在争议；其二，国家的环境资源权益能否通过民法救济也存在争议。

结合前文的结论和上述认识，再回过头来看《侵权责任法》第65条——"因污染环境造成损害的，污染者应当承担侵权责任"，本书拟构建以下比较科学合理的解释。

首先，我们需要对"污染环境"加以解释。"污染，是人类直接或间接将物质或能量引入环境而造成有害的后果，可能危害人类健康，损害生物资源和生态系统，减损环境的优美，妨碍环境的其他正当用途。"❶ 它通常有别于环境破坏。环境破坏，一般是指人类不合理地开发利用自然环境，过量地向环境索取物质和能量，使得自然环境的恢复和增值能力受到破坏的现象，如水土流失、气候异常、物种灭绝等。可见，环境污染是向环境导入过多的物质和能量，环境破坏是向环境导出过多的物质和能量；二者实质上都忽视了环境容量，破坏了生态平衡和环境自净能力的客观规律。为了更好地适用该条，我们这里可以通过扩张解释的方法，将环境破坏、生物多样性破坏、生态失衡等也解释为环境污染。因此，这里的污染环境可以解释为"所有破坏环境容量，导致生态失衡的向环境输入或输出物质和能量的行为"❷。

其次，我国需要对"损害"进行解释。损害通常是指受保护的法

---

❶ 参见 1974 年 11 月 14 日经济合作与发展理事会通过关于跨界污染原则的建议所提出的关于环境污染的定义。

❷ 其实，我国现行法律多规定污染和破坏环境两个方面都需要承担民事责任。《中华人民共和国宪法》（以下简称《宪法》）第 26 条第 1 款规定："国家保护和改善生活环境和生态环境，防治污染和其他公害。"《环境保护法》第 6 条规定："一切单位和个人都有保护环境的义务，并有权对污染和破坏环境的单位和个人进行检举和控告。"《环境保护法》第 41 条第 1 款规定："造成环境污染危害的，有责任排除危害，并对直接受到损害的单位或者个人赔偿损失。"《环境保护法》第 44 条规定："违反本法规定，造成土地、森林、草原、水、矿产、渔业、野生动植物等资源的破坏的，依照有关法律规定承担民事责任。"《中华人民共和国水污染防治法》（以下简称《水污染防治法》）第 85 条、第 87 条，《中华人民共和国大气污染防治法》第 62 条，《中华人民共和国固体废物污染环境防治法》（以下简称《固体废物污染环境防治法》）第 85 条，《海洋环境保护法》第 90 条也有相关规定。

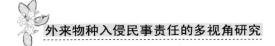

益所遭受的不利益。我国学者多表述为损害事实，是指一定的行为致使权利主体的人身权利、财产权利以及相关利益受到侵害，并造成财产利益和非财产利益的减少或灭失的客观事实；此处的非财产损失，是指侵害他人人身权益所造成的对他人的严重精神损害，是无形的人格利益损害。❶ 因此，在传统民法学者就损害的表述中，是不包括环境本身损害的。当然，已有越来越多的学者接受了公民环境权益的提法，因此，第65条所说的"损害"范围除了人身权、财产权遭受侵害外，解释上还包括公民环境权益遭受侵害。这里不包括环境本身的损害，但从文义解释，即根据上文删除"他人"的两种解释——既包括扩大救济主体，又包括扩大救济客体对象范围，似乎可以得出国家的自然资源权益、环境容量的损害和公共环境本身的损害也可以纳入本条的"损害"当中。但是，正如上文分析，作为私法救济的环境侵权不可能过分游离于私法的范畴，因此目前很难将之纳入环境侵权所规制的范围。

至于此处的"损害"包不包括"损害之虞"或者"侵害危险"，考虑到《侵权责任法》第66条以下分别做出了举证责任、共同侵权和第三人过错致损等规定，这些规定都是围绕现实发生的环境侵权损害来展开的，所以，从体系的解释方法上看，第65条所规定的"损害"应当解释为现实损害为宜，而不包括未来发生的损害或者说侵害危险。至于环境侵害危险或者损害预防类型的纠纷，可以参考《侵权责任法》第15条和《中华人民共和国物权法》第7章有关相邻关系的规定来处理和解决。就损害之虞类型的纠纷，由于采取的是损害预防和防止措施，无须考虑行为人的过错与否，所以应当采取无过错归责或严格责任原则。

最后，我们可以扩大"污染者"的范围，解释上也应当同时包括破坏者。

综上所述，尽管我国《侵权责任法》第65条规定了环境侵权的民事责任采取无过错归责原则，但是由于学理上的争论以及立法上的

---

❶ 王利明. 民法［M］. 北京：中国人民大学出版社，2005：783.

不周延性，其只规定了污染环境引起的环境侵权，而没有规定破坏环境引起的环境侵权，属于立法漏洞，需要通过解释学的方法进行扩张解释，即无论是因为环境污染还是生态破坏而导致损害他人的人身财产权益或环境权益的民事责任，出于对受害者权益保护和强化污染破坏环境者的责任等方面的考虑，都应当采取无过错归责原则。

三、生态环境损害"民事责任"的归责原则

生态环境损害即为生态环境本身的损害，表现为生物多样性的丧失、物种灭绝、江河断流、湖泊消失、水土流失、土壤污染、大气污染、水污染、放射性污染等生态环境要素的损害，从而使原有的生态服务价值和环境价值发生变更，最终影响地球上的人类和其他生物的生存与发展。

如上所述，环境、生态本身的损害目前很难纳入环境侵权救济之列。何去何从？是通过扩大权利的范围还是通过扩大损失的范围来解决这一难题？或者另辟蹊径，寻找公法上的方式或手段解决？或者采取一种"社会法"的方式加以救济？后两种手段方式暂且不表，现就第一种方式进行分析。通过扩大权利的范围，也就是通过构建私权意义上的环境权（或生态权）理论，寻求侵权法等私法途径的救济；通过扩大损失的范围，也就是通过扩张解释、目的性扩张等法律解释学的方法，将环境生态本身的损害解释为"纯经济损失"等，寻求侵权法的救济。

（一）私权意义上的环境权理论

1. 环境公共信托理论

1968 年，美国的萨克斯教授在《保卫环境——公民行动战略》一书中提出了环境公共信托理论。他认为，像水、空气等人类生活不可或缺的环境要素应当视为全体公民的共有资源和公共财产，政府行使环境管理权力是由公民信托所赋予的，因此，公民与政府之间的关系即为信托关系中的委托人和受托人之间的关系。作为环境生态这一公益的所有者，公民有权对政府的行为进行监督，促使其履行环境保护义务；作为环境生态公益的受托人，政府应为公民管理好这些财

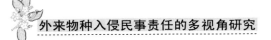

产，未经公民的许可，政府不可处置财产或采取其他使财产价值贬低的行为。

萨克斯教授认为，公共信托理论有3个相关原则：第一，像大气、水这样的一定的利益对于公民全体是极其重要的，因此将之作为私有权的对象是不明智的；第二，由于人类蒙受自然极大的恩惠，因此，与各个企业相比，大气及水与个人的经济地位无关，所有公民可以自由地利用；第三，增进一般公共利益是政府的主要目的，不能为了私的利益而将公共物从可以广泛、一般使用的状态予以限制或改变分配形式。❶

由萨克斯教授所提倡的环境公共信托理论可以看出，其运用信托理论来为公民督促政府履行环境保护职责以及采取环境公民诉讼等措施构建了权利基础。但是，我们很难、也不可能推导出环境生态公益能够或可以被划为公民的私有权利。

2. 环境共有理论

环境共有理论认为，大气、水、土壤、日照、通风、景观、文化性遗产、公园等环境要素对人类生活而言都是不可缺少的要素，它们应属于人们共同拥有的财产。共有者中的一人在没有得到其他共有者全员的承诺时独占地支配利用，使之污染和减耗的行为侵害了其他共有者的权利，从而在理论上也就是违法的。❷ 依照环境共有理论，不论是环境的所有者还是环境的利用者，都应当有义务努力使环境保持良好的状态。一旦发现某一公民或企业等组织进行了侵害环境的行为，作为环境共有人的居民可以个人或团体的名义提起民事诉讼，请求停止环境侵害行为或请求损害赔偿。

环境共有理论同样存在先天不足。环境真的能归于某些人或某一地区的居民共有吗？也就是说，能将环境地区化、区域化或社区化吗？如果能够将环境社区化或区域化，那么环境的共有理论才真正具

---

❶ 萨克斯. 环境保护——为公民之法的战略（日文版）［M］. 山川洋一郎，等，译. 东京：岩波书店，1970：186. 转引自：汪劲. 环境法律的理念与价值追求——环境立法目的论［M］. 北京：法律出版社，2000：240.

❷ 王社坤. 环境利用权研究［M］. 北京：中国环境出版社，2013：18.

有实用价值。但是，稍有环境生态常识的人绝不会认同作为整体的环境是可以或能够被区域化、社区化的。因此，企图通过环境共有理论来使环境成为具有排他性的支配权的客体的主张难以令人信服。原岛重义教授也认为，为实现维持作为社会共有资产的环境的利用秩序之目的，只有在存在环境破坏实体的场合，才能承认居民的损害赔偿请求权乃至侵害排除请求权；因环境侵权行为而产生的侵害排除请求权并非因为特定地域的环境属于地域居民，而是在遭受环境破坏的居民的集团权利之下，对是否违反环境保全秩序和环境利用秩序的法律规范的监督。❶ 由此可见，原岛重义教授也并不认为特定地域的环境属于地域居民共有，该地域居民诉求环境保全的依据不是其享有权利，而是环境保全的法律。

当然，环境共有理论若停留在仅视为全体公民的共有财产，还算合理，似乎也无可挑剔。但是，这也受到非人类中心主义者的挑战。在非人类中心主义者看来，环境生态不能作为人类的财产，因为其也是非人类的生物生存的环境，若非得套上"权利"，那也应当将良好的生态环境称为"生物"的权利或"自然"的权利。

3. 小结

除了上述两大环境权理论之外，无论是国内学者还是国外学者，都尝试从环境生态私益化的路径提出和主张不同的理论或学说，并提出所谓的清洁空气权、清洁水权、阳光权、通风权、宁静权、嫌烟权、达滨权、瞭望权、自然景观权、环境审美权、环境享受权、环境使用权、享有自然权、户外休闲权、自然资源开发权、自然资源利用权和环境容量开发利用权等。❷ 在笔者看来，除了有些权利属于相邻权、用益物权或准物权的变形外，其他多数是基于不同的环境要素而提出的所谓不同权利，都很难说是私法意义上的权利。因此，不论是将生态环境作为人类还是作为其他生物赖以生存的上天赋予的资源，

---

❶ 大琢直. 环境权（2）［J］. 法学教室，2005（293）. 转引自：罗丽. 日本环境权理论和实践的新展开［J］. 当代法学，2007（3）.

❷ 王社坤教授所著的《环境利用权研究》全面梳理了国内外学者有关环境权的各种主张，感兴趣的读者可以进一步阅读他对环境权的整理、解构和类型化重构。

我们都无法忽视和改变其作为整体利益的存在。各种试图将生态环境私益化的努力，目的是让更多的民众像爱护自己身上的衣物一样去关心、爱护、监护和保护我们的地球环境。因此，生态环境公益没有办法也不能够私化为个人的财产权利，试图通过构建私权意义上的环境权（或生态权）理论去寻求侵权法的救济很难实现。当然，我们不反对运用侵权法的方法和途径来探求生态环境公益的救济和保护，也就是说，我们从来不反对通过私法的路径来救济公益。

（二）环境生态损害是否属于"纯经济损失"

1. 纯经济损失的内涵及其救济

对于什么是纯经济损失，各国的规定和学者的观点都存在不同。德国学者克雷斯蒂安·冯·巴尔教授将之总结为两个主要流派：其一，认为纯经济损失是指那些不依赖于物的损害或者身体及健康损害而发生的损失；其二，认为纯经济损失是指非作为权利或者受到保护的利益侵害结果而存在的损失。❶

我国台湾学者王泽鉴先生认为，纯经济损失是指非因人身或所有权等权利受侵害而产生的经济或财产损失。❷ 王利明教授认为，纯经济损失是指行为人的行为虽未直接侵害受害人的权利，但给受害人造成的人身伤害和有形财产损害之外的经济上的损失。❸ 张新宝教授认为，纯经济损失指不因受害人的财产、人身或者权利的受损而发生，只是受害人因特定事由而遭受的纯粹金钱上的不利益。在纯经济损失的概念得到认同的法域里，这些不利益一般不被法律认可，难以获得赔偿。❶

---

❶ 克雷斯蒂安·冯·巴尔. 欧洲比较侵权行为法（下卷）[M]. 焦美华，译. 张新宝，校. 北京：法律出版社，2001：33 - 34.

❷ 王泽鉴. 侵权行为法 [M]. 北京：北京大学出版社，2009：296.

❸ 王利明. 侵权责任法研究（上卷）[M]. 北京：中国人民大学出版社，2011：300 - 301. Robbey Bernstein 认为："纯经济损失是指除了因对人身的损害和对财产的有形损害而造成的损失以外的其他经济上的损失。"参见 Robbey Bernstein, Economic Loss, Sweet & Maxwell Limited, 2ed, 1998, p. 2. 参见王利明所著《侵权责任法研究（上卷）》第 301 页的注释。

❶ 张新宝，张小义. 纯粹经济损失的几个问题 [J]. 法学杂志，2007（4）：15.

综上所述可大体得知，纯经济损失是指非因人身、财产等权益受损而发生的纯粹金钱上的不利益。需要指明的是，纯经济损失不是针对侵权人直接侵害的人（即第一被害人）所造成的损失。如果损失的发生不与（第一）受害人的财产或者人身损害相联系，那么这种损失在多数情况下可能是难以预料、难以控制的，对此予以赔偿可能会过度限制社会主体的行动自由，阻碍社会生活的自如运行。因此，纯经济损失一般不可获得赔偿。但是，纯经济损失的内涵及其能否获得侵权法的救济以及救济的范围会因各个国家侵权法立法体例的差异而存在不同。

法国《民法典》第1382条规定，因过失侵害他人的，应承担损害赔偿责任。这一不限制保护法益的概括保护立法体例使权利和利益都纳入一体化的保护，进而将纯经济损失也涵盖其中。单从第1382条的规定来看，纯经济损失不仅能够获得保护，而且似乎能够得到完全充分的保护。但是，法国司法实务界则通过纯经济损失须与侵害行为之间具有直接的因果关系来控制纯经济损失的赔偿问题。

德国《民法典》第823条第（1）项规定："因故意或过失，不法侵害他人之生命、身体、健康、自由、所有权或其他权利者，对所生之损害应负赔偿责任。"第（2）项规定："违反以保护他人为目的之法律者，亦应负同一义务。依其法律之内容无过失亦得违反者，仅于有过失时始生赔偿责任。"第826条规定："故意以悖于善良风俗加损害于他人者，应负损害赔偿责任。"德国法这种以侵害权利、违反保护他人的法律、故意悖于善良风俗等三个大类区分不同法益保护的立法体例，明显区别于法国概括保护立法体例。关于纯经济损失，仅限于违反保护他人的法律或故意以悖于善良风俗的方法致人损害时，始得请求赔偿。在德国，纯经济损失采取不同于权利的限制保护理由主要有：①限制请求权的范围，通过将损害集中处理于加害人与权利被侵害的第一被害人之间，避免将整个损害分散于多数请求权人而造成众多诉讼，以减少损害处理的费用；②纯经济损失涉及私人损害，不发生社会损害；③契约法上的债务不履行和瑕疵担保责任可以对其进行保护，侵权法不应过度介入；④纯经济损失犹如波浪，扩散及于多数之人，有的甚为微小，有的难以证明，有的宜由被害人自己防范，若全依侵权法请求救济，责任范围将永无边际，诉讼群起，成本费用甚巨，应设"水闸"（Floodgate）加以必要管制。❶

英美侵权法属于判例法体系，即由一个个的侵权行为（Torts）构成，以不同的要件保护不同的法益。在英国，纯经济损失侵权法的保护通常需要以故意为构成要件，以维护市场经济的自由竞争。例外的是，在 Hedley Byrne & Co Ltd. v. Heller & Parstners Ltd. ❷ 和 Capro Industries plc v. Dickman❸ 两个判例中确立了过失纯经济损失赔偿的原则：损失须为可预见，请求权人与被告人之间须有密切关系，使被告负有注意义务须公平、合理。❹ 而在美国，涉及纯经济损失可依契约担保责任进行解决，原则上不受侵权法的保护。

总而言之，纯经济损失原则上不可获得赔偿或者限制赔偿，理由主要是纯经济损失及其责任数量和责任范围均存在"不确定性"，纯经济损失如同波浪，一旦放开"水闸"，则会导致赔偿诉讼无止境。

2. 环境生态损害可否纳入"纯经济损失"

我国《民法通则》第106条第2款规定："公民、法人由于过错侵害国家的、集体的财产，侵害他人财产、人身的，应当承担民事责任。"从本规定来看，我国是根据主体身份的不同确立侵权救济类型，没有采取德国法上的权利与利益相区别的保护立法体例，从整体来看又很像法国的概括保护立法体例。因此，本条"侵害他人财产、人身"在文义解释上既包括人身、财产权利，又包括人身、财产利益。《侵权责任法》第2条规定："侵害民事权益，应当依照本法承担侵权责任。本法所称民事权益，包括生命权、健康权、姓名权、名誉权、荣誉权、肖像权、隐私权、婚姻自主权、监护权、所有权、用益物权、担保物权、著作权、专利权、商标专用权、发现权、股权、继承

---

❶ 王泽鉴. 侵权行为法 ［M］. 北京：北京大学出版社，2009：305 - 306.

❷ Hedley Byrne & Co Ltd. v. Heller & Parstners Ltd. （1964）AC 465.

❸ Capro Industries plc v. Dickman （1990）2 AC 605.

❹ 王泽鉴. 侵权行为法 ［M］. 北京：北京大学出版社，2009：300.

权等人身、财产权益。"本条明确规定了我国《侵权责任法》的保护范围，即不仅保护民事权利，而且保护民事利益。

由上可知，从《民法通则》到《侵权责任法》，我国立法机构都采取了不区分权利和利益的概括保护立法体例。因此，纯经济损失的救济在我国立法层面应该不存在什么问题。但是，其也存在过于宽泛、欠缺具体可操作性等问题。考虑到我国司法资源的有限性，以及前文所论述的侵权法归责原则应当在行为自由与救济受害人或解决不幸之间寻求适当平衡，我国司法实务界应当对纯经济损失的赔偿采取谨慎的态度，可借鉴法国实务界所采取的直接因果关系等因果关系理论或者通过对受害者采取限缩性解释等方式来控制纯经济损失的赔偿，以免造成"水闸"一开、诉讼群起、责任范围永无边际的失控局面，进而导致人人自危、诚惶诚恐、无所事事等行为极不自由的状况。

当然，我国有关立法❶和司法解释也明确规定了一些纯经济损失可以获得赔偿的具体情形。值得注意的是，《最高人民法院关于审理船舶油污损害赔偿纠纷案件若干问题的规定》（法释〔2011〕14号）第9条规定："船舶油污损害赔偿范围包括：（一）为防止或者减轻船舶油污损害采取预防措施所发生的费用，以及预防措施造成的进一步损失或者损害；（二）船舶油污事故造成该船舶之外的财产损害以及由此引起的收入损失；（三）因油污造成环境损害所引起的收入损失；

---

❶ 例如，《中华人民共和国证券法》第69条规定："发行人、上市公司公告的招股说明书、公司债券募集办法、财务会计报告、上市报告文件、年度报告、中期报告、临时报告以及其他信息披露资料，有虚假记载、误导性陈述或者重大遗漏，致使投资者在证券交易中遭受损失的，发行人、上市公司应当承担赔偿责任；发行人、上市公司的董事、监事、高级管理人员和其他直接责任人员以及保荐人、承销的证券公司，应当与发行人、上市公司承担连带赔偿责任，但是能够证明自己没有过错的除外；发行人、上市公司的控股股东、实际控制人有过错的，应当与发行人、上市公司承担连带赔偿责任。"第173条规定："证券服务机构为证券的发行、上市、交易等证券业务活动制作、出具审计报告、资产评估报告、财务顾问报告、资信评级报告或者法律意见书等文件，应当勤勉尽责，对所依据的文件资料内容的真实性、准确性、完整性进行核查和验证。其制作、出具的文件有虚假记载、误导性陈述或者重大遗漏，给他人造成损失的，应当与发行人、上市公司承担连带赔偿责任，但是能够证明自己没有过错的除外。"其中，保荐人、承销的证券公司和证券服务机构对信息披露导致投资者在证券交易中发生的损失，即属于纯经济损失。

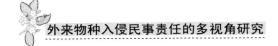

（四）对受污染的环境已采取或将要采取合理恢复措施的费用。"其中，"因油污造成环境损害所引起的收入损失"属于纯经济损失，但是该司法解释对赔偿条件给予了严格限制，以防止责任范围失控和诉讼群起❶；"对受污染的环境已采取或将要采取合理恢复措施的费用"属于环境生态本身的损害。第 17 条对"恢复措施的费用"进一步做了解释："船舶油污事故造成环境损害的，对环境损害的赔偿应限于已实际采取或者将要采取的合理恢复措施的费用。恢复措施的费用包括合理的监测、评估、研究费用。"

从上述司法解释来看，最高人民法院是将纯经济损失与环境生态损害加以明确区分的。实质上，生态环境的损害是环境生态本身的物理、化学或生物等性能的改变或物质性损伤，所采取的补救措施主要是清除和修复。生态环境本身属于社会公共利益，而不是私益；而纯经济损失属于非因受害人的人身、财产权利受害而产生的纯粹金钱上的不利益，是私益而非公益。所以，生态环境损害与纯经济损失在根本属性上完全不同，企图将环境生态损害纳入纯经济损失进行侵权法的救济是难以行得通的。

（三）生态环境损害"民事责任"的归责原则

上文剖析了生态环境公益很难私化为个人的财产权利或其他私权利，也没有办法作为纯经济损失获得赔偿和救济。也就是说，生态环

---

❶ 2011 年《最高人民法院关于审理船舶油污损害赔偿纠纷案件若干问题的规定》第 14 条规定："海洋渔业、滨海旅游业及其他用海、临海经营单位或者个人请求因环境污染所遭受的收入损失，具备下列全部条件，由此证明收入损失与环境污染之间具有直接因果关系的，人民法院应予支持：（一）请求人的生产经营活动位于或者接近污染区域；（二）请求人的生产经营活动主要依赖受污染资源或者海岸线；（三）请求人难以找到其他替代资源或者商业机会；（四）请求人的生产经营业务属于当地相对稳定的产业。"第 15 条规定："未经相关行政主管部门许可，受损害人从事海上养殖、海洋捕捞，主张收入损失的，人民法院不予支持；但请求赔偿清洗、修复、更换养殖或者捕捞设施的合理费用，人民法院应予支持。"第 16 条规定："受损害人主张因其财产受污染或者因环境污染造成的收入损失，应以其前三年同期平均净收入扣减受损期间的实际净收入计算，并适当考虑影响收入的其他相关因素予以合理确定。按照前款规定无法认定收入损失的，可以参考政府部门的相关统计数据和信息，或者同区域同类生产经营者的同期平均收入合理认定。受损害人采取合理措施避免收入损失，请求赔偿合理措施的费用，人民法院应予支持，但以其避免发生的收入损失数额为限。"

境公益从主体角度很难私化为个人权利，从客体角度又很难划归为像纯经济损失这样的利益。因此，生态环境公益恐怕还是回归到公法或者社会法的救济途径为优。这也是一开始笔者将生态环境损害"民事责任"打上引号的原因。即使我们采取公法或者社会法的救济路径，但是一旦涉及损害赔偿，除了主张权利的主体为法律规定的机关和有关组织外，采取的依然是民事诉讼程序和民事责任规范。因此，我们在这里探讨生态环境损害"民事责任"的归责原则仍然具有理论价值和司法指导意义。只不过这里提到的"民事责任"是生态环境公益借用民事责任的理论、规范以及民事诉讼规则实现救济而已，即社会公益利用私法的工具来得以补救和回复。

下面笔者主要以 2004 年欧洲议会和欧盟理事会发布的《关于预防和救济环境损害的环境责任指令》（以下简称第 2004/35/CE 号指令）为例来分析探讨生态环境损害"民事责任"的归责原则。第 2004/35/CE 号指令第 2 条规定了环境损害的定义，即对受保护物种和自然栖息地（自然）的损害、对水的损害和对土地（土壤）的损害。具体而言，对受保护物种和自然栖息地的损害，是对达到或者保持该类栖息地或者物种的有利保护状态有重大有害影响的任何损害；对水的损害，是严重有害地影响第 2000/60/EC 号指令定义的，涉及水的生态、化学以及/或者量化状态以及/或者生态潜力的任何损害，但该指令第 4 条第 7 款适用的有害影响除外；对土地的损害，是由于直接或者间接向土壤、地面或者地下引入物质、制剂、有机物或者微生物，造成人体健康受到有害影响的重大风险的任何土地污染。这里所说的"损害"，是指自然资源❶中的可计量有害变化或者可能直接或者间接发生的一种自然资源服务的可计量减损，也就是我们常说的环境要素本身的损害或者生态服务功能的丧失、退化、减弱等。

第 2004/35/CE 号指令所确定的生态环境损害的责任主体为"经营者"，是指任何自然或者法定的经营或者控制职业活动的私人或者公共的人，或者在国内立法做出规定的情形下，被授权对该活动的技

---

❶　这里的"自然资源"是指受保护物种和自然栖息地、水和土地。

术运作实施决定性经济权力的人，包括该活动的许可证或授权书的持有人或者正在登记或公告该活动的人。责任主体所承担的责任范围为：当尚未发生环境损害但发生该损害的紧迫威胁时，经营者应当毫不延迟地采取必要预防措施；发生环境损害时，经营者应当毫不延迟地告知主管部门该情况的各方面信息，并采取所有可行的手段，以立即控制、抑制、清除或者用其他方法治理有关污染物以及/或者任何其他损害因素，以限制或者预防进一步的环境损害和对人体健康的有害影响或者进一步的服务减损；经营者应当承担依照第 2004/35/CE 号指令采取预防和救济行动的成本。这里的"成本"是指为保障第 2004/35/CE 号指令的适当和有效实施的合理成本，包括评价环境损害、该损害的紧迫威胁、行动的替代方案的成本，行政、法律和执行成本，数据收集成本和其他一般成本，监测和监督成本。❶

第 2004/35/CE 号指令第 3 条虽然规定了该指令的适用范围，但该条第 1 款其实规定了经营者在两种完全不同情形下的责任承担。第 3 条第 1 款（a）项规定了"由于附录Ⅲ所列的任何职业活动❷所导致的环境损害，以及由于任何此类活动的原因引发的该损害的紧迫威胁"；（b）项规定了"当经营者出于过错或者疏忽大意的过失时，由于除附录Ⅲ所列的职业活动之外的任何职业活动所导致的对受保护物种和自然栖息地的损害，以及由于任何此类活动的原因引发的该损害的紧迫威胁"。对于（a）项规定，经营者承担的是无过错责任；对于（b）项规定，经营者承担的是过错责任。这与竺效博士所主张的生态损害填补责任的归责原则两分法不谋而合。他认为，对于"危险活动"（Dangerous Activities），即那些对导致生态损害具有一般性、内在的固有危险性的行为，应采用无过失归责原则；而对于那些"非危

❶ 我国学者所主张的自然资源生态损害赔偿范围大体包括：损害发生后到生态功能恢复前的环境容量损失；生态服务功能损失（如野生动物栖息地功能的丧失或破坏等）；防范损害进一步扩大的损失；清除污染物的费用；修复、恢复、替代或获取受损自然资源的类似等价物的成本；生态损害的检测、监测、评估费用等。参见张梓太，王岚. 我国自然资源生态损害私法救济的不足及对策［J］. 法学杂志，2012（2）：60。
❷ 职业活动是指一种经济活动、商业或者企业过程中进行的任何活动，无论其是否具有私益或者公益、营利或者非营利特征。

· 116 ·

险活动"（Non-dangerous Activities），即那些对生态损害不存在固有危险性的行为，应采用过错责任归责原则。❶

我们先来看看第 2004/35/CE 号指令附录Ⅲ的具体内容：①依据 1996 年 9 月 24 日第 1996/61/EC 号《关于综合污染预防与控制的指令》应当取得许可的装置（指令附件Ⅰ所列）的运行，但用于研究、开发和测试新产品和工艺的装置或者部分装置除外。该指令附件Ⅰ规定了诸如能源工业、金属生产和加工、矿业、化学工业、废物管理以及其他工业活动等的装置或装置部件。②依据 1975 年 7 月 15 日第 1975/442/EEC 号《关于废弃物的指令》和 1991 年 12 月 12 日第 1991/689/EEC 号《关于危险废物的指令》，应当取得许可或者进行登记的废弃物治理操作，包括收集、运输、恢复和处置废物和危险废物以及对此类操作的监管和对处置场地的善后工作；尤其还包括根据 1999 年 4 月 26 日第 1999/31/EC 号《关于废弃物填埋的指令》所规定的填埋场地的操作和根据 2000 年 12 月 4 日第 2000/76/EC 号《关于废弃物焚烧的指令》所规定的焚烧设备的操作。同时，成员国可以决定上述操作所不包括的对来源于按照许可标准处置的城市污水治理设备中的下水道淤泥扩散用于农业用途。③依据 1976 年 5 月 4 日第 1976/464/EEC 号《关于因特定危险物质导致污染的指令》规定进行事前授权向联盟水生环境排放的，排入内陆地表水体的全部排放行为。④依据 1979 年 12 月 17 日第 1980/68/EEC 号《关于保护地下水免受因特定危险物质导致污染的指令》规定进行事前授权排入地下水体的全部排污行为。⑤依据第 2000/60/EC 号指令取得许可、授权或者进行登记的向地表水或者地下水排放或者注入污染物的活动。⑥依据第 2000/60/EC 号指令应当取得事前授权的取水和蓄水行为。⑦向环境中制造、使用、贮存、加工、填埋、释放以及现场运输：（a）1967年 6 月 27 日第 1967/548/EEC 号《关于危险物质分类、包装和标识的成员国法律、法规和行政条款近似性的理事会指令》第 2

---

❶ 竺效. 生态损害填补责任归责原则的两分法及其配套措施［J］. 政治与法律，2007（3）：90.

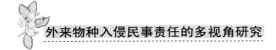

条第 2 款定义的危险物质；（b）1999 年 5 月 31 日第 1999/45/EC 号《关于危险制剂分类、包装和标识的成员国法律、法规和行政条款近似性的欧洲议会和理事会指令》第 2 条第 2 款定义的危险制剂；（c）1991 年 7 月 15 日第 1991/414/EEC 号《关于植物保护产品投放市场的理事会指令》第 2 条第 1 款定义的植物保护产品；（d）1998 年 2 月 16 日第 1998/8/EC 号《关于生物农药产品投放市场的欧洲议会和理事会指令》第 2 条第 1 款（a）项定义的生物农药产品。⑧1995 年 11 月 21 日第 1995/55/EC 号《关于成员国有关危险货物公路运输的法律近似性的理事会指令》附件 A 中定义的，或者 1996 年 7 月 23 日第 1996/49/EC 号《关于成员国有关危险货物铁路运输的法律近似性的理事会指令》附件中定义的，或者 1993 年 12 月 13 日第 1993/75/EEC 号《关于驶入或者驶离联盟内港口并载有危险或者污染货物的船舶的最低要求的理事会指令》中定义的，通过公路、铁路、内陆水运、海运或者航空运输危险货物或者污染的货物。⑨依据 1984 年 6 月 28 日第 1984/360/EEC 号《关于对抗来源于工业厂房的空气污染的指令》所规定的应当取得授权向大气排放指令所规定的任何污染物质的装置操作。⑩任何封闭使用，包括运输，涉及 1990 年 4 月 23 日第 1990/219/EEC 号理事会指令定义的转基因微生物的行为。⑪任何故意向环境排放、运输和向市场投放第 2001/18/EC 号欧洲议会和理事会指令定义的转基因有机物的行为。⑫根据 1993 年 2 月 1 日第 1993/259/EEC 号《关于监管和控制在欧洲共同体内部运输、从共同体以外运入共同体或者从共同体内向共同体以外运出废弃物的理事会条例》，要求授权或者受到禁止的在欧盟内部、从联盟以外或者向联盟以外跨界运输废弃物的行为。

　　由第 2004/35/CE 号指令附录Ⅲ的具体内容，我们可以总结出经营者应当承担严格责任或者无过错责任的情形：对自己经营、控制、占有、管领的能源工业、金属生产加工、矿业、化学工业、废物处置填埋场地、焚烧设备等装置、设施的运营，对经过事先许可授权向地下水、地表水排污的行为或取水、蓄水的行为，向环境中制造、使用、贮存、加工、填埋、释放以及现场运输危险物质、危险制剂、生物农药、植物保护产品的，通过公路、铁路、内陆水运、海运或者航空运输危险货物或污染的货物的，应当取得授权的装置操作向大气排放所规定的任何污染物质的，任何封闭使用、运输转基因微生物的或者任何故意向环境排放、运输和向市场投放转基因有机物的，需要授权或者受到禁止的跨界运输废弃物的，等等。这些职业活动需要经营者承担无过错责任的原因主要在于：其一，危险是这些活动或者装置、设施所引起的；其二，这些职业活动危险造成了生态环境损害；其三，相较于其他主体，经营者更有能力控制危险装置设施的运营或其他危险职业活动；其四，我们知道，若让生态环境损害的不幸由整个社会民众分担有失公平，它本身也不符合污染者付费原则，而让生态环境利益的代表者（无论是政府机关还是环境公益组织）去举证经营者（或者污染者）对生态环境造成损害具有主观上的过错，谈何容易！因此，欧盟议会和欧盟理事会第 2004/35/CE 号指令附录 Ⅲ 明确规定了经营者应当承担无过错责任的 12 种情形。对于除此之外的任何职业活动所导致的对受保护物种和自然栖息地的损害，以及由于任何此类活动的原因而引发的该损害的紧迫威胁，经营者只需承担过错责任原则。❶

四、外来物种入侵民事责任的归责原则

外来物种，即"出现在其过去或现在的自然分布范围及扩散潜力以外（即在其自然分布范围以外，在没有直接或间接的人类引入或照顾之下而不能存在）的物种、亚种或以下的分类单元，包括其所有可能存活继而繁殖的部分、配子或繁殖体"❷。当外来物种在本地的自然或半自然生态系统或生境中建立了种群，改变或者威胁本地生物多样性和生态环境安全，乃至影响、造成人们的身体健康损害或者财产损

---

❶ 竺效博士从制度经济学的视角分析了这种生态环境损害无过错归责原则和过错归责原则二分法的合理性。参见竺效. 生态损害填补责任归责原则的两分法及其配套措施 [J]. 政治与法律，2007 (3)：90 - 92.

❷ 世界自然保护同盟防止外来入侵物种导致生物多样性丧失的指南（2000 年）[EB/OL]. http：//cmsdata. iucn. org/downloads/2000_ feb_ prevention_ of_ biodiv_ loss_ inva-sive_ species. pdf.

失时，就成为我们常说的外来物种入侵。

外来物种入侵不仅可能造成生物多样性丧失和威胁生态环境安全，而且可能造成人类的财产、人身损害。对于后者，当属于典型的由于生态破坏所导致的环境侵权，应当适用无过错归责原则，上文已经进行了论述，所以不再赘述。对于前者，也就是由于外来物种入侵所导致的生态环境本身的损害和生物多样性的丧失或可能丧失，究竟应当适用无过错归责原则还是过错归责原则？这里还是以第2004/35/CE号指令为例来进行分析探讨。

第2004/35/CE号指令第2条第（3）项规定，受保护物种和自然栖息地是指：（a）第1979/409/EEC号指令第4条第2款所指的物种或该指令附录I或第1992/43/EEC号指令附录II和附录IV列出的物种❶；（b）第1979/409/EEC号指令第4条第2款所指的或该指令附录I或者第1992/43/EEC号指令附录II列出的物种栖息地，以及第1992/43/EEC号指令附录I列出的自然栖息地和第1992/43/EEC号指令附录IV列出的物种的繁殖地或者栖息地；（c）（联盟）成员国认定的，未列入上述附录但成员国表明与上述两个指令具有同等保护目的的任何栖息地或者物种。

第2004/35/CE号指令第2条第（4）项规定了达到或者保持自然栖息地或者物种的"有利保护状态"的含义。"保护状态"是指：（a）涉及一块自然栖息地的，作用于该自然栖息地及其典型物种，可能影响其长期自然分布、结构和功能，以及根据具体情况，对典型物种长期生存其中的适用于条约的各成员国欧洲领土或一个成员国国土或者该栖息地的自然分布范围的影响的总和；符合下列情形的，一块自然栖息地的保护状态将被视为"有利的"：其自然范围及该范围内其覆盖的面积稳定或者正在增加，存在维持其长期存续的具体结构和功能且此类结构和功能有可能在可预见的将来继续存在，并且其典型

---

❶ 第1992/43/EEC号《关于自然栖息地和野生动植物保护的指令》指令和第1979/409/EEC号《关于野生鸟类保护的指令》目前列明了229项栖息地类型、1064种动物和植物物种、193种脆弱和濒危的鸟类物种，并且附件每隔一定时期更新一次，具体可以参阅最新的Directive 1979/409及Directive 1992/43。

物种的保护状态根据（b）款的定义是有利的。（b）涉及一个物种的，作用于该物种，根据具体情况，可能影响其种群长期分布和丰富程度的物种栖息其中的适用于条约的各成员国欧洲领土或一个成员国国土或者该栖息地的自然分布范围的影响的总和；符合下列情形的，一种物种的保护状态将被视为"有利的"：所涉物种种群动态数据显示其自我供养所依靠的长期基础是构成其自然栖息地的独立可存续组分，该物种的自然分布范围不被减小且在可预见将来也没有减小的可能，并且存在——将来可能持续存在——一块足够大的栖息地以维持该物种种群的长期存续。

如前所述，第 2004/35/CE 号指令明确规定，对于受保护物种和自然栖息地的损害，是对达到或者保持该类栖息地或者物种的有利保护状态有重大有害影响的任何损害。对此类影响的严重性的评估参照根据附录 I 所列基准确定的基线条件。❶ 对于受保护物种和自然栖息地的损害，不包括由于经有关权力机关依照实施第 1992/43/EEC 号指令第 6 条第 3 款、第 4 款或第 16 条或者第 1979/409/EEC 号指令第 9 条的条款明示授权的经营者因作为所导致的在先确定的有害影响，栖息地和物种不在共同体法律规定范围以内的，依据有关自然保护的国内法规定的具有同等效力的条款。

第 2004/35/CE 号指令附录 I 规定，对达到或者维持栖息地或者物种的良好保护状态具有有害影响的任何损害的严重性，必须参照损害发生时的保护状态、经由栖息地或者物种产生的便利所提供的服务以及其自然繁衍能力进行评价。对于基线条件造成的严重有害改变，应当按照可计量数据的方法进行确定，例如：个体的数量，它们的密度或者分布区域；个别个体的角色或者受损害区域在关于物种或者栖息地保护方面的功能，物种或者栖息地的珍稀程度（按照本地、地区以及包括群落水平在内的更高标准进行评价）；物种的繁殖能力（尤其根据该物种或者种群的流动性），其生存能力或者栖息地自然繁衍

---

❶ "基线条件"是指如果没有发生环境损害则自然资源和服务可能的存续情况，以最佳可得信息为评估基础。

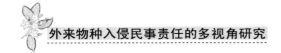

的能力（根据其特征物种或者这些物种的种群的流动性）；损害发生后，物种或者栖息地在除加强保护措施以外没有任何干扰的条件下，仅依靠物种或栖息地的动态变化，在短时间内恢复到可以视为与基线条件相当或者高于基线条件的状况的能力。对人体健康具有可证明影响的损害必须归类为严重损害。以下情形不必归类为严重损害：对于争议物种或者栖息地视为小于自然波动的负面变化；由于自然原因或者归咎于因栖息地记录或目标文件中规定的或者由所有人或者经营者开展的栖息地正常管理行为所造成的干扰而导致的负面变化；对物种或者栖息地造成的，经证明将在短时间内在没有干扰的条件下可以恢复的损害，无论是恢复至基线条件还是至仅依靠物种或栖息地的动态变化可恢复至可以视为与基线条件相当或者高于基线条件的状况。

综上所述，外来物种入侵所造成的对自然栖息地和受保护的物种的损害非常复杂，具有极强的科学技术性。因为这不仅涉及对物种、生物多样性和自然栖息地损害的认定、评估、鉴定问题，还涉及物种和自然栖息地的保护水平或者说保护状态问题。至于外来物种入侵所导致的生态环境本身的损害应当适用无过错归责原则还是过错归责原则，第2004/35/CE号指令附录Ⅲ并没有给出明确的指引，据此，我们似乎可以推断应当适用过错责任归责原则。因为对于附录Ⅲ之外的任何职业活动所导致的对受保护物种和自然栖息地的损害，经营者仅承担过错责任。

第二节　外来物种入侵民事责任的因果关系

哲学意义上的因果关系，是指自然界和人类社会在整个物质世界不断运动变化过程中所显现出来的客观、普遍和内在的必然联系，是一种引起与被引起的关系。其中，引起某一现象的现象叫原因（Cause），被一个现象引起的现象为结果（Result）。这是人类在长期的社会实践中逐渐总结出来的一个理解事物和预测事物变化发展的基本法则，在我们的生产、生活和科学研究中有着极为广泛的作用，是人类认识未知世界的指南和获得客观知识的重要工具。

　　我国继受苏联民法，在过去司法实践中判定因果关系的传统理论即为必然因果关系。❶ 该理论认为，只有当违法行为与损害结果之间具有内在的、本质的、必然的联系时，才具有法律上的因果关系。❷ 如果行为与损害后果之间是外在的、偶然的联系，则不能认定两者之间具有因果关系。这一理论将哲学上的因果关系简单套用到法律中去，将内在、本质、必然的因果关系作为法律上的因果关系评判标准，要求受害人对因果关系的存在证明到非常精确的地步，给其施加了过重的举证责任。而且，它要求加害行为与损害结果之间有直接的因果关系，不承认对间接损害的赔偿，行为人只应对自己行为的直接后果负责。❸ 这将不适当地限制赔偿责任的成立与赔偿范围，不利于对受害人权益的保护。

　　国内外关于因果关系的研究文献，不论是在刑法学界、民法学界，还是在其他部门法领域，都十分丰富，可谓汗牛充栋。因此，关于因果关系的研究，Prosser 教授曾有一句十分精辟的悟语："值得说的已说过许多次，而不值得说的，也已说了不少。"❶ 在阐释和论述外来物种入侵民事责任的因果关系时，本部分首先也需要对因果关系的一般理论进行简要的梳理，然后分析探讨我国侵权责任法上所规定的环境侵权因果关系的实质内涵，最后再去分析外来物种入侵民事责任因果关系是否存在特殊性问题，从而期待对之有一种较为科学的解释和解读。尽管本部分也一定会存在重复前人的表述或者提及上文已涉猎的话题，但是笔者认为，没有较为客观（可能不一定全面）地再现因果关系的一般理论，而直接去探讨外来物种入侵民事责任的因果关系，难免会呈现"无源之水""无本之木"，很难令人信服。因此，从这个意义上讲，"说一些已经说过的话"本身也是值得的。

一、一般侵权法上的因果关系

　　与我国内地传统上采取必然因果关系理论不同，德国侵权法上的因

---

❶ 奚晓明，王利明. 侵权责任法条文释义 [M]. 北京：人民法院出版社，2010：371.

❷ 王利明，杨立新. 侵权行为法 [M]. 北京：法律出版社，1996：62.

❸ 李薇. 日本侵权行为法的因果关系理论 [J]. 外国法译评，1995 (4).

❶ Prosser, Proximate Cause in California, 38 Cal. *L. Rev.* 369 (1950).

果关系通常可分为责任成立的因果关系（Haftungsbegründende Kausalität）和责任范围的因果关系（Haftungsausfüllende Kausalität）。前者是作为责任基础的因果关系，即违反了德国《民法典》第 823 条第 1 款的规定❶，构成不法，即不法行为与受害人的权利侵害存在因果关联；后者是行为者的不法行为与受害人所主张的后续损害之间的因果关系。"若侵害本身即为损害（如侵害行为除损毁受害人的财产之外，再没有发生其他损害后果），则这种两层次的因果关系区分并不必要，甚至也不重要；但是在更多的时候，在权利侵害和实际损害可以区分的事件中，有必要在它们之间确立因果关系。"❷ 区分责任成立的因果关系与责任范围的因果关系的意义在于，前者的证明责任要比后者的证明责任重，原告通常必须证明责任成立的因果关系，而有些时候却不必证明责任范围的因果关系。❸

我国台湾地区和日本民法学界通说认为，侵权法上的因果关系可分为两种：一是作为责任成立要件的因果关系（或简称为责任成立的因果关系），是指事实上的因果关系或者自然的因果关系，即若无被告的行为事实则不会发生原告的损害事实；其不包含任何法的价值判断，而只是对纯粹的事实过程的认识和判断。二是划分赔偿责任范围的因果关系（或简称为责任范围的因果关系或法律上的因果关系），是指在承认被告行为与原告损害之间存在事实因果关系的前提下，对事实因果关系上的损害进行政策性的、法的价值判断，以妥当地界定被告所赔偿的范围。❶

德国的侵权法及其影响下的日本和我国台湾地区的侵权法上的责任成立因果关系和责任范围因果关系，依然无法避免关于事实因果关系和法律因果关系的区分，即首先须确认被告行为是否构成原告损害的必要条件，然后根据法律上的价值和政策等判断被告的赔偿范围。

---

❶ 德国《民法典》第 823 条第 1 款规定，故意或过失地不法侵害他人的生命、身体、健康、自由、所有权或者其他权利的人，负有向他人赔偿由此所生损害的义务。

❷ J. Spier: Unification of Tort Law: Causation, Kluwer Law International 2000, pp. 63－64.

❸ Walter van Gerven etc. : Tort Law, Hart Publishing, 2000, p. 397. 责任范围的因果关系有时可以交由法官自由裁量。

❶ 松村弓彦. 环境法 [M]. 日本：成文堂，1999：232－233.

正如 Markesinis 所言，在因果关系上，德国要比法国更明显地像英美法那样采取了两分法。❶

Wright 教授认为，侵权责任的成立必须符合三个因素：①被告的行为属于侵害行为，即被告的行为系出于故意、过失或引起某种危险。②被告的加害行为与损害结果之间应有事实上的因果关系，即被告的行为对于受害人的人身、财产损害的发生具有原因力。③被告加害行为对于损害具有法律上的因果关系，即在事实上的因果关系具备时，被告的侵害行为未因法律政策或其他因素的考量而免除赔偿责任。第①项和第③项判断属于政策性判断，目的在于决定被告是否应对损害结果负责；第②项判断属于原因力或因果律判断问题。❷

我们在做出因果关系判断之前，首先需要弄明白损害是否由被告的加害行为所引起。若某一损害根本就不是被告的加害行为所引起，即使从危险性理论判断属于被告的危险控制范围或其存有过失，也没有必要再去判断所谓的因果关系问题。因此，我们只有先确认某一行为确为被告的加害行为，然后才能进一步去考虑被告行为与损害结果之间是否具有事实上的因果关系，事实上的因果关系属于因果律问题，与法律政策无关，不应加入法官个人的主观价值判断；在确定因果律之后，再去探讨被告是否应对原告的损害负责，即为法律上的因果关系的判断，此时需要基于法律政策或其他考虑来确定被告的责任应当如何限制的问题。

（一）事实上的因果关系（Cause in Fact）

1. 必要条件说（But for Rule）

（1）含义及其判断。

必要条件说在英美法中被称为"若无，则不"规则（But for Rule），即指若无被告的作为或不作为，则原告的损害不会发生，那么被告的行为即为原告损害的原因。必要条件说可以排除与因果关系

---

❶　Markesinis. The German Law of Torts [M]. 4ed. Hart Publishing, 2002, p. 103.

❷　Richard W. Wright, Causation, Responsibility, Risk, Probability, Naked Statistics, and Proof: Pruning the Bramble by Clarifying the Concepts, 73 Iowa L. Rev. 1001, 1004 (1998).

不相关的因素或条件，即若无被告的行为，原告的损害依然发生，那么被告的行为就不是原告损害的原因因素。至于如何判断被告的行为是否是原告损害的必要条件，学理上有两种学说：一为删除说（the Elimination Theory），二为代替说（the Substitution Theory）。前者是指在进行因果关系判断时，假设将被告完全排除在事件发生的现场之外并保持其他条件不变，若事件仍然发生，则被告的行为不是原告损害的必要条件；反之，若事件不发生或者以完全不相同的方式发生，则被告的行为属于原告损害的必要条件。后者是指在进行因果关系判断时，假设被告在事件发生的现场从事合法行为而非不法行为，若事件仍然发生，则被告的行为不是原告损害的必要条件；反之，若事件不发生或者以完全不同的方式发生，则被告的行为属于原告损害的必要条件。❶ 不论是删除说还是代替说，都是采用反面推理来确证因果关系。其实，在某些案件中，通过日常事务进程可以正面直接得出因果关系，例如，甲从事驾车闯红灯行为，乙当场受到伤害，从正面推论其他因素引起乙受到伤害的可能性近乎为零，因此，甲的交通肇事行为即为乙受到伤害的原因。这种正面确认的方法与 But for Rule 都是对事实的可能性进行分析归纳判断的，实际效果相同。

（2）例外情形。

由于必要条件说是针对单一因素是否属于损害的事实原因的认定方法，因此，若某一损害结果存在多种可能的原因因素时，该标准将存在无法适用的余地；而且，对于其他难以处理的可能性事件等情形，该标准也存在认定困难问题。其具体的无法适用的例外情形如下所述。

①被告提供不法行为的动机与机会：若被告不提供不法行为的动机或机会，原告也会受到损害，基于此认定被告的行为不为损害的原

---

❶ 陈聪富. 因果关系与损害赔偿 [M]. 北京：北京大学出版社，2006：49 - 50. 在英美法的实践中，对作为的不法行为采取的是删除说或排除法，对不作为的不法行为则采取代替说或替代法。通常而言，代替说或替代法对责任的限制程度在较窄的范围，而删除说或排除法会导致更宽泛的责任。Honóre. Causation and Remoteness of Damages, in Andre Tunc (ed.), International Encyclopedia of Comparative Law（Ch. 7），76（1983）.

因，因此而免除被告的责任，似乎有违法律的公平正义的要求。所以，在此种情形下不应当采用必要条件说，而应采取实质因素说（Substantial Factor），只要被告提供不法行为的动机或机会对事件的发生具有实质影响力，就认定被告的行为具有原因力，即应当负责。

②由于其他因素（事前或者事后）的存在，若被告不为不法行为，原告依然会受到损害的：尽管被告为不法行为会造成原告的损害，但是假设被告不为该不法行为，原告的损害也会由于自身的体质（如蛋壳脑袋）、被告以外的人的行为或者事件而发生。此时，若不让被告承担责任难免有失公平，而若完全不考虑那些会引起原告损害的特殊情况也不尽合理。因此，对于此类情形的处理应依照具体个案来判断，有时可依照被告违反法规的目的来判断，有时可依据原告目前的损害与被告依法行事所生损害之间的差额来判断，有时可依据有过失的规定等来减轻被告的赔偿责任，有时可依照分阶段来赔偿，有时甚至不考虑事后会引起原告损害的特殊情况等。❶

③共同加害行为与共同危险行为：共同加害行为与共同危险行为在我国民法中大体规定了以下情形：A. 有意思联络的共同侵权，如我国《侵权责任法》第8条规定："二人以上实施侵权行为，造成他人损害的，应当承担连带责任。"B. 无意思联络的共同侵权，如《侵权责任法》第12条规定："二人以上分别实施侵权行为造成同一损害，能够确定责任大小的，各自承担相应的责任；难以确定责任大小的，平均承担赔偿责任。"C. 叠加的共同侵权，如《侵权责任法》第11条规定："二人以上分别实施侵权行为造成同一损害，每个人的侵权行为都足以造成全部损害的，行为人承担连带责任。"D. 教唆、帮

---

❶ 陈聪富教授将此种情形又分为假设因果关系和超越因果关系两类，认为二者的区分在于前者原告（理应为被告）应为合法行为而实际上未为，后者原告（理应为被告）以外的行为或事件（如炸弹轰炸）实际上已经发生。笔者认为，陈教授的此种区分首先存在区分标准不一致问题，即一为被告以外主体的行为或事件已经发生，另一为被告合法行为未发生，而逻辑上应当以被告以外主体的行为或事件已经发生与否或以被告合法行为发生与否来进行区分。然后也最为重要的是，从陈教授的阐述中不难发现，无论是假设因果关系还是超越因果关系，都存在被告应为合法行为而未为以及被告以外主体的行为或事件已经发生或将会发生。因此，笔者没有采取假设因果关系和超越因果关系的区分。参见陈聪富. 因果关系与损害赔偿 [M]. 北京：北京大学出版社，2006：55-60.

助侵权，如《侵权责任法》第 9 条第 1 款规定："教唆、帮助他人实施侵权行为的，应当与行为人承担连带责任。"E. 共同危险行为，如《侵权责任法》第 10 条规定："二人以上实施危及他人人身、财产安全的行为，其中一人或者数人的行为造成他人损害，能够确定具体侵权人的，由侵权人承担责任；不能确定具体侵权人的，行为人承担连带责任。"不论是共同加害行为还是共同危险行为，若依照必要条件说就会使一方加害人或多方加害人即被告逃脱法律责任，因此，多数国家民法依据具体情形通常规定了连带赔偿责任来补救必要条件的不足。

④独立的介入因素：在被告侵权行为发生之后，发生了独立的介入因素，从而使被告行为与原告损害之间的因果关系被阻断或中断，也就是依照后来的介入行为因素发生了与原来被告行为可能引起的相同结果。若独立的介入因素不是被告行为直接、可预见或具有相当性的结果，也就是不包含于被告行为所创造的危险范围之中，那么被告就免除了赔偿责任，而独立的介入行为即为真正的侵害行为，由该行为人承担责任；反之，若介入因素属于被告行为所创造的危险范围之列，则被告仍然须对原告的损害承担责任。

2. 实质因素说（Substantial Factor Theory）

由于必要条件说无法解决重叠原因、累积原因等复合行为导致原告损害的情形，所以，有不少学者尝试用其他理论方法来探讨事实上的因果关系。其中，实质因素说尝试将法律上的因果关系和事实上的因果关系进行统一考量判断。Leon Green 教授首次将实质因素说作为事实上的因果关系的判断基础，认为必要条件说对许多因果关系甚为明显的案例无法进行恰当说明，主张应以实质因素作为判断标准；而所谓实质因素，他认为是"基于所有其他因素考量，被告行为对于结果的发生居于重要的部分（an Appreciable Part）"❶。在判断何谓实质因素时，《美国侵权法重述》（第 2 版）第 433 条给出了几个应予考

---

❶ Leon Green, Rationale of Proximate Cause, 134 (1927). See Richard Wright, Causation in Tort Law, 73 Cal. L. Rev. 1782 (1985).

虑的方面：第一，共同引致损害的因素的多少及其各自在引致损害时作用的强弱；第二，一直到损害发生时，行为人的行为是否持续积极地产生了一种或者一系列影响力；或者仅是促成了一个无害情景的发生，而行为人不应为之负责的其他人的行为在该情景下的作用力却导致了损害的发生。

William Prosser 教授认为，实质因素说主要适用于累积因果关系的案件类型，同时认为除了"累积因果关系案例"外，针对大部分案例，依据必要条件说与实质因素说所判断的结果并无不同。[1] 因此，实质因素说对必要条件说进行改进的贡献是有限的。

3. 充分条件的必要因素说（Necessary Element of a Sufficient Set）

充分条件是指所有导致某种结果发生的在先条件的整体或全部，而作为结果的原因只是在先条件中的必要因素。换句话说，如果某一条件是一个足以导致结果发生的在先充分条件中的必要因素，那么该条件即为结果的原因。[2] 此即充分条件的必要因素说。

英国哲学家休谟（David Hume）认为，因果关系是事物之间引起与被引起的恒常联系，是基于经验上的因果规律或者一般性法则。赖特（Richard Wright）教授接受了休谟及其继承者密尔（John Mill）的观点，认为因果规律或者一般性法则体现了充分性的观念，"充分界定的在先条件组足以造成结果的发生"；在构建因果规律或者一般性法则时，必须区分具有原因关联性的在先条件与不具有原因关联性的在先条件，而具有原因关联性的在先条件必须限于对条件组的充分性而言是必要的条件。这种解释的核心是，当且仅当某具体条件是足以造成结果发生的一个在先真实条件组中的必要要素时，该条件才是该结果的一个原因。[3]

充分条件的必要因素说不同于必要条件说之处在于，它承认多组充分条件的存在；即使某一条件依照必要条件说不是结果的原因，但

---

[1] 美国法院在适用实质因素说时，主要在于将被告行为对损害发生的原因力与其他因素相比较，看量上是否显然重要。

[2] Richard Wright, *Causation in Tort Law*, 73 Cal. L. Rev. 1774 (1985).

[3] Richard Wright, *Causation in Tort Law*, 73 Cal. L. Rev. 1789 – 1790 (1985).

其若构成任何一组充分条件的充分性所必要的因素，则仍然是结果的原因。这对于必要条件说不能够解决的共同侵权行为或共同危险行为以及独立的介入因素导致因果关系中断等情形，均具有很好的解释力和应用力。

4. 小结

必要条件说即指若无被告的作为或不作为，则原告的损害不会发生，那么被告的行为即为原告损害的原因。它可以作为"一因"情况下通常事件的事实因果关系认定标准，但是在"多因""弱因""不确定因"或独立的介入因素等复杂情况下就很难适用。❶此时，我们可以借助实质因素说和充分条件的必要因素说、盖然性推定等方法来认定事实上的因果关系。

（二）法律上的因果关系（Legal Cause）

法律上的因果关系是在事实上的因果关系（即因果律）成立之后，来判断被告是否应当对原告的损害承担责任问题。这里涉及法律政策和其他考虑因素，以决定被告责任是否应限制以及如何限制的问题。就法律因果关系的判断，大陆法系国家和地区如德国等通常采取相当性（即相当因果关系）❷判断，英美法系国家多采取合理可预见说以及后来的法规目的说等。

1. 相当性或相当因果关系说

德国 Von Kries 教授认为，某一事件与损害之间具有相当因果关系必须符合两项要件：①该事件为损害发生的不可欠缺的条件（Conditio Sine Qua Non）；②该事件实质上增加了损害发生的客观可能性。❸

---

❶ 此处的"一因""多因""弱因""不确定因"等概念乃是侵权法学理上的分类。"一因"为一般侵权行为的因果关系，即"一因一果"或"一因多果"；"多因"为共同侵权或共同危险行为的因果关系，即"多因一果"或"多因多果"；"弱因"和"不确定因"为那些因果关系通常无法或不易判断和认定的特殊案例类型，如被告提供不法行为的动机或机会、特殊的环境侵害等。

❷ 在大陆法系法律因果关系理论中，除了德国法上的相当性外，还主要有法国法上的条件等同理论及后来发展的解释理论、日本法上的义务射程说、危险性关联说，以及德国法上的规则保护范围理论、风险理论等。此处仅探讨最为大家所熟知和常见的相当性或相当因果关系理论。

❸ Hart, Honóre. Causation in the Law [M]. 2nd ed. Oxford University Press, 1985：446.

Von Kries 教授认为，对于相当性的判断，应由行为人在其行为时根据其当时已知或应知的经验知识做出。❶ 德国学者 Enneccerus 和 Lehmann 也认为，相当性原因是指对损害发生的机会具有原因力，且不是由于特殊异常情况所引起的。❷ 关于相当因果关系的第三种表述认为，那种基于经验易于引致损害发生的条件即为原因；它舍弃了原因需要显著增加风险的标准，代之原因需要存在明显风险的标准。❸

　　一般而言，只要某一条件事实通常易于促成某一结果发生或者增加某一结果发生的客观可能性，除非有异常事件的介入，该结果即属于事件通常进程的结果，那么该条件事实与结果之间即具有相当因果关系。相当因果关系的重点在于注重行为人的不法行为介入社会既存状态，并对现存危险程度有所增加或改变，即若行为人增加受害人既存状态的危险，或者行为人使受害人暴露于与原本危险不同的危险状态，行为人的行为就构成结果发生的相当性原因。❶

　　但是，偶发事件或异常事件等的介入会中断因果关系，即不具有因果关系的相当性。因果关系中断的事由必须是在行为人的行为与损害结果之间具有独立的介入原因，并直接引起损害结果的发生。具体的介入事由有第三人的过失行为、他人的故意行为、不可抗力事件或偶发事件等。判断具体的介入事由能否构成因果关系中断，主要依据该独立介入事由或原因是否异常。若不存在异常介入的事由，也即损害结果是在事件正常发展过程中产生的，那么就不会中断被告不法行为与结果之间的因果关系。

　　在我国台湾地区，学者关于相当因果关系的研究较为深入。王伯琦认为："无此行为，虽必不生此损害，有此行为，通常即足生此种

---

❶　与 Von Kries 教授主张不同的还有两种：责任较为宽泛的依据事后的人类已知的经验知识进行客观判断；折中的既考虑行为人的知识经验，又考虑当时可能已知的条件进行综合考量判断。

❷　Honóre, *Cause and Remoteness of Damages*, in Andre Tunc (ed.), *International Encyclopedia of Comparative Law* (Ch. 7), 49 (1983).

❸　Honóre, *Cause and Remoteness of Damages*, in Andre Tunc (ed.), *International Encyclopedia of Comparative Law* (Ch. 7), 49 (1983).

❶　陈聪富. 因果关系与损害赔偿 [M]. 北京：北京大学出版社，2006：8.

损害者，是为有因果关系。无此行为，必不生此种损害，有此行为，通常亦不生此种损害者，即无因果关系。"❶ 王伯琦的前一句话为因果关系相当性判断问题，后一句话主要是指条件的因果关系或因果律；这里显然并没有很好地依照先后顺序将条件关系或因果律与相当性进行区分。史尚宽认为："相当条件为发生某结果所不可缺之条件，非为于特定情形偶然地引起损害，而为一般发生同种结果之有力条件。"❷ 史尚宽所提到的"相当条件"，即为因果关系的相当性问题。王泽鉴认为，侵权法上的因果关系可分为两种：一是作为责任成立要件的因果关系（即事实上的因果关系）；二是划分赔偿责任范围的因果关系（即法律上的因果关系）；责任成立的因果关系属侵权行为的构成要件，而责任范围的因果关系则属损害赔偿责任范围问题。❸ 总体来说，我国台湾地区民法学者认为，相当性以行为人可得而知的结果、通常发生的损害或非不寻常结果所生的损害为判断基础，即采取预见说与"依事件正常发展过程所生损害之结果"作为相当因果关系的成立标准。但是，其与德国学说的差异在于，没有论及应以行为人的行为增加损害危险即提高结果发生的可能性作为相当性的判断标准。❶

总而言之，相当性或相当因果关系说的判断，首先需要满足某条件属于损害发生的不可欠缺的条件，即具有事实上的因果关系；其次要判断被告不法行为提高受害人损害发生危险的可能性，包括增加既存危险或改变原有危险状态；再次，损害发生的过程中须没有其他异常独立原因的介入，即事件发生的因果历程须符合一般事件正常发展过程；最后，相当性的判断并非事实上的因果律的判断，而属于对行

---

❶ 王伯琦. 民法债编总论［M］//王泽鉴. 侵权行为. 北京：北京大学出版社，2009：186.

❷ 史尚宽. 债法总论［M］. 北京：中国政法大学出版社，2000：167.

❸ 王泽鉴. 债法原理（三）：侵权行为法（1）［M］. 北京：中国政法大学出版社，2001：189.

❶ 陈聪富. 因果关系与损害赔偿［M］. 北京：北京大学出版社，2006：14. 德国法上以增加损害发生的危险程度或可能性作为相当性判断，也存在因如何描述损害的结果和原因条件的不同表述而左右影响危险增加程度等，进而出现适用相当因果关系的困难。

为人公平课以责任的判断，具有法律政策判断色彩。❶ 当然，不论对相当因果关系采取何种标准，在受害人特殊体质导致损害的案例中，德国法上通说均认为加害人应当负责，以此作为相当性的例外。❷

2. 合理可预见说

Legal Cause（法律上的原因），在英美法中也常称之为最近原因（Proximate Cause）。Proximate 意指法律基于效率、公共政策或基本的正义而做出的自由裁量，进而拒绝追溯超过某一特定时点的事件。❸ 它暗示着原因必须在时间或空间上与损害的发生"最为接近"（Nearest），其判断标准主要采取合理可预见说（Foreseeable Consequences Theory）与直接结果说（Direct Consequences Rule）。前者认为，侵权行为人的责任须以不法行为引发的损害，具有理性谨慎之人居于加害人的地位，在事件发生当时可得预见为限。后者是指"基于当时条件直接受被告行为和当时已经存在的原因力的影响所发生的后果，并未受到任何此后发生积极作用的外界力量的影响"❹。也就是说，只要受害人的损害是加害人不法行为的直接结果，且在加害人行为与损害之间没有其他独立原因介入，无论损害结果是否为加害人可得预期，加害人均应负损害赔偿责任。但是，直接结果说过于扩大被告的责任和加重行为人的负担，从而不利于提高社会效益；而且，直接后果本身也存在模糊不清和实践中难以认定问题。本书下面将重点探讨合理可预见说。

（1）合理可预见说的含义及其判断。

合理可预见说的内涵在于，受害人的损害结果在加害人不法行为制造的危险范围之内，且事件的结果属于不法行为的自然、正常、必然或可能发生的结果，没有独立中断的原因介入，那么即构成加害人合理可预见的损害，以作为被告承担损害赔偿责任的依据。可预见，

---

❶ 陈聪富. 因果关系与损害赔偿 ［M］. 北京：北京大学出版社，2006：13. 这里的法律政策判断，时常与法官的自然感情、社会正义感或法律政策目的实践相联系。

❷ 德国法院常以"弹性应用"相当因果关系，认为此类案例仍符合相当因果关系，而令加害人负赔偿责任。

❸ J. F. Fleming. the Law of Torts ［M］. 8th ed. The Law Book Company Limited，1992：203.

❹ Prosser. Handbook of the Law of Torts ［M］. West Publishing，1971：251.

经常以损害发生是否为被告行为引起的危险范围，以及该损害是否为通常事件正常发展过程所产生的结果为判断基础。前者属于危险性考察，后者决定被告行为的危险是否可预见。依据合理可预见说，被告仅就可预见的损害结果，且就该结果可预期发生的受害人或原告，负赔偿责任。❶

合理可预见说与早期的预见性理论存在差异。早期的预见性理论以严守自己责任为原则，认为被告只对自己能够预见的行为后果承担责任；这一方面会造成对过错的认定与对因果关系的认定在相当范围内发生重合，另一方面又对受害者保护不力。合理可预见说在坚持自己责任的原则下，通过引入危险或风险理论，让被告承担自己行为产生的危险所引致原告损害的责任，从而避免了早期的预见性理论过于囿于被告的主观预见性。也就是说，这种合理人的可预见性使预见标准在一定程度上趋于客观化。

具体而言，若原告的损害系因不可预见的事件发生过程而导致时，法院常常以危险理论来判断被告是否应当负责；若损害结果系属被告不法行为的危险范围内，即属可预见的损害，被告应负赔偿责任。❷ 关于不可预见的损害案例，最重要的是有关原告特殊体质的问题。依据英美法中的蛋壳脑袋理论（the Egg-shell Skull Rule），无论原告如何脆弱，被告因过失行为引起的损害，即使非一般人可以预期，被告仍须负担损害赔偿责任。❸ 如同受害人的特殊体质一样，救助他人的人所受的损害虽非不法行为的危险范围之内，但是被告仍应对救助者的损害负责。正如 Cardozo 法官的名言："Danger invites rescue, the cry of distress is the summons of relief."（危险招来救助，危难召唤解困。）救助者对危难的反应系属被告危险行为的自然而可能的结果；救助的危险既因被告行为而生，即使行为人可能无法预见救助者的出

---

❶　陈聪富. 因果关系与损害赔偿［M］. 北京：北京大学出版社，2006：87.

❷　在司法实践中，只要事件尚未回归平静或正常，即危险尚未全然终止，且危险系属被告可预期时，被告就应负损害赔偿责任。

❸　Seavey, Mr. *Justice Gardozo and the Law of Torts*, 39 Colum. L. Rev. 20, 32 – 33；52 Harv. L. Rev. 372, 384 – 385；48 Yale L. J. 390, 402 – 403（1939）.

现，也应如同可预见一般，负担赔偿责任。❶

（2）不可预见（或因果关系中断）。

所谓不可预见，是指事件的发生过于异常、不确定或无法认识，以致无法适当防范或不值得预防该事件发生。这主要涉及被告人以外的第三人行为或其他事件介入因果关系时，损害结果是否仍属被告人可得预见的问题。第三人的故意或犯罪行为通常构成因果关系中断；除非被告在过失行为时知悉或应当知悉其行为将引起某种情境，且第三人利用此机会从事侵权行为或犯罪行为，即此种情形下第三人的故意介入也应为被告合理可预见，不中断因果关系。第三人的过失行为通常不中断因果关系，但该第三人的过失介入行为若十分异常，非事件正常发展过程可预见，或独立于被告行为且与之相距甚远，则构成因果关系中断。这里主要考虑的还是第三人的过失介入行为是否在被告制造的危险范围之内，若在被告制造的危险范围之内，就不中断因果关系，被告需要承担赔偿责任；若被告的过失行为制造的危险已经恢复正常状态，或者第三人过失行为不在被告制造的危险范围之内，被告就不需要承担赔偿责任。其他事件若属于不可抗力，或受害人的损害不属于被告行为制造的危险时，被告得以免责。

总而言之，因果关系是否中断的判断在于：受害人的损害结果是否为加害人行为的正常、可能发生状况而为加害人可预见，或者第三人介入原因是否系属加害人行为引发危险的正常延续、是否事件正常过程可预见的介入行为。特殊例外是受害人的自杀行为，过去的观念中，自杀是有意识而为之的行为，因此被认为足以导致因果关系中断。但是，近代英美法判例认为，自杀并非排除责任中断的原因，受害人因意外事故导致精神病而无法控制自我的冲动时，加害人应对自杀负赔偿责任。其理由在于，此时的自杀结果并非自杀者的自愿行为，被告应对其行为所导致受害人不堪痛苦或厌世而自杀的结果负赔偿责任。

（3）可预见与危险性说。

美国的 Leon Green 曾批评合理可预见说，他认为试图在日常事务

---

❶　陈聪富. 因果关系与损害赔偿 [M]. 北京：北京大学出版社，2006：100.

中划出可预见与不可预见的界限比决定空间从哪儿分离和外层空间从哪儿开始还要困难。❶ Green 提出被告在法律上应承担危险的理论来代替合理可预见理论，认为原告的利益必须为法律的保护对象，被告不法行为的危险须为法律所欲避免者；依据法律规范的目的，被告就其不法行为的危险具有防止其发生的责任时，始应赔偿原告的损害。

合理可预见说以被告对于发生的损害合理可预见为责任成立原因，其判断基础在于具有充分知识与经验的人可以合理地预见被告侵权行为的危险所引发的损害。危险性理论则认为，受害人的损害属于加害人不法行为制造的危险范围，加害人始负赔偿责任；或者说被告的责任范围只限于危险范围之内，至于可否预见则非所问。其实，合理可预见说所谓的"对损害的可预见性"，就是危险性理论作为责任认定基础的"危险"。危险性理论仅是可预见性理论的一般化。❷

英美法关于法律上的因果关系的判断，即决定何时应将受害人的损害由受害人移转由加害人承担，并无确定的判断规则或原则，通常考虑的是一般人的世俗观念、公共政策、正义、法感情以及个案事实等因素。英美法院经常以损害的发生是否为加害行为的自然、正常、可能、必然的结果，或者是否为被告可预见的危险而生的结果，作为合理可预见的判断结果。由此可见，合理可预见说仅仅是体现法政策对归责的一种理论尝试而已。

3. 法规目的说

法规目的说是指解释法律规范的立法目的，主要探讨法规所保护的对象以及所欲避免的损害。不论在英美法还是在德国法等大陆法中，法规目的说都作为法律上的因果关系的判断标准。法规目的说认为，损害结果仅在法律目的所涵盖的范围内，始生赔偿责任。受害人须为法规目的所欲保护的当事人，且损害种类与损害发生方式须为法规目的所欲保护的损害种类与损害发生方式，否则加害人无须负赔偿

---

❶ Leon Green, "Foreseeability in Negligence Law", 61 *Colum*. L. Rev. 1413 (1961).

❷ "The risk theory is simply a generalized version of the foreseeability doctrine." Hart, Honóre. Causation in the Law [M]. 2nd ed. Oxford University Press, 1985: 256. 张绍谦教授等将该句译为"危险学说只不过是可预见性学说的一种通则"。参见哈特，奥诺尔. 法律中的因果关系 [M]. 第2版. 张绍谦，孙战国，译. 北京：中国政法大学出版社，2005：257.

责任。❶ 法规目的说经常以合理可预见的危险或法规目的所预防的危险作为被告行为是否为法律所规范对象的标准。但是，在实务中如何确定法规目的常常缺乏明确的标准。于是，法官无形中扮演着立法者的角色来自行判断。在边界地带案件中，法规目的说判断的标准经常是基于诉讼经济、社会财富及允许损害赔偿的社会效果等因素考量的结果，也即基于一般的社会政策与经济政策，以受害人的损害移转由加害人负担是否合理为判断标准。❷

4. 小结

关于法律上的因果关系，德国法上的相当因果关系说是以加害人的行为提高损害发生的危险，增加损害结果发生的客观可能性，且损害发生过程并无异常独立的原因介入，符合一般事件自然、正常的发展过程，为成立的依据。英美法上的合理可预见说，因受害人的损害结果在加害人不法行为制造的危险范围之内，且事件的结果属于因果过程中正常而自然的结果，没有独立中断原因介入，构成加害人合理可预见的损害，为被告负担损害赔偿责任的依据。这两种说法在实质上并无不同。而且，无论是相当因果关系说还是合理可预见说，学说和实务均逐渐强调法律政策在两说中扮演的角色。德国法基于法律政策与公平观念限制被告责任，逐渐对相当因果关系采取宽松态度，而且法规目的说有成为通说的趋势；英美法同样基于法律政策，对合理可预见说采取例外的见解，以符合法律正义的要求，而法规目的说也受到重视，法律政策对法规目的说也同样具有影响力。❸

二、环境侵权的因果关系

在环境侵权案件中，受害人往往在专业知识、经济实力乃至社会地位等方面均处于弱势地位；同时，科学本身存在不确定性，有时即使受害人具备一定的科技知识和能力，也未必能够清楚明白环境污染

---

❶ Honóre, *Cause and Remoteness of Damages*, in Andre Tunc（ed.）, *International Encyclopedia of Comparative Law*（Ch. 7）, 60（1983）.

❷ Honóre, *Cause and Remoteness of Damages*, in Andre Tunc（ed.）, *International Encyclopedia of Comparative Law*（Ch. 7）, 62（1983）.

❸ 陈聪富. 因果关系与损害赔偿［M］. 北京：北京大学出版社，2006：131.

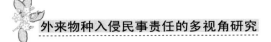

破坏行为与其损害事实之间的因果关系，更谈不上举证证明。为了减轻受害人的举证责任，许多国家和地区纷纷就环境侵权案件类型在立法和司法上采取了相应地降低因果关系证明标准和程度的措施，并发展出各种不同的因果关系推定方法，从而实现对环境侵权事实因果关系的认定，进而达到救济和保护受害人合法权益的目的。

（一）德国环境侵权的因果关系

德国在《环境责任法》（1991）出台之前，关于环境污染侵权责任的法律主要依据的是德国《民法典》第823条第1款、《水保持法》第22条和《原子能法》第25条等规定。在依据这些法律裁判案件的过程中，法官采用了表见证明、证明责任倒置和连带责任等来减轻原告/受害人对环境污染损害赔偿因果关系的证明难度。但是，环境污染损害案件适用表见证明的机会并不常见。❶ 而1991年的德国《环境责任法》规定了设备引发的环境污染损害赔偿责任因果关系推定和肇因适合判断标准，从而大大减轻了受害人的证明程度，有效地保护了环境污染受害者的利益。

德国《环境责任法》第6条第1款规定："如果根据个案的具体情况，某一设备适于引起已发生的损害，则推定该损害是由该设备引起的。对个案中的适合性判断应当根据设备运营流程、使用的设施、使用和排放的物质的种类和浓度、气候特点、损害发生的时间和地点、损害的外部特征以及在个案中能说明造成或不造成损害的其他情况来进行。"此款第一句话规定了因果关系推定，第二句话规定了肇因适合判断标准。

因规定的设备引起损害的，受害人若想成功地实现因果关系推定，必须证明：①特定物质的排放与该设备的经营有关；②排放的物质与所生损害具有空间及时间上的关联；③排放的物质适于肇致所生

---

❶ Pospich, Carsten, Haftung nach dem Umwelthaftungsgesetz bei multifaktorieller Verursachung, 2004. S. 102. 转引自庄敬华. 环境污染损害赔偿立法研究［M］. 北京：中国方正出版社，2012：102.

的损害。❶ 也就是说，受害人须证明引起自己权益侵害后果的环境作用的适合性，即证明某种环境作用或影响引起了自己权益的损害，同时被告所运用的设备适于引起这样的环境作用或影响。

关于适合性，有一般适合性和具体适合性之分。一般适合性的证明通常需要由专家鉴定来进行，它可以从对有害物质的作用方式的流行病学研究成果中得出结论。❷ 具体适合性的证明需要受害人根据个案中的具体情况来进行，可依据被告所使用的设施、设备运营流程、所使用和释放的物质的种类和浓度、气象情况、损害发生的地点与时间和损害的外部特征以及在个案中能说明造成或不造成损害的其他情况来定。若受害人不能够证明引起自己权益损害后果的环境作用或影响的具体适合性，那么德国《环境责任法》第 6 条所规定的因果关系推定就不能适用。第 6 条第 1 款的规定，即"作为原告的受害人只需要对引起损害的环境作用或影响的具体适合性以及引起环境作用或影响的设备的适合性进行证明，由设备实际引起的原因即被推定"，体现了盖然性部分证明思想，相较于完全证明而言，减轻了受害人的证明责任。

作为被告的设备运营者，若想推翻因果关系推定，必须从非归责于人的一般环境负荷、非设备运营人的第三者行为、受害人自身的体质等情形来证明具体的环境不适合性。这与表见证明不同，表见证明可能会因为陈述另一个事实过程的非理论上的可能性而受到动摇，而因果关系推定则要求被告必须对损害具体的环境不适合性进行完全证明才能排除原因推定。被告这种反证即排除推定的证明程度的提高，有利于对原告受害人利益的保护。因此，相对于表见证明而言，因果

---

❶ Hager, NJW 1991, 134；Fikentscher, Schuldrecht, S. 797. 转引自王泽鉴. 侵权行为 [M]. 北京：北京大学出版社，2009：195.

❷ Landmann/Rohmer/Hager, UmweltR, Muenchen, 1994. Rn. 19；Landsberg, Gerd/Luelling, Wilhelm, Das neue Umwelthaftungsgesetz, DB 1991. S. 479（480）；Salje, Peter, Umwelthaftungsgesetz, Kommentar, Muenchen, 1993. Rn. 16；Steffen, Erich, Kausalitaets-und Zurechnungsproblem bei Umweltschaeden nach dem geltenden und dem geplanten Umwelthaftungsrecht, NJW1990. S. 1817（1822）. 转引自庄敬华. 环境污染损害赔偿立法研究 [M]. 北京：中国方正出版社，2012：103.

关系推定从根本上减轻了原告受害人的证明程度。同时，德国《环境责任法》第 7 条第 1 款第 1 句排除了第 1 条所指的附录 1 中的其他设备、非目录设备作为可以免责的择一原因的可能性，从而使作为被告的设备运营人不能通过指出附录 1 中的其他设备或非目录设备而摆脱自己责任的原因推定。这一规定无疑有助于减轻原告受害人的证明程度。

（二）日本环境侵权的因果关系

为了实现公害事件对受害人的救济和保护，日本判例学说提出了减轻受害人对事实因果关系承担举证责任的各种理论。

1. 盖然性说

德本镇先生介绍了德国有关矿害因果关系认定的"相当程度的盖然性"理论，在日本最早提出盖然性说。该理论的具体内容包括：①形式上仍然由原告受害人负担因果关系的证明责任；②受害人做出"相当程度的盖然性"证明即可，即"超越了大致明确的领域，但尚未到达证明的程度"；③实质上的证明责任由受害人转换为加害人承担。这也就是采取了德国矿害赔偿法中的精确专业证明法理，只要被告不同证明不存在因果关系，就应该认定存在因果关系。❶ 盖然性学说已经成为日本的通说。但是，对盖然性理论的内涵又存在不同的理解，并呈现以下不同立场：优势证据说、事实推定说和间接反证。

优势证据说认为，法律上的证明程度可以因刑事案件与民事案件而异。刑事案件因涉及人权等因素，必须对犯罪证明达到毫无疑问的程度；而民事案件只要达到盖然性程度较大即可，从数学角度而言，"有超过 50％以上的盖然性证明度，即可做出结论"❷。而德本镇先生认为，因果关系是事实上的推定，被告只要不能证明不存在因果关系，就不能推翻事实上的推定。在公害诉讼案件中，事实推定说是法

❶ 德本镇. 企业的不法行为责任［M］. 东京：一粒社，1974：51 - 63. 转引自罗丽. 中日环境侵权民事责任比较研究［D］. 北京：清华大学，2004.

❷ 加藤一郎. 公害法的生成和展开［M］. 东京：岩波书店，1968：29. 转引自杨素娟. 论环境侵权诉讼中的因果关系推定［J］. 法学评论，2003（4）：136.

官在遵循经验规则的基础上对原告已达某种程度盖然性的举证做出确实的心证，若被告没有提出令法官信服的反证，即认为因果关系成立。间接反证是指当主要事实是否存在尚不明确时，由原本不负举证责任的当事人承担反证其事实不存在的证明责任。因该种证明并不是直接对另一方当事人举证事实的反驳，因而称之为间接反证。间接反证认为，环境侵权因果关系的认定十分困难，只要受害人能够证明其中的部分事实存在，剩余的部分则可推定存在，由加害人负反证其不存在的责任。

淡路刚久先生将构成因果关系的事实分解为被害发生的原因物质乃至其机制（病因论乃至原因论＝事实 A）、原因物质到达受害人乃至到达的路线（污染途径＝事实 B）、企业中原因物质的生成和流出（事实 C），进而以间接反证理论为基本观点对盖然性学说进行了再构造：①若原告能证明被害发生的原因物质（事实 A）是经过企业污染途径到达原告（事实 B），而企业方却不能就其不能成为污染源的事实进行反证，则认定因果关系成立；②若原告就被害发生的原因物质事实 A、同种类的原因物质在被告企业方生成和流出的事实 C 进行了证明，并就被告企业排出的原因物质具有到达受害人地域的可能性进行了证明，而被告企业方不能就其不能成为污染源的事实进行反证，则认定因果关系成立；③若原告就企业流出的原因物质事实 C、该原因物质到达受害人乃至受害地的事实 B 进行了证明，而企业方不能就其不能成为原因的事实进行反证，则认定因果关系成立。❶

2. 疫学因果关系说

疫学因果关系说是通过疫学与法律学的对话引入法学领域的。❷它是指一定区域内的受害人发生了某种疾病后，初步判断该种疾病可能是由某种污染物引起，进而用实验医学方法确定该种污染能否导致

---

❶　淡路刚久. 公害赔偿的理论 ［M］. 增补版. 东京：有斐阁，1978：9. 转引自罗丽. 中日环境侵权民事责任比较研究 ［D］. 北京：清华大学，2004.

❷　戒能通孝. （座谈会）法律学与疫学 ［J］. 法律时报，1978（40）：26. 转引自罗丽. 中日环境侵权民事责任比较研究 ［D］. 北京：清华大学，2004.

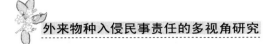

受害人所感染的疾病，若能导致此种疾病的发生，且受害人居住地附近的一些污染源恰好又排放了该种污染物，则可推定受害人的疾病与污染源排放污染物的行为之间有因果关系。❶ 疫学因果关系存在与否，可以从以下四个方面进行判断：①某因子在某疾病发病前已经存在并发生作用；②该因子作用的程度越显著，则该病患者的比率越高或病情越重；③该因子在一定程度上被消除或被减少时，该病患者的比率降低或病情减轻；④该因子作为该疾病的原因，其作用的机理基本上能与生物学的说明相一致，不发生矛盾。

在采用疫学方法证明因果关系时，通常会产生如何处理集团与个人之间关系的问题。从集团角度观察，上述四个方面的考察仅仅能证明该因子与该疾病集团之间发生了因果关系。在诉讼中，还存在判断各个原告的受害与该因子之间存在个别因果关系的问题。在没有该因子则没有患某种疾病的可能这一特异性疾患情况下，在认定该因子与该疾病集团之间具有因果关系时，也可以认定该因子与该原告存在个别的因果关系。但是，在非特异性疾病的情况下，即在某种疾患的发病原因并未完全明确的场合或者原因有多种可能性但不能特定其原因的场合，则可通过将置身于污染物质之中的集团的患病率与没有置身于污染物质之中的集团的患病率相比较，在不存在相当大的程度上差异的情况下，就推定不可能具有个别的因果关系。❷

疫学因果关系说要求原告证明当地存在的某种因素同民众所患疾病的患病率升降之间有联系，进而认定它们之间存在因果关系。这种因果关系证明方法只能适用受害人遭受人身伤害的情形，而不适用财产损害的情形。

（三）美国环境侵权的因果关系

自 20 世纪 70 年代以来，美国有关有害物体引起的损害赔偿诉讼

---

❶ 杨素娟. 论环境侵权诉讼中的因果关系推定［J］. 法学评论，2003（4）：137.

❷ 森岛昭夫. 因果关系的认定与赔偿额的减额［M］//现代社会的民法学的动向（上）. 东京：有斐阁，1992：235. 转引自罗丽. 中日环境侵权民事责任比较研究［D］. 北京：清华大学，2004.

越来越多。在环境侵权司法实践中，为了减轻受害人的举证责任，美国逐步采取了优势证据规则和事实自证理论等方式。

1. 优势证据规则

按照优势证据说的要求，在环境侵权诉讼中，不用以严格的科学方法来证明因果关系，只要原告所举的证据比被告所举的证据更优即可。在司法实践中，对于环境污染损害赔偿案件，美国法院不要求原告举证证明其损害100%是由被告的有害物质所引起的，只需要证明损害可能是由被告的有害物质而引起，且这种可能性大于50%即可。如果法官、陪审团认为这种可能性大于50%，原告则胜诉；反之，原告则败诉。❶

2. 事实自证理论

事实自证理论又被称作不言自明理论，根据这一理论，原告只需要证明以下事实：①若被告没有过失，则损害一般不会发生；②损害的发生是由被告控制的工具或媒介引起的；③损害的发生没有原告的参与或者非出于其自愿行为，即可推定被告应承担责任。原告无须证明被告造成其损害的全部事实，只要证明了造成损害的大部分事实，即可根据经验规则来推定全部事实存在。❷ 从程序法来看，事实自证就是把举证负担由原告移至被告，被告如果提不出有效的证据来反驳原告推论的过失，就会被法院判定具有过失，进而对损害结果承担责任。

（四）中国环境侵权的因果关系

我国2009年12月26日通过的《侵权责任法》第66条规定："因污染环境发生纠纷，污染者应当就法律规定的不承担责任或者减轻责任的情形及其行为与损害之间不存在因果关系承担举证责任。"就该条规定的有关环境污染纠纷中因果关系的认定问题，我国学者存在两种不同的理解：绝大多数学者尤其是民法学者主张其为因果关系推定，少数学者主

---

❶ 张新宝. 美国有害物体侵权行为法介评 [J]. 外国法译评, 1994 (1)：81 – 90.
❷ 高敏. 美国环境侵权诉讼 [J]. 世界环境, 2002 (6)：17 – 18.

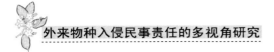

要是环境法学者认为该规定应理解为举证责任倒置。❶

这两种不同的理解本质上来说是在环境侵权纠纷中被害人的证明责任范围或程度上存在差异：前者认为被害人仍然需要就污染加害行为与损害之间的因果关系进行初步的、表面上的证明；后者则认为因果关系的举证责任完全应由加害方或者污染方承担。由此，产生至少以下两个疑问：第一，这两种不同理解之间到底存在多大程度上的差异，换句话说，这种不同理解有无价值？第二，若两种不同理解有价值或者存在较大差异，那么我国《侵权责任法》对此又是如何做出制度选择和安排的？

1. 因果关系推定与举证责任倒置

因果关系推定，是指若某种表见事实发生损害，即推定损害与该事实的因果关系存在，受害人无须再证明其间的因果关系，即可对表

---

❶ 绝大多数著名民法学者如梁慧星、王利明、杨立新、张新宝等均在民法典草案侵权行为部分或者侵权责任法草案中表达了因果关系推定的观点，尽管他们的观点在具体表述上可能存在一些差异。梁慧星先生领导起草的《中国民法典·侵权行为法编建议稿》第1549条第1款规定："因果关系由受害人证明。但法律规定应由加害人或者对损害负有赔偿义务的人证明因果关系不存在的，如加害人或者对损害负有赔偿义务的人不能证明因果关系不存在的，则推定因果关系存在。"该条文的位置在"侵权行为编"的"通则"项下，规定了因果关系推定的一般规则，不只是针对环境侵权这种特定的侵权类型。（梁慧星. 中国民法典草案建议稿附理由. 侵权行为编、继承编［M］. 北京：法律出版社，2004：13.）王利明教授组织起草的《中国民法典·侵权行为法编草案建议稿》第1945条规定："因环境污染造成人身或者财产损害的，其污染行为与损害事实之间的因果关系可以实行推定。污染环境的行为人能够证明损害事实与污染行为没有因果关系的，行为人不承担民事责任。"（王利明. 中国民法典草案建议稿及说明［M］. 北京：中国法制出版社，2004：252.）杨立新教授组织起草的《中华人民共和国侵权责任法草案专家建议稿》第120条规定："因环境污染造成他人人身或者财产损害的，其污染行为损害事实之间的因果关系可以实行推定。污染环境的行为人能够证明损害事实与污染行为没有因果关系的，行为人不承担侵权责任。"（杨立新. 中华人民共和国侵权责任法草案建议稿及说明［M］. 北京：法律出版社，2007：244－245.）张新宝教授曾建议将《侵权法二次审议稿》第69条规定的"因环境污染发生纠纷，排污者应当就法律规定的免责事由及其行为与损害之间不存在因果关系承担举证责任"修改为："因污染环境发生纠纷，推定排污行为与损害之间存在因果关系；排污者能够证明不存在因果关系的，不承担赔偿责任。"他建议修改的理由为："需要正确表述因果关系推定，故修改。"（张新宝. 侵权责任法立法研究［M］. 北京：中国人民大学出版社，2009：71.）而环境法学者如王社坤在《环境侵权诉讼中的因果关系与举证责任》（载于《环境经济》2010年第8期）一文中主张该规定应理解为举证责任倒置。早在2002年4月1日施行的《最高人民法院关于民事诉讼证据的若干规定》第4条第1款第（3）项就规定："因环境污染引起的损害赔偿诉讼，由加害人就法律规定的免责事由及其行为与损害后果之间不存在因果关系承担举证责任。"当时也有环境法学者将其解释为举证责任倒置。（王树义. 环境与自然资源法学案例教程［M］. 北京：知识产权出版社，2004：133.）

见事实之行为请求损害赔偿，而行为人则唯予以反证证明损害与该事实无关时，始可免责的法则。❶ 由此定义不难推知，如同表见代理一样，要想成功地实现因果关系的推定，受害人必须就"表见事实"进行举证，或者说必须初步举证证明加害行为很可能造成该损害的事实。

一般举证责任的分配规则是"谁主张，谁举证"，举证责任倒置乃此一般规定的例外，即指基于法律规定，将通常情况下本应由一方当事人负担的举证责任转由另一方当事人承担，当诉讼终结时，如果根据全案证据仍不能判定该事实的真伪，则由另一方当事人承担由此产生的败诉等不利的诉讼后果。❷ 这些举证责任倒置的诉讼类型的确立，主要是基于一国的立法政策选择、价值取向以及当事人举证能力等综合因素考虑的结果。

与因果关系推定不同，在举证责任倒置的情形下，受害方无须做任何证明，无须对"表见事实"或者某些加害行为可能致害的基础事实进行证明，即受害方完全从因果关系的证明中解脱出来。加害方则完全承担因果关系的举证责任，其败诉的风险较大，从而促使可能的加害方在日常的经营行为或者活动中更加小心谨慎和防范风险。

在环境侵权纠纷诉讼中，按照举证责任倒置的制度安排，环境污染方或者被告方在诉讼中必须承担提出证据证明其污染行为与原告所受损害之间不存在因果关系的义务。在诉讼终结时，如果污染方未依法举证，或证明未完成，或陷入真伪不明，则认定因果关系存在。按照因果关系推定理论，环境侵权纠纷案件中因果关系的认定通常可分为以下三步：

第一步，由受害方或原告就环境侵权行为与损害后果之间存在因果关系作出"初步证明"，即原告需要提出一些表面证据，证明环境侵权行为与损害后果之间存在一定盖然性联系。❸

第二步，法官根据所积累的知识经验证明，如果可以做出与有关

---

❶ 邱聪智. 民法研究 [M]. 北京：中国人民大学出版社，2002：225.
❷ 宋朝武. 民事证据法学 [M]. 北京：高等教育出版社，2003：77.
❸ 马栩生. 环境侵权视野下的因果关系推定 [J]. 河北法学，2007（3）.

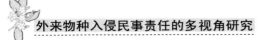

科学无矛盾的说明，即应当推定为因果关系得到了证明。该推定形式为：①大前提：在一般情况下，这类污染行为能够造成这种损害事实；②小前提：这一结论与有关科学原理无矛盾；③结论：那么这种损害事实是由这种污染行为造成的。❶

第三步，污染方或被告进行反证。环境侵权纠纷诉讼在实行因果关系推定之后，要给加害人举证或者反证推翻的机会，使其能够举出证据证明自己的环境侵权行为与损害结果之间不具有因果关系。如果污染方否定因果关系推定的证明成立，即推翻了因果关系推定，则不构成侵权行为；此时，这种能够推翻因果关系推定的证明应当满足高度盖然性的要求。若污染方不能证明或者证明不足的，因果关系推定就成立。❷ 污染方或者被告方要想推翻因果关系的推定，就必须提供高度盖然性的证据，或者说其提供证据的证明力必须达到十分高的标准。这种标准不必达到排除一切可能怀疑的程度，但也不能仅以其证据的证明力大于受害方所提供证据的证明力为足。❸

2. 我国《侵权责任法》选择了因果关系推定

对于我国《侵权责任法》第 66 条规定，许多学者认为是对因果关系推定的立法确认。❹ 但也有少数学者持不同意见，认为《侵权责任法》的规定并非因果关系推定，而是因果关系举证责任倒置。❺ 无论是从立法解释、学理解释还是从我国当前立法政策考虑，都很难推出该条的规定为举证责任倒置，尽管从字面上看似举证责任倒置。

（1）从立法解释或历史解释来看，我国《侵权责任法》第 66 条的规定主要来源于 2002 年 4 月 1 日施行的《最高人民法院关于民事诉讼证据的若干规定》第 4 条的规定，即"因环境污染引起的损害赔

❶ 王利明. 中国民法典学者建议稿及立法理由·侵权行为编［M］. 北京：法律出版社，2005：219.

❷ 德本镇. 企业的不法行为责任之研究［M］. 东京：一粒社，1974：130. 转引自夏芸. 医疗损害赔偿法［M］. 北京：法律出版社，2007：181.

❸ 马栩生. 因果关系推定研究——以环境侵权为视角［M］//吕忠梅，徐祥民. 环境资源法论丛. 第 5 卷. 北京：法律出版社，2005：221.

❹ 杨立新. 侵权责任法［M］. 上海：复旦大学出版社，2010：420.

❺ 王社坤. 环境侵权诉讼中的因果关系与举证责任［J］. 环境经济，2010（8）.

偿诉讼，由加害人就法律规定的免责事由及其行为与损害后果之间不存在因果关系承担举证责任"❶。有学者认为："如果加害人能够证明其行为与被害人损害结果之间不存在因果关系，则可免除其环境侵权的民事责任，否则，即推定其加害行为与被害人损害结果之间存在因果关系。这是一种与日本的'间接反证法'相似的因果关系推定法，遗憾的是没有规定高度盖然性的因果关系推定法和疫学因果关系推定法。"❷ 多数学者尽管没有就有关推定方法进行解释和说明，但也大多持因果关系推定的观点。而且，无论是《民法典·侵权行为法编》的不同学者建议稿，还是历次《侵权责任法》草案或学者建议稿，都直接或间接地确认了环境侵权纠纷中因果关系推定制度。

（2）从学理上考虑，环境污染侵害具有长期性、潜伏性、多因性、复杂性、高科技性和当事人地位的不平等性等不同于普通侵权的特征，让环境污染受害方承担污染行为与损害之间因果关系的举证责任不仅几乎不可能，而且会导致法律的天平不当地向污染方倾斜，不利于实现侵权法平衡保护受害者权益和行为自由的立法宗旨。因此，许多国家在环境侵权纠纷中纷纷抛弃了传统侵权法上的相当因果关系理论❸，改采用各种因果关系推定理论方法，以减轻受害方的举证责任负担。例如，德国《环境责任法》第 6 条第 1 款规定："如果依照个案的具体情形，某一设备很有可能引起既有的损害，则推定该损害是由该设备造成的；至于该设备在个案具体情况下是否可能造成损

---

❶ 在《侵权责任法》颁布之前，类似的规定还有：2004 年 12 月 29 日修订通过的《固体废物污染环境防治法》第 86 条规定："因固体废物污染环境引起的损害赔偿诉讼，由加害人就法律规定的免责事由及其行为与损害结果之间不存在因果关系承担举证责任。"2008 年 2 月 28 日修订通过的《水污染防治法》第 87 条规定："因水污染引起的损害赔偿诉讼，由排污方就法律规定的免责事由及其行为与损害结果之间不存在因果关系承担举证责任。"

❷ 杨素娟. 论环境侵权诉讼中的因果关系推定 [J]. 法学评论，2003（4）.

❸ 相当因果关系说，又称为"充分原因说"。关于其含义，王伯琦先生认为："无此行为，虽必不生此损害，有此行为，通常即足生此种损害者，是为有因果关系。无此行为，必不生此种损害，有此行为，通常亦不生此种损害者，即无因果关系。"参见王伯琦. 民法债编总论 [M] //王泽鉴. 侵权行为. 北京：北京大学出版社，2009：186. 史尚宽先生认为："相当条件为发生某结果所不可缺之条件，非为于特定情形偶然的引起损害，而为一般发生同种结果之有力条件。"参见史尚宽. 债法总论 [M]. 北京：中国政法大学出版社，2000：167.

害，则应当根据其营运流程、所使用的机器设备、所使用和排放物质的种类和浓度、气象因素、损害发生的时间和地点、损害的总体情况以及与损害发生相关的所有其他具体因素来判断。"❶ "从有利于受害人的角度出发，《环境责任法》第 6 条第 1 款规定了因果关系的推定。"❷

（3）从立法政策上考虑，我国《侵权责任法》第 66 条也没有采纳举证责任倒置制度。原因在于：其一，举证责任倒置可能导致并非真正的侵权人承担侵权责任。❸ 在举证责任倒置的情形下，环境污染方或者被告方须就其污染行为与损害结果不存在因果关系承担举证责任。然而被告方举证证明因果关系不存在须达到何种证明程度是不明确的。因此，实践中存在要求被告举出充分、直接的证据，并达到排除一切可能怀疑之程度的做法。❶ 这样一来，显然让被告方承担了过重的证明责任，导致有些非侵权方承担了不应当承担的侵权责任。其二，举证责任倒置会过分加重企业负担。在立法过程中，对于环境侵权规定举证责任倒置存在争议。在第十一届全国人大常委会第十一次会议第三次审议侵权责任法草案时，有委员提出："环境污染如果要污染者承担举证责任会很困难，现在环境污染事故仍处于高发期，规定由污染者承担举证责任务必慎重。"也有代表提出这"会造成对企业的不公平，可能会影响企业创新的积极性，阻碍企业发展"❺。在环境侵权纠纷中，若采取举证责任倒置，让企业承担过重的举证责任，就会过分地加重企业的负担，严重影响其市场决策的自由，从而阻碍我国社会经济的发展。

从环境侵权的特殊性和双方当事人地位的不平等性来看，我们在

---

❶ 王明远. 德国《环境责任法》的基本内容和特色介评 ［J］. 重庆环境科学, 2000 (4).

❷ 马克西米利安·福克斯. 侵权行为法 ［M］. 齐晓琨, 译. 北京：法律出版社, 2006：298.

❸ 全国人大常委会法制工作委员会民法室. 侵权责任法立法背景与观点全集 ［M］. 北京：法律出版社, 2010：893.

❶ 参见最高人民法院 (2006) 民二提字第 5 号；同时, 我国司法实践中对所谓的举证责任倒置也采取了消极抵抗策略。参见胡学军. 环境侵权中的因果关系及其证明问题评析 ［J］. 中国法学, 2013 (5).

❺ 陈丽平. 污染实行举证责任倒置有争论 ［N］. 法制日报, 2009 – 11 – 21.

立法时，应当让法律的天平适当倾向于对受害方权益的保护。但是，侵权法作为兼顾行为自由和受害人保护的法律，在保护受害方的权益时，又不能对加害方太过苛责。与举证责任倒置不同，因果关系推定让受害方或原告进行初步证明，然后转由侵害方或被告进行反证，并要求达到十分高的证明标准才能推翻因果关系的推定。这种制度安排既有助于减轻原告方的举证责任，实现受害人权益保护的目标；又不致过分地苛责企业，并能够尽量避免让非真正侵权人承担责任的危险。因此，因果关系推定比举证责任倒置更能实现侵权法的价值目标。

（五）小结

环境侵权案件具有长期复杂性、潜伏性、科技性和影响广泛性等特征，这决定了环境侵权案件的因果关系判断和认定十分复杂且具有高困难性，所以，各国环境侵权司法判例、学说乃至立法都注重减轻环境污染受害者的举证负担、降低其证明程度，于是发展出上述优势证据说、事实自证理论、盖然性说和疫学因果关系说等各种因果关系推定方法。我国《侵权责任法》第 66 条的规定虽然在形式上似乎采取了举证责任完全倒置的做法，但是在解释上和司法实践中还是应当采取因果关系推定为宜。至于在具体的个案中如何正确实现因果关系的认定，则不妨针对不同个案借鉴国外不同的因果关系推定方法，以实现个案的公平和公正。一般而言，若涉及人身健康损害尤其是患某种特殊疾病，可以首先适用疫学因果关系判断，同时采取间接反证等盖然性证明方法；若仅仅涉及财产损害，则应当采用优势证据说、事实推定说和间接反证等盖然性因果关系证明方法。

然而这些因果关系证明规则均属于事实因果关系的认定。由于环境侵权案件存在不确定因、聚合因等复杂情况，很难依照"一因"情况下的必要条件说或者 But for Rule 来认定事实因果关系，所以才借助于盖然性说、疫学因果关系等方法来认定事实因果关系。当上述事实因果关系得以认定后，如何判断被告是否应当对原告的损害承担责任以及对被告承担责任是否应予以限制和如何限制问题，则属于法律因果关系判断范畴。在环境侵权法律因果关系的判断方面，目前我国学者的研究较为薄弱，多数学者仅仅基于环境侵权导致的巨灾性赔偿使责任人无法完全负担而主张建立保险、责任限额和基金等社会化机制。❶ 至于为何要限制责任人的赔偿以及限制的范围等，既然属于法律因果关系判定范畴，就应当以相当性、合理可预见性或者法律规范的目的、法政策等作为判断和认定的依据。❷

三、外来物种入侵民事责任的因果关系

当外来物种在某一地域或地区的自然或半自然生态系统或生境中建立了种群，从而改变或者威胁该地区的生物多样性和生态环境安全，甚至影响和造成私人的身体健康损害或者财产损失时，即为外来物种入侵。我国国土辽阔，气候多样，物种繁多，生物多样性丰富，所以也易受到外来物种入侵的危害。同时，随着世界经济一体化的加速，人为活动加速了外来物种的入侵，提高了外来物种入侵危害的风险。外来物种入侵不仅会破坏自然景观和生态系统，危害我国的生物多样性，而且会造成十分巨大的经济损失，威胁乃至损害人民的身体健康。尽管采取措施来降低外来物种入侵危害的风险，从而预防外来物种入侵不失为最优的措施选择，但是，由于人们的无意识、科技引种的盲目性和不确定性，乃至某些故意引入有害外来物种行为等，不免造成外来物种入侵的既成事实，进而破坏了当地的自然生态环境并造成生物多样性的丧失，严重的甚至造成人们患上某种疾病、丧失生命以及重大财产的损失。

由于也可以将外来物种入侵解释为一种"污染环境"的行为，所以，外来物种入侵造成人身、财产损失引起纠纷的，也可以依照《侵权责任法》第66条的规定，让污染者即有意引种者承担引种行为与当事人的损害之间不存在因果关系的证明责任。也就是说，在外来物种入侵造成人身、财产损失的情况下，可以采取环境侵权民事责任因果关系推定的各种判断方法来进行因果关系认定。关于此时的外来物

---

❶ 此方面的文献十分丰富，可参见贾爱玲. 环境侵权损害赔偿的社会化制度研究［M］. 北京：知识产权出版社，2011；竺效. 生态损害的社会化填补法理研究［M］. 北京：中国政法大学出版社，2007.

❷ 具体如何判断法律因果关系，笔者认为需要进行类型化研究分析。

种入侵民事责任的因果关系认定，上文已经有较为清楚和详细的阐述，所以在此无须赘述。

但是，关于由外来物种入侵而导致自然生态环境本身的损害和生物多样性的丧失或可能丧失，究竟应当适用一般因果关系证明规则还是适用因果关系推定规则❶，或者根本不涉及因果关系问题，我国《侵权责任法》没有给出明确的答案，对此，有进行学理的探讨和解释说明的必要。

从规则的保护目的上，考茨欧区分了三个规则：①侵权人必须补偿的仅仅是法律所要保护的那些人；原告必须属于规则设想的那类人。②侵权人补偿原告的仅仅是被违反的规则所要避免的损失；损失必须属于规则设想的类型。③侵权人仅仅在其造成了规则禁止发生的那些损失时负责任，特定的行为（作为或不作为）必须属于规则设想的类型。❷ 如果某一损失或原告或行为不属于法律规则所保护的类型，那么在这种情况下去探讨因果关系问题是没有意义的。这与上文所谈到的 Wright 教授的观点不谋而合。Wright 教授也认为，侵权责任的成立首先要确认被告的行为属于侵害行为，然后再去认定该行为与损害之间存在事实因果关系和法律因果关系的问题。❸

我国 2000 年实施的《海洋环境保护法》第 20 条规定："国务院和沿海地方各级人民政府应当采取有效措施，保护红树林、珊瑚礁、滨海湿地、海岛、海湾、入海河口、重要渔业水域等具有典型性、代表性的海洋生态系统，珍稀、濒危海洋生物的天然集中分布区，具有重要经济价值的海洋生物生存区域及有重大科学文化价值的海洋自然历史遗迹和自然景观。对具有重要经济、社会价值的已遭到破坏的海

---

❶　有学者认为我国《侵权责任法》第 66 条的规定属于举证责任配置规范和举证责任倒置。参见王社坤. 环境侵权因果关系推定理论检讨［J］. 中国地质大学学报（社会科学版），2009（2）：47 - 52；王社坤. 环境侵权因果关系举证责任分配研究——兼论《侵权责任法》第 66 条的理解与适用［J］. 河北法学，2011（2）：2 - 9。

❷　J. 施皮尔. 侵权法的统一因果关系［M］. 易继明，等，译. 北京：法律出版社，2009：137.

❸　Richard W. Wright, "Causation, Responsibility, Risk, Probability, Naked Statistics, and Proof: Pruning the Bramble by Clarifying the Concepts", 73 Iowa L. Rev. 1001, 1004 (1998).

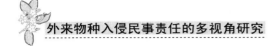

洋生态，应当进行整治和恢复。"第 25 条规定："引进海洋动植物物种，应当进行科学论证，避免对海洋生态系统造成危害。"第 76 条规定："违反本法规定，造成珊瑚礁、红树林等海洋生态系统及海洋水产资源、海洋保护区破坏的，由依照本法规定行使海洋环境监督管理权的部门责令限期改正和采取补救措施，并处 1 万元以上 10 万元以下的罚款；有违法所得的，没收其违法所得。"第 90 条规定："造成海洋环境污染损害的责任者，应当排除危害，并赔偿损失；完全由于第三者的故意或者过失，造成海洋环境污染损害的，由第三者排除危害，并承担赔偿责任。对破坏海洋生态、海洋水产资源、海洋保护区，给国家造成重大损失的，由依照本法规定行使海洋环境监督管理权的部门代表国家对责任者提出损害赔偿要求。"由上述规定可以得知，由于引种引起海洋生态环境破坏的，应由行使海洋环境监督管理权的部门代表国家对引种人提出损害赔偿要求。

我国 2014 年修订的《环境保护法》第 30 条规定："开发利用自然资源，应当合理开发，保护生物多样性，保障生态安全，依法制定有关生态保护和恢复治理方案并予以实施。引进外来物种以及研究、开发和利用生物技术，应当采取措施，防止对生物多样性的破坏。"第 57 条第 1 款规定："公民、法人和其他组织发现任何单位和个人有污染环境和破坏生态行为的，有权向环境保护主管部门或者其他负有环境保护监督管理职责的部门举报。"第 58 条第 1 款规定："对污染环境、破坏生态、损害社会公共利益的行为，符合下列条件的社会组织可以向人民法院提起诉讼：（一）依法在设区的市级以上人民政府民政部门登记；（二）专门从事环境保护公益活动连续 5 年以上且无违法记录。"第 64 条规定："因污染环境和破坏生态造成损害的，应当依照《中华人民共和国侵权责任法》的有关规定承担侵权责任。"2014 年修订的《环境保护法》也明确规定了引种人的责任，并规定了有关组织可以提起环境公益诉讼。同时，十分重要的是该法第 64 条的规定，将污染环境和破坏生态造成损害的救济指引到《侵权责任法》中的有关规定上来。

有意引进外来物种，引起该外来物种入侵，从而导致破坏一地的生态环境和生物多样性的，依照我国法律的规定，引种人应当承担相应的法律责任，包括控制、清除外来入侵物种和恢复当地生态环境等责任。若有意引种人不承担或怠于承担责任的，有关社会组织和法律规定的机关可以对其提起诉讼，迫使其承担恢复生态环境的责任或者承担其所造成的生态环境破坏和生物多样性丧失的损害赔偿责任。在无意引种所导致的外来物种入侵的情形下，由于根本找不到无意引种人或无法确定具体的引种人，所以无法通过诉讼等司法途径寻求恢复生态环境的救济。

因有意引种导致外来物种入侵从而破坏生态环境和生物多样性的，应当如何认定引种行为与生态环境破坏或生物多样性丧失之间的因果关系？尽管我国法律对此没有明确规定，但解释上《侵权责任法》第66条仍有适用余地，即引种人应当就法律规定的不承担责任或者减轻责任的情形及其行为与损害之间不存在因果关系承担举证责任。而作为公益诉讼原告的有关社会组织和法律规定的机关，应当举证证明引种人引进了某一物种，该物种引进之前当地的生物多样性和生态环境状况，以及该物种引进后在当地造成了生态环境破坏和丧失某些生物的情况。基于上述举证，可以推定被告的引种行为与当地的生态环境破坏和生物多样性丧失之间存在因果关系。被告引种人若想推翻这一推定，必须证明当地生态环境破坏和生物多样性丧失属于自然灾害、自然生态演化的结果或是由于第三人的行为或者其他引种人的行为造成的等，即证明其引种行为与当地生态环境损害之间不存在因果关系。

第三节 外来物种入侵民事责任司法个案分析

首先，在这里需要澄清的是，选择科罗拉多州外来有害动物案（为了行文方便，下文将之简称为"科州案"）而非其他案例加以分析的原因主要有以下几点：第一，在我国，外来入侵物种的种类数量不少，影响波及的范围很大，造成的经济损失也十分巨大。但是，目前尚未发生一例司法裁决的案件。第二，在笔者所收集的美国有关环

境问题的案例中，科州案是直接与外来物种入侵有关的唯一司法裁判案例。或许因为笔者所收集的文献（主要指案例）所限或能力限制，到写作本书时为止，笔者尚未发现其他直接审理、裁判外来物种入侵的案例。许多案例中可能涉及或者谈到外来入侵物种，但绝大多数都与外来物种入侵的法律责任尤其是民事责任无关。第三，本案的裁决可以让我们去思考通过法律责任的救济方式来避免、预防、救济和减少外来物种入侵所导致的生物多样性丧失和生态灾难的问题，以及让我们去思考在外来物种入侵领域民事责任的构成要件和法律适用所存在的不同于普通环境侵权责任的特殊性问题。

一、科州案的司法判决

下面是发生在美国科罗拉多州一个外来有害动物案的司法判决（引用：843 P. 2d 662）。❶

审理法院：科罗拉多州第三区上诉法院，第 91CA1778 号，1992年 11 月 19 日。

原告/被上诉人：科罗拉多州野生动物保护部门、科罗拉多州野生动物委员会、科罗拉多州自然资源部门以及科罗拉多州政府。

被告/上诉人：马克·T. COX 和威廉姆斯·S. COX。

韦尔德县初审法院法官罗伯特（Robert A. Behrmann）裁决牧场主马克·T. COX 和威廉姆斯·S. COX 拥有的野生动物构成公害；牧场主不服，提出上诉。科罗拉多州第三区上诉法院法官史密斯审理裁决如下：①有证据证明，诉争的动物属于非本土的野生动物或者外来的野生动物，受野生动物保护部门、科罗拉多野生动物委员会以及自然资源部门的规制；②非本土的野生动物或者外来的野生动物既可以由农业部门来管辖，也可以由自然资源部门来管辖；③初审法院正确地采纳了有关部门的决定，裁决被告拥有的动物有害于本地野生动物，因此构成公共损害。据此，法官史密斯裁决维持原判。

法官史密斯裁决的理由如下：

---

❶ 本案例由明尼苏达大学法学院图书馆副馆长 Suzanne Thorpe 女士协助提供，笔者对她敬业服务的精神表示由衷的钦佩，在此对她表示诚挚的谢意；该案裁判文书由作者翻译。

被告马克·T. COX 和威廉姆斯·S. COX 不服初审法院裁决他们拥有的红鹿、巴巴利绵羊、北山羊以及它们之间的杂交种属于第三类公害，并裁决他们减少乃至消除这些野生动物的命令，遂提出上诉，我们裁决维持原判。

被告在科罗拉多州北部经营外来野生动物牧场并进行狩猎活动。与此相关，在其他动物之中，他们拥有红鹿、巴巴利绵羊和北山羊。所有这些动物都不是科罗拉多州本土自然存在的动物。

1988 年，针对被告违反原告所制定的法规和规章，没有能够将其拥有的动物限制在其牧场所在的地理范围内，作为原告的野生动物保护部门、科罗拉多州野生动物委员会和自然资源部门，依照科罗拉多州修订的《野生动物法》（C. R. S）第 33 - 6 - 114（3）条的规定宣称被告构成轻罪，并依照科罗拉多州《自然资源部门规章》（2 Code Colo. Reg. 406 - 8）第 110（b）条的规定认定被告拥有的动物为公害。现将有关这一诉争的法规提供如下：

非法拥有的或者逃离所有人控制的驯养动物或者外来的野生动物，通过威胁本土野生动物的食物链、传播疾病、栖息地竞争以及与本土野生动物杂交或者其他重要损害方式，而被有关机构认定为有害于本土野生动物、栖息地或者其他野生动物资源的，可以被查获、抓获；甚至在必要的时候，基于保护科罗拉多州野生动物及其环境的目的，可以由野生动物保护部门或者其他维护安宁的官员进行捕杀。野生动物保护部门将认定这些野生动物构成公害，并要求所有人负担恢复、维持和处置这些野生动物所产生的费用，以及依照有关法律和普通法的规定承担对本州野生动物资源所造成的损害。

相应地，原告寻求法院裁决宣告被告的动物构成公害；请求法院颁布一个禁令，限制或者禁止被告继续从事违反法律或者原告颁布的相关法规、规章的行为；如果被告的动物继续保持毫无限制的状态，请求法院允许原告减少、纠正和消除公害。

在本院审理之前，初审法院已经就上述第 110（b）条的规定是否适用于被告的动物进行了举证和质证。经过两天的举证审理之后，初审法院裁决支持原告的主张，特别是认定被告的动物属于非本土或者外来野生动物，受制于并且违反了原告方的法规、规章，据此将之认定为第三类公害。

第一，被告诉称初审法院错误地认定了他们的动物受原告方法规、规章的规制。然而我们不这么认为。

被告所主张的关键在于他们所拥有的动物是家畜，因此不属于非本土或者外来野生动物，也就不属于原告方法律所规制的范畴。

初审法院拒绝这种主张，认定被告的动物不偏不倚地属于《野生动物法》（C.R.S）第33－1－102（51）条所定义的"野生动物"，并且构成了该法第33－1－102（29.5）条所定义的"非本土野生动物"或"外来的野生动物"。我们认为，初审法院的裁决没有错误。

第33－1－102（29.5）条规定："'非本土野生动物'或者'外来的野生动物'是指无论过去还是现在，非自然生长于科罗拉多州的野生动物物种、亚种及其杂交种；但是，那些已经经过动物委员会认定为本土的野生动物或者那些经过动物管理部门许可引进的野生动物除外。"

第33－1－102（51）条规定："'野生动物'是指野生的脊椎动物、软体动物、甲壳类动物，不论它们是活体还是死体，据此包括其部分片段、产物、卵或者后代，只要它们是无论过去还是现在都以自然野生状态存在于原始栖息地的物种。但是，那些依照动物委员会或者州农业委员会的法规、规章认定为家畜的除外。"

初审法院的记录表明，至少有三位专家根据他们自己的专业视角证明了诉争的动物属于"非本土的"或者"外来的"野生动物。而且，其中有两位证人也证明，被告的动物是特定的野生动物，但不是过去或现在存在于科罗拉多州原始栖息地的野生动物，符合《野生动物法》第33－1－102（51）条所定义的"野生动物"。并且，我们没有发觉野生动物委员会或者州农业委员会有任何不同的决定。

在这种情况下，我们推论有足够的证据支持初审法院的裁决，即作为"非本土野生动物"或者"外来的野生动物"，被告的动物受原告方法律法规的规制。因此，这一裁定将不会受制于重新审理的困扰（参见 Page v. Clark，197 Colo. 306，592 P. 2d 792，1979）。

第二，被告主张初审法院的结论忽视了他们拥有的动物属于《野生动物法》第35－1－102（6）条所定义的"家畜"范畴，这一主张假定这些动物要么由农业部门单独管辖，要么由自然资源部门单独管辖。这一假定没有价值。

非本土的或者外来的动物非常明显地会对本州的农业生产和野生动物资源造成损害。因此，这并非不合理地推论这两个部门都保留对动物包括被告所拥有的动物的管辖权。当然，其管辖权的适用与其他任何动物一样可以存在差异，也可以要求不同的监管。事实上，我们发现，不仅在逻辑上支持这种对被告动物的"双重"管辖，州议会在《野生动物法》第33－1－106（3）条中也明确要求，在某些情况下，州农业委员会根据原告方相应的管辖权来审查其有关野生动物的法规。相应地，我们得出结论，科罗拉多州《野生动物法》第33条和第35条不存在法律上的冲突，也不存在疏漏。

第三，被告主张初审法院错误地采纳了原告关于被告的动物有害于本土的野生动物并因此构成公害的主张。在此，我们不赞同被告的主张。

审判记录揭示了初审法院的推论："审理证明，野生动物委员会和野生动物保护部门裁决红鹿、巴巴利绵羊、北山羊有害于科罗拉多州本土野生动物有充分的、科学的证据。在这个问题上，本法院将不会代替科罗拉多州野生动物委员会做出裁决。"

实质上，被告的观点是初审法院本应当独立地去裁决这些动物有害于科罗拉多州本土野生动物。这一主张没有价值。

然而或许因为审判听证根本就没有发生，因此在这个问题上的全面的证据记录并没有进一步的发展；初审法院采纳了广泛的证词和有关被告的动物已经对或将对科罗拉多州野生动物产生影响的书证。

那些来自大量科学出版物的证据，以及科罗拉多州和外州的专家们就红鹿、巴巴利绵羊、北山羊所造成影响的证词，非常充分地支持了初审法院裁决原告方裁定被告的动物"有害于科罗拉多州本土野生动物"有"大量证据"。因此，在初审法院就这一问题裁决采纳原告方的决定上，我们并没有发现存在什么错误。

因此，我们做出维持初审法院判决和命令的决定。

法官克里斯韦尔和法官罗森伯格也一致赞同本裁决。

二、外来物种入侵的民事责任构成

科州案争议的焦点大体上有三个：其一，被告主张其拥有的动物是家畜，因此不属于非本土或者外来野生动物，也就不属于原告方法律所规制的范畴；其二，被告进而主张要么由农业部门单独管辖其"家畜"，或者由自然资源部门单独管辖所谓的"外来的野生动物"，据此推定科罗拉多州《野生动物法》第33条和第35条的规定存在冲突；其三，被告主张初审法院本应当独立地去裁决其拥有的动物有害于科罗拉多州本土野生动物，而不应当直接采纳原告就被告的动物有害于本土野生动物及构成公害所做出的裁定。争议的第二个焦点属于法律规范的冲突问题，法官史密斯已经做出非常精彩的阐释，下文不予探讨。争议的第一个焦点虽然也涉及法律的适用范围问题，但核心是行为的违法性问题，即违法行为的认定问题。被告的逻辑在于，如果他们所拥有的动物属于家畜，而不是"外来野生动物"，那么原告方的裁定和提起诉讼就没有价值，就失去了合法性依据。争议的第三个焦点，涉及侵害的法益、因果关系认定和举证责任等问题。

我国《侵权责任法》第65条规定："因污染环境造成损害的，污染者应当承担侵权责任。"无论是在立法上，还是在学界和环境保护司法中，都认同违法性不再作为环境侵权的构成要件。❶ 在环境侵权领域，我国立法也采取无过错责任原则。但是，具体到与科州案类似的导致生物多样性丧失或可能丧失的生态安全类案件，情况或许又与普通的环境侵权责任存在差异。本书下面将就侵害的法益和损害、违法性和过错以及因果关系等进行具体分析。

----

❶ 原国家环境保护总局曾于1991年10月10日做出了《关于确定环境污染损害赔偿责任问题的复函》（〔1991〕环法函字第104号），其中规定："承担污染赔偿责任的法定条件，就是排污单位造成环境污染危害，并使其他单位或者个人遭受损失。现有法律法规并未将有无过错以及污染物的排放是否超过标准，作为确定排污单位是否承担赔偿责任的条件。至于国家或者地方规定的污染物排放标准，只是环保部门决定排污单位是否需要缴纳超标排污费和进行环境管理的依据，而不是确定排污单位是否承担赔偿责任的界限。"

（一）侵害的法益和损害

在环境侵权领域，侵害的法益通常包括人身权益、财产权益、环境权益和生态环境本身等。❶ 外来物种入侵所侵害的法益，除了人身权益、财产权益以外，主要是指生物多样性、生态系统和生态环境安全利益。在美国，对这种社会的普遍利益即公众的共同利益的侵害，性质上认定为公害，构成轻罪。过去，对于纯粹的公害，除非受害人能够证明其所受的损害在某些方面有别于其他公众，否则不能提起私人诉讼。但是，现在这一原则已经发生重大改变，许多州的环境保护立法规定，针对公害，也允许个人提起公民诉讼。❷ 在科州案中，侵害的法益主要为"本土野生动物、栖息地或者其他野生动物资源"。

所谓损害，通常是指受保护的法益所遭受的不利益。我国学者多表述为损害事实，是指一定的行为致使权利主体的人身权利、财产权利以及相关利益受到侵害，并造成财产利益和非财产利益的减少或灭失的客观事实；此处的非财产损失，是指侵害他人人身权益所造成的对他人的严重精神损害，是无形的人格利益损害。❸ 因此，在传统民法学者就损害的表述中，是不包括生物多样性丧失和可能丧失以及环境生态本身损害的。但是，在外来物种入侵案件中，损害的就是一地的生物多样性、生态系统和国家的环境生态安全利益等。所以，其损害的客体对象应该不同于传统民法，我们可以采取扩张解释的方法来解决此问题，即生物多样性、环境生态利益本身也应当可以作为环境侵权的救济对象。科州案被告非法拥有的或者逃离其控制的驯养或者外来的野生动物，威胁了本土野生动物的食物链，造成疾病传播、栖息地竞争以及与本土野生动物杂交或者其他重要损害，即对本土野生

❶ 曹明德. 环境侵权法［M］. 北京：法律出版社，2000：9；王明远. 环境侵权救济法律制度［M］. 北京：中国法制出版社，2001：13；罗丽. 环境侵权民事责任概念定位［J］. 政治与法律，2009（12）.

❷ 1970年《联邦清洁空气法》（The Clean Air Act）第304条规定，任何人（anyperson）都可以以自己的名义对任何人（包括美国政府、政府机关、公司和个人）就该法规定的事项提起诉讼。1970年密歇根州环境保护法也有类似规定。著名案例参见严厚福. 塞拉俱乐部诉内政部长莫顿案的判决［J］. 世界环境，2006（6）.

❸ 王利明. 民法［M］. 北京：中国人民大学出版社，2005：783.

动物、栖息地或者其他野生动物资源造成了损害。

由于外来物种入侵存在隐蔽性、长期性、广泛性、灾难性和后果不可逆性等特点❶，采取预防措施以防止外来物种入侵十分必要。因此，在外来物种入侵领域，我们谈"损害"不仅要包括实际发生的损害，而且还应当包括"损害之虞"或者"侵害危险"。只有这样，才能及早地发现和制止未经许可的引进外来物种行为，从而达到很好地预防外来物种入侵的目的和效果。

在科州案中，法官都认为，非本土的或者外来的动物非常明显地会对本州的农业生产和野生动物资源造成损害。至于会产生什么样的损害，两级法院法官都以大量的科学出版物，以及科罗拉多州和外州的专家们就红鹿、巴巴利绵羊、北山羊所造成影响的证词，作为被告的动物"有害于科罗拉多州本土野生动物"的证据。由此可见，科州案原告在举证证明外来野生动物有损害之虞时，采纳了科学家的证词及相关专家证据。实际上，对于外来物种入侵造成的侵害，无论是实际的损害还是会造成损害，相关领域的专家或者科学家的证明至关重要。这也说明了外来物种入侵领域涉及复杂的科学技术和损害的不可确定性，离不开生物科技、动植物、园林和生态等领域专家学者的专业知识、技能和智慧。

至于损害的救济，针对已经发生的外来物种入侵，我们可以责令引种人或所有人采取阻隔、控制、抓捕、清除和恢复生态等措施，或者让引种人或所有人承担上述措施所产生的费用。针对可能会发生的外来物种入侵，我们可以责令引种人或者所有人采取阻隔、减少甚至清除等控制措施，以防止外来物种入侵。在科州案中，外来的野生动物被有关机构认定为有害于本土野生动物、栖息地或者其他野生动物资源的，可以被查获、抓获；甚至在必要的时候，基于保护科罗拉多州野生动物及其环境的目的，可以由野生动物保护部门或者其他维护安宁的官员进行捕杀。野生动物保护部门将认定这些野生动物构成公害，并要求所有人负

---

❶ 童光法. 我国外来物种入侵的法律防控 [J]. 重庆理工大学学报（社会科学版），2012（7）.

担恢复、维持和处置这些野生动物所产生的费用，以及依照有关法律和普通法的规定承担对本州野生动物资源所造成的损害。本案的被告即被要求采取减少乃至消除他们所拥有的外来野生动物等措施。

（二）违法性和过错

违法性或者说不法性，在德国侵权法中主要包括侵犯自由、生命、身体、健康、财产等绝对权益，以及违反保护性法律和善良风俗（解释上包括公共利益）等。❶ 也就是说，通常根据法益的损害结果就可以认定为违法，即结果违法说。❷ 外来物种入侵损害的法益通常表现为生物多样性丧失或可能丧失、威胁生态系统安全等公共利益。❸ 这种客观上造成公共利益损害的后果本身即构成不法。

具体到科州案，被告主张他们所拥有的动物属于家畜，而不是"外来野生动物"，从而质疑和驳斥原告方主张的合法性依据。这里的核心或者关键在于如何界定外来野生动物的问题。科罗拉多州《野生动物法》第 33 - 1 - 102 （29.5）条明确定义了"外来的野生动物"❹，并且有至少三位专家和两位证人证明被告方拥有的红鹿、巴巴

---

❶ 马克西米利安·福克斯. 侵权行为法 ［M］. 齐晓琨，译. 北京：法律出版社，2006：85 - 164.

❷ 此为通说，相对的是行为违法说，即认为当没有尽到一般的注意时，导致法益损害的非故意的行为才具有违法性。行为违法说不承认损害结果对违法性的指示作用。

❸ 当然，外来物种入侵也会危害人们的生命健康、财产权益，以及造成国家或地区的巨大经济损失。

❹ 如同科州案所提到的外来野生动物的定义一样，"外来物种"，或称为非本地的、非土著的、外国的、外地的物种，是指那些出现在其过去或现在的自然分布范围及扩散潜力以外（即在其自然分布范围以外或在没有直接或间接引入或人类照顾之下而不能存在）的物种、亚种或以下的分类单元，包括其所有可能存活继而繁殖的部分、配子或繁殖体。【瑞士】格兰特：参见英文版：http：//iucn. org/themes/ssc/pubs/policy/invasivesEng. htm；中文版：http：//www. chinabiodiversity. com/shwdyx/ruq/ruq - index - cn. htm. 这里的"外来"通常不是以国界、省界或者州界为限，其是相对于一个生态系统而言。也就是说，在该生态系统中原本没有这个物种的存在，其是借助人类或其他生物的活动越过不能逾越的空间障碍而进来的物种。一个外来物种被引入一个新的平衡生态系统后，可能因不适应新环境而被排斥，这时就必须依靠人类的帮助才能生存，通常称其为栽培物种。不需要人为干预而能持续繁殖并维持种群超过一个生命周期的外来物种称为归化物种，它们常常只是建立自然种群，不一定形成入侵物种。如果外来物种在当地的自然或人为生态系统中定居，并可自行繁殖和扩散，而且对当地的生态系统和景观造成了明显的改变，就称之为外来入侵物种。因此，外来入侵物种是指从自然分布区通过有意或无意的人类活动而被引入，在当地的自然或半自然生态系统中形成了自我再生能力，并给当地的生态系统或景观造成明显损害或影响的物种。

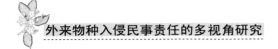

利绵羊和北山羊等动物属于"非本土的"或者"外来的"野生动物。我们难免会产生这么一个疑问：只要官方认定某一当事人拥有外来的可能引起入侵的物种，是不是就当然推定其行为具有非法性呢？

当然，这里需要指明的是，不是所有的外来物种都会成为威胁生态安全和生物多样性的入侵物种。那些外来的栽培种，尤其是归化种，通常不但不会对生态环境、人类身体健康或经济发展产生不良影响或者损害，而且会让我们的环境更加美观，使我们的食物品种更加丰富多彩，使人类的生活更加舒适，会让农业、园林以及食品等行业的经济持续健康发展，从而增进整个人类的福祉。因此，即使当事人拥有这些外来的物种，官方也不能据此认定其行为具有违法性。

所以，一个极为合理的解释应当为，那些未经许可的引种行为或者通过交易等途径获得、持有、控制和管理已经过官方认定属于外来入侵物种的行为，具有违法性。

科罗拉多州《野生动物法》第 33 - 1 - 102（29.5）条规定："'非本土野生动物'或者'外来的野生动物'是指无论在过去还是现在，非自然生长于科罗拉多州的野生动物物种、亚种及其杂交种；但是，那些已经经过动物委员会认定为本土的野生动物或者那些经过动物管理部门许可引进的野生动物除外。"这里的"非本土野生动物"或"外来的野生动物"，是指未经许可引进的野生动物。未经许可引进的外来物种可能不会造成生态环境损害或者其他损害，也就是说不一定属于"外来入侵物种"。然而外来入侵物种一定会造成生态环境的损害、人类身体健康的损害和较严重的经济损失。因此，拥有或者引进"外来入侵物种"是行为人的行为违法性认定的核心要素。但是，由于外来物种入侵具有长期潜伏性，我们一开始甚至在相当长一段时间内很难判断该外来物种是否具有"入侵危害性"，所以，科罗拉多州《野生动物法》以"未经许可引进外来物种"作为行为违法性的判断依据就不仅非常科学，而且具有极强的司法可操作性。据此，笔者建议，将来我国不论制定外来物种管理条例还是法律抑或法规，都应当以"未经许可引进外来物种的行为"作为该行为具有违法性的判断依据。

但是，如果是合法的引种行为，即经过许可而引进外来物种的行为，最终导致了外来物种入侵，比如我国的大米草❶、水葫芦等外来入侵物种，那么引种人应不应当承担民事责任？由谁来承担责任？实际上，这种情况所引起的外来物种入侵不论是在我国还是在西方国家，都是大量存在的。那些最初的引种人往往是科研院所的研究人员、教授和科学家，他们所进行的引种试验、成功引进大都是服务于当时的社会经济发展需要。如果事后让他们承担责任，首先恐怕有违伦理道德、普世价值和社会秩序；其次，即使让他们承担责任，他们也承担不起这么大的法律责任和民事赔偿。所以，因合法引种行为所导致的外来物种入侵，引种人不应当承担责任，此时应当由国家设立外来物种入侵防治基金，专门用于外来入侵物种的监测、控制、清除和恢复生态等工作。

需要指出的是，上述"未经许可的引种行为"作为违法性判断依据，仅适用于有意引种行为，而不适用于无意引种行为等。有意引种行为，顾名思义是指为了发展经济、改善生活或环境的需要而有意引入、养殖或者种植外来物种的行为。该行为具有"双刃剑"的特性：如果引种适当并且成功，就会为我们提供大量新的食物、经济作物，或者能够起到美化环境、改善生态等良好作用；如果引种不当或引种失败，就可能导致外来物种入侵，产生严重的生态环境公害。因此，必须加强对有意引种行为的法律规制，包括但不限于设立有意引种的环境风险影响评估制度和引种许可证制度等。环境风险影响评估是许可的前提，是否经过有关部门的许可则是判断引种行为是否具有违法性的依据。

---

❶ 1963 年南京大学仲崇信教授率先从英国引种大米草在江苏省海涂试种并获得成功，1964 年引种于浙江沿海各县市，1980 年引种到福建，之后逐渐被其他沿海省市引种繁殖并取得成功。引种大米草主要用于沿海促淤、改良土壤、护滩、固岸护堤以及生产饲料和造纸原料等。但是，大米草的繁殖能力极强，草籽随潮漂流，见土扎根，根系又极其发达，每年以五六倍的速度自然繁殖扩散。大米草疯长，不但侵占沿海滩涂植物的生长空间，致使大片红树林消亡，而且导致贝类、蟹类、藻类、鱼类等多种生物窒息死亡，并与海带、紫菜等争夺营养，影响滩涂养殖。另外，大米草还影响海水的交换能力，导致水质下降并诱发赤潮；堵塞航道，影响各类船只进出港。目前，大米草已被列入"全球 100 种最有危害外来物种和中国外来入侵种"的名单。参见"外来物种入侵调查"，2012 年 3 月 9 日 CCTV 新闻。

然而外来物种入侵的途径不仅包括有意引种行为，而且还包括无意引种行为和自然入侵等其他可能的途径。[1] 无意引种是指随着贸易、运输、旅游等活动而导致的物种传入。它不同于有意引种，原因在于无意引种行为人欠缺引种的故意或意思。它也不同于由自然原因引起的物种入侵。自然入侵是指通过风、气流、水体流动或由昆虫、鸟类等的传带，使得植物种子或动物幼虫、卵或微生物等发生自然迁移而造成生物危害所引起的外来物种入侵。[2] 自然入侵纯属于自然灾害，与人类的行为无关，也就谈不上民事责任问题。

无意引种行为显然也需要严格的法律规制，比如动植物检疫法律、国境卫生检疫法律、外来物种管理法规等。如果行为人故意逃避海关监管、边境检验检疫或者违反其他相关法律法规，并且事后引起了严重的外来物种入侵的后果，客观上造成公共利益损害，也可认定其构成不法。因此，只要无意引种人违反了边境动植物检疫法、国境卫生检疫法、外来物种入侵管理法等有关法律法规，就可以认定该行为具有违法性。

但是，一旦发生无意引种入侵，我们通常无法得知具体的引种人是谁。受害人或者代表环境生态损害的机构如果根本就找不到引种人即加害人，即使设计出让无意引种人负担民事责任的制度，也恐怕根本就没法实行。这里会产生疑问：未经许可而从事引种行为，是不是也存在很难认定引种人的问题呢？后者与前者的主要区别在于：首先，后者有引种的意思和相应的行为，而前者根本就没有引种的意思；其次，针对后者，我们通常可以运用有关人员的检举、控告或者举证等制度来找到引种人及其所引有害物种，而对于前者，通常不可

---

❶ 我国外来物种入侵的途径中，有意引入占40%，无意引入占49%，自然原因占3%，其他占8%。参见徐海根，丁辉，李明阳. 生物入侵：现状及其造成的经济损失［C］. 中国科协第五届青年学术年会文集，2004.

❷ 自然入侵通常有两种方式：一种方式是自然界中的物种慢慢侵入其他生态系统，有的通过根、茎、叶的繁殖，有的通过种子的传播，这种传播非常缓慢。另一种方式是通过自然媒介和动物媒介传播：自然媒介主要是指风和水流等；动物媒介主要是通过动物对植物的侵食和携带而将种子传播到另一个地区。物种可以随着风、雨、河流和自身移动而从原产地迁移或扩散至另一地域。例如，外来植物可以借助根系，通过风力、水流、气流等自然传入；外来动物可以通过水流、气流长途迁移。

能通过检举制度或相关人员的举证来查证引种人。因此，笔者认为，对于无意引种所引起的外来物种入侵，不宜采取通常的民事责任救济程序，但可以考虑设立外来物种入侵应急保障机制和相应的防治基金等制度。❶

至于过错，故意形态通常会很好地被举证、质证。而过失主要在于没有尽到交往上所必要的注意，包括外来的注意和内心注意。外来的注意指的是适当的行为，不适当的行为即构成义务的违反；内心的注意是指对注意要求的主观认知和避免违反这种要求的主观意识。❷在科州案中，由"被告未能将其拥有的动物限制在其牧场所在的地理范围，原告据此认定其为公害"是不是就可以推定被告行为存在过错？很显然，如果被告将其拥有的红鹿、巴巴利绵羊和北山羊限制在他们自己的牧场范围，就不会导致损害，这些动物也就不会被认定为公害。所以，被告未能将其拥有的动物限制在自己的牧场范围，不仅主观上违反了其应当具有的主观认知和意识，而且客观上违反了为适当行为的注意，因而可据此认定被告行为存在过错。同理，在一般的"未经许可的引种行为"所导致或者可能导致外来物种入侵的情形下，根据该种未经许可的行为本身就可以直接认定引种人违反了应为适当行为的注意和主观上存在过失。因此，对于未经许可的有意引种行为，应当适用一般侵权行为的过错归责原则，而不适用环境侵权无过错归责原则，即适用《侵权责任法》第 6 条而非第 65 条的规定。❸

（三）因果关系

在德国法上，因果关系可分为加害行为与损害发生之间的因果关系和加害行为与损害赔偿范围之间的因果关系。前者即为责任成立的

---

❶　童光法. 外来物种入侵的民事责任承担———一种基于"外部性"视角的分析［J］. 北方法学，2010（5）.

❷　马克西米利安·福克斯. 侵权行为法［M］. 齐晓琨，译. 北京：法律出版社，2006：92.

❸　其实，德国环境损害法和自然保护法对生物多样性保护的归责原则也跟笔者的分析是一致的。按照这两部法律的规定，对植物、动物的生存空间以及物种的损害采用过错责任原则。参见全国人大常委会法律工作委员会民法室. 侵权责任法立法背景与观点全集［M］. 北京：法律出版社，2010：887.

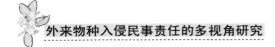
因果关系，是指可归责的行为与权利受侵害（或保护他人法律的违反）之间具有因果关系；后者是指责任范围的因果关系，即权利受侵害与损害之间的因果关系。❶ 责任成立的因果关系判断的是权利受侵害是否由加害行为而引起；而责任范围的因果关系则主要考虑因权利被侵害而发生的损害是否应予以赔偿的问题，具有法政策考量和公平判断的色彩。在美国法上，因果关系通常分为事实上的因果关系和法律上的因果关系。前者考察被告的行为与原告的损害发生之间具有原因力，属于因果律判断问题；后者是基于法律政策或其他因素的考量来决定被告是否应当对损害结果负责问题。❷

其实，不论是责任成立的因果关系、责任范围的因果关系，还是事实上的因果关系、法律上的因果关系，都给了我们这么一个指示：因果关系的判断通常分两步走，第一步考虑事实上存不存在因果律、原因力或者条件关系，第二步考虑损害赔偿的可能范围或者相当性。第一步通常是科学证明问题；第二步是公平性、适当性考量问题，属法官自由裁量范畴，当然，立法机构也可以在立法时给予法官需要具体考量哪些因素的指示。

在环境侵权领域，环境侵权行为的特殊性导致受害人在因果关系的举证方面存在很大的困难，有时甚至不可能。所以，无论是立法还是司法，都在证明程度上降低了受害人的证明义务。在英美法系国家，主要是通过"事实自证"规则❸来减轻受害人的证明义务；在大陆法系国家，主要是通过"表见证明"❹、优势证据、事实推定❺、间

---

❶ 王泽鉴. 侵权行为法 [M]. 北京：北京大学出版社，2009：183 – 184.

❷ 陈聪富. 因果关系与损害赔偿 [M]. 北京：北京大学出版社，2006：20；王泽鉴著. 侵权行为法 [M]. 北京：北京大学出版社，2009：186.

❸ 事实自证理论认为，如果某种事物本身具有可能招致失败的性质而发生事故，在一定条件下就可以推测因果关系的存在。

❹ 表见证明理论认为，如果受害人或者赔偿权利人所提出的证据足以使法官或陪审团产生该证据所给出的第一印象而认定待证事实的存在与否，就可以认定因果关系的存在。

❺ 事实推定是指受害人提供一定程度的证明，能够给予法官在经验法则上近乎确定的心证，同时对方当事人没有提出必要的反证，即证明存在因果关系。参见曾隆兴. 公害纠纷与民事救济 [M]. 台北：台湾三民书局股份有限公司，1995：49.

接反证❶、流行病学证明❷等方法来减轻受害人的证明程度、范围和义务。这些规则、方法、手段的共同点在于：在某种表见事实发生损害时，即推定损害与该事实间的因果关系存在，受害人只需要证明该表见事实，而不必再证明其间的因果关系，就可以向行为人要求损害赔偿，而行为人则只有在以反证证明损害与该事实无关时才可免责。❸而且，德国《环境责任法》第 1 条不要求适当（责任范围）的因果关系，而只是要求等值（责任成立）的因果关系。❶

在科州案因果关系的证明上，原告方即科罗拉多州野生动物保护部门、科罗拉多州野生动物委员会、科罗拉多州自然资源部门以及科罗拉多州政府，根据被告的动物已经对或将对科罗拉多州野生动物产生影响的书证，那些来自大量科学出版物的证据，以及科罗拉多州和外州的专家就红鹿、巴巴利绵羊、北山羊所造成影响的证词，裁定其"有害于科罗拉多州本土野生动物"。然后，初审法院采信了相关的证词和有关被告的动物已经对或将对科罗拉多州野生动物产生影响的书证，即采纳了原告方的裁定。上诉法院法官史密斯也没有发现初审法院的裁决存在什么错误。

据此，我们可以发现，首先，原告方的裁定背后存在大量科学家的证词和证明作为支撑，它们相当于国内的专家鉴定；其次，这些专家的证明或鉴定至关重要，因为它们在相当程度上完成了诉讼中被告经营的外来野生动物行为与科罗拉多州本地野生动物的损害或损害之虞之间存在前因后果关系的证明，成为左右整个诉讼成败的基础；最

---

❶ 间接反证是指主要事实是否存在尚未明确时，由不负举证责任的当事人从反方向证明其事实不存在的证明责任理论。也就是说，如果原告能够证明其中的部分关联事实，其余部分的事实则被推定为存在，而由被告负反证其不存在的责任。

❷ 流行病学证明或疫学证明，是指运用医学上普遍采用的确认流行病、传染病的发病原因、机理、途径以及易感人群及其发病率等的方法来证明因果关系。疫学证明因果关系必须满足四个条件：第一，该因子在发病前发生作用；第二，该因子作用的程度显著时，该疾病的发病率就增高；第三，减少或去除该因子时，该疾病的患病率会降低；第四，该因子作为致病原因而引起作用的机制，与生物学上的说明不矛盾。参见吴志正. 以疫学手法作为民事因果关系认定之检讨 [J]. 东吴法律学报，2008（7）：220.

❸ 邱聪智. 民法研究（一）[M]. 增订版. 北京：中国政法大学出版社，2002：225.

❶ 马克西米利安·福克斯. 侵权行为法 [M]. 齐晓琨，译. 北京：法律出版社，2006：298.

后，原告方如同德国《环境责任法》第 1 条规定的那样，只是完成了被告的行为"有害于科罗拉多州本土野生动物"即责任成立的因果关系证明，无论是原告方还是两审法官，都没有讨论和提及责任范围的因果关系。因此，考虑到外来物种入侵损害生物多样性和危害生态安全等的复杂性和保护的必要性、紧迫性，我们可以推断，在外来物种入侵领域，原告方只需要就责任成立的因果关系进行证明，而且这一证明在多数情况下主要是由生物、动植物、环境生态等相关领域的专家或者科学家来完成。

三、结论

通过就科州案进行分析，我们可以得出关于外来物种入侵民事责任构成的以下结论：

第一，外来物种入侵所损害的法益主要为一个国家、一个地区的生物多样性、生态安全等公共利益。

第二，在外来物种入侵民事责任构成上，采取过错责任原则作为归责原则；以"未经许可引进外来物种的行为"作为该行为具有违法性的判断依据，并且可以作为引种人主观上存在过错的认定根据；原告方只需要就责任成立的因果关系进行证明，而且这一证明在多数情况下主要是由生物、动植物、环境生态等相关领域的专家或者科学家来完成。

第三，经过许可的合法引种行为导致外来物种入侵的，引种人不应当承担民事责任；此时，应当由国家设立外来物种入侵防治基金，专门用于入侵外来物种的监测、控制、清除和恢复生态等工作。

第四，尽管无意引种行为也会存在不法性等问题，但是由于很难找到引种人来让其承担责任，因此不宜采取民事责任救济方式。

第四章 外来物种入侵民事责任
承担的社会化机制

由于外来物种入侵所侵害客体的不特定性、受侵害权益的多样性、损害后果的不确定性等，简单的民事责任形式难以适应环境侵权民事行为的赔偿问题。我国《民法通则》第 134 条规定的民事责任承担方式，有的仅适用于合同责任；有的仅适用于侵权责任；有的既适用于合同责任，也适用于侵权责任。而且，这些民事责任都是建立在侵权人确定、责任个别化和具体化基础上，带有明显的被动性和滞后性，对潜伏性及累积性的环境侵权给受害人造成的损害难以及时补偿。

外来物种入侵的独有特点使得该领域侵权责任的分配既要充分救济受害人的权益，避免"守法成本高，违法成本低"的不合理现象，也不可造成侵权人承担过重的责任而影响正常的经济发展。❶ 于是，人们开始试图建立一种社会化的风险分散机制，促使个人转移风险和社会分摊风险，以解决社会生活中大量存在的环境事故灾难的补偿问题。

考虑到引入有害物种可能造成的十分巨大的人身伤害、财产损失和环境生态损失，引种单位或个人往往很难承担如此巨大的赔偿责任，所以，我们在制度设计上不妨引入赔偿责任限额制度和社会分担机制，让所有引种单位或个人一起来分担外来物种入侵所造成的损

---

❶ 田晓玮. 论环境侵权损害的分担机制［J］. 法制与经济, 2010（5）.

失，同时也规定有意引种人应承担的最高责任限额。

一、外来物种入侵损害赔偿责任限额机制

德国学者耶林认为："在法律领域，随着人类的进步，人们对过错要素的理解会越来越深刻，对惩罚的敏感性和兴趣会逐渐减少；法律观念增加，惩罚的观念就会消灭，惩罚工具的滥用与法秩序的完善及民众的成熟是对立的。"社会进步已经将人们的目光从追求赔偿的最大化转移到社会利益的最大化。引进外来物种具有高度危险性，在很多情况下，风险控制主要由所有人或管理人决定，同时，社会也享受了因为高度危险作业而带来的舒适性和便利性，促进了社会进步，这种高风险带来的社会利益就应该由社会分享，高风险也应由社会分担。而赔偿限额制度就是社会进步的产物，在受害人与责任人以及社会之间寻求平衡。可以说，从过错责任原则演变到无过错责任再到赔偿责任限制，是一个利益衡量和风险分担的过程。社会本位是 20 世纪民法的显著特征，立足于社会整体利益。社会本位是对个人本位的一种矫正，旨在防止个人滥用权力为弱势群体提供庇护所，真正用意在于强调社会责任。而限制赔偿制度的出现，正是适应这种需求，在发展与保护、损害与赔偿之间寻求利益平衡，在对受害者赔偿的同时考虑社会需求和加害者的承受力，由倾向于保护个人权利的个人本位向保护社会整体利益的社会本位过渡，实现了损害赔偿从无限责任向有限责任的演变。❶

外来物种入侵往往涉及面广，受害主体众多，后果严重，时常会出现施害人无力承担赔偿责任，或者加害人因赔偿金额高昂而妨碍自身正常的生产经营，甚至因此不堪负担而导致破产的情况。赔偿金额给付的拖延往往又会导致社会的动荡，从而影响社会的稳定和经济的持续发展。

为了避免因承担民事责任而使具有社会公益性的企业陷入经济困境甚至破产的境地，20 世纪中期，法学界在全部赔偿原则上提出了限

---

❶ 徐凯桥. 社会本位视野下的高度危险责任限额赔偿制度［J］. 行政与法，2010（7）.

制赔偿原则。❶ 基于促进社会发展、提高就业的考虑，一些国家和国际组织自 20 世纪 50 年代开始实行有限额的环境侵权赔偿制。如 1959 年《匈牙利民法典》第 339 条的规定、1960 年《核能领域第三方责任公约》的规定、我国《中华人民共和国海商法》第 210 条的规定等。❷ 我国于 2009 年 12 月 26 日通过的《侵权责任法》第九章第 77 条规定："承担高度危险责任，法律规定赔偿限额的，依照其规定。"与《民法通则》相比，该规定首次明确了高度危险责任的限额赔偿制度。

目前关于环境侵权的救济手段，主要适用传统的民事侵权救济制度。传统的民事赔偿主要是财产损失赔偿，人身损害表现为财产利益的损失赔偿以及精神损害赔偿。在传统民法中，无论是侵权还是违约造成的损害，责任人均须按规定对受损方承担全部损害赔偿责任。外来物种入侵受害补偿显然不同于一般的民事损害赔偿，无法按照民法上的全部赔偿原则来实施补偿。外来物种入侵受害补偿只是针对受害人救济的一种应急措施，只能按照损失的一定比例或者定额进行补偿，不能完全补偿，只要能做到及时、合理、按比例救助所受损害就可以了。具体救助比例与金额应由立法机关依据上述原则进行规范。

对于外来物种入侵所致的人身伤害，可以救助全额的医疗费及治疗期间的生活补助费。对于身体伤残不可治愈者及死亡者，由国家民政部门依照相关法律予以救济。对于受害人所受财产损失，可以按保证生活、生产正常进行原则，依法按比例对直接损失给予一次性救助，对间接损失目前则不宜补偿。至于精神损害，一方面考虑到精神损害的认定比较复杂，另一方面考虑到我国现在的经济实力，暂时不宜将精神损害的补偿作为外来物种入侵损害补偿的内容。❸

二、外来物种入侵公害责任社会分担机制概述

由于环境侵权的原因行为往往具有广阔性、累积性、价值性、合

---

❶ 王瑞全. 关于环境侵权民事责任承担机制完善的思考［J］. 重庆师范大学学报（哲学社会科学版），2004（6）.

❷ 李莉. 我国环境侵权救济法律制度研究［D］. 中国地质大学，2007.

❸ 王兆平. 环境污染损害补偿基金制度研究［M］//王树义. 环境法系列专题研究第一辑. 北京：科学出版社，2005：125.

法性、公益性等，其成为典型的严重社会性权益的侵害现象。依靠侵权责任框架内传统的民事救济方式已经不能实现对环境侵权受害者充分有效的救济，为了弥补外来物种入侵损害个别化救济的不足，需要打破损害救济个别化责任的框架，建立符合社会经济发展状况、体现社会公平的外来物种入侵损害社会分担制度。

社会分担机制实质上就是损害赔偿的社会化，即将环境侵权行为所发生的损害视为"社会损害"，使环境侵权损害赔偿制度与责任保险、赔偿或补偿基金、社会安全体制等环境损害填补的保障制度密切衔接，通过高度设计的损害填补保障制度，由社会上多数人承担和消化损害。外来物种入侵责任社会分担机制注重对责任的合理分担，可以有效解决经济发展和救济受害人之间的矛盾。从经济发展的角度来说，可以减轻企业的负担；从受害人的角度来说，可以使其得到及时充分的救济。

（一）外来物种入侵责任社会分担机制建立的理论基础

近年来，人们比较多地注意到"风险社会"（Risk Society）这个概念，与早先的危险不同，风险是具有威胁性的现代化力量以及现代化导致的怀疑全球化所引发的结果。现代风险更多是一种"人造风险"，是"被制造出来的风险"，现代人类的行为也放大了自然界的风险，人员、物质的大规模流动使自然灾害的后果迅速扩散开来……面对这些新问题，人们提供了一些解决办法，但在决策和行动中又可能引发新的风险，尽管它们本来是为了减少和控制风险的。

现代风险社会最缺乏的是明确的责任机制。究竟是谁来界定或决定有害生产、危险或风险？责任在谁？是那些引发风险者，还是那些从中受益者、潜在的受影响者抑或公共管理者？涉及哪种对风险的原因、维度和行为者的认识或无知？在一个对环境风险充满争论的社会里，什么才算是充分的证据？谁决定对受害者的赔偿，决定构成未来"限制危害"控制和管理的适当形式？❶

---

❶ 肖巍. 风险责任与协商机制 [J]. 中国人民政协理论研究会会刊，2007（3）.

1. 正义理论

早在亚里士多德时期，他就对侵权责任分担中所体现的正义内涵做出了阐释。亚里士多德将正义划分为分配正义和矫正正义，前者关注社会成员或群体成员之间进行权利、权力、义务和责任配制的问题，当一条分配正义的规范被一个社会成员违反时，矫正正义便发挥作用。❶ 在亚里士多德看来，矫正正义主要适用于合同、侵权和刑事犯罪领域。因此，在侵权责任的分担中，要坚持公平原则，合理分担侵权责任，平衡受害人和加害人及其他法律关系主体的利益。具体到环境侵权领域，既要在传统环境侵权救济法律制度的框架内，根据不同的侵权责任形态及其法律规则，在当事人之间公平合理地分配侵权责任，实现环境侵权损害的个别化救济；同时，又要通过责任保险、社会安全体制、财务保证制度、公共补偿基金等损害填补制度，由不特定的多数社会主体分担环境侵权损害，从而使损害填补不再单纯由侵权人自我负担，实现损害赔偿责任的转移和分散。这既能充分、及时地救济受害人，又可以避免加害人承担过重的赔偿责任，保护经济发展，在受害人合法权益和经济发展之间取得平衡，以实现环境侵权责任分配中的公平正义。❷

2. 社会责任理论

社会责任理论是环境侵权社会分担机制的理论基础。社会责任理论是垄断资本主义的法律责任理论依据，认为法律责任是对社会利益系统的维护，以社会本位为基础，法律责任的承担不完全是因为责任主体在道德上的可非难性，也不完全要求有过错存在。❸ 以社会责任理论为基础的社会分担制度，一方面以对环境事故受害者给予及时有效救济的目标取代了传统民事责任所追求的追究加害人个体责任的目标，从而抛弃了行为违法性、因果关系和主观过错等责任要件；另一方面，社会救济途径通过市场化和社会化的救济方式分担加害人的环

---

❶ E. 博登海默. 法理学：法律哲学与法律方法［M］. 邓正来，译. 北京：中国政法大学出版社，2004：281.

❷ 田晓玮. 论环境侵权损害的分担机制［J］. 法制与经济，2010（5）.

❸ 周珂，杨子蛟. 论环境侵权损害填补综合协调机制［J］. 法学评论，2003（6）.

境风险，也反映了环境侵害行为所具有的公益性、合理性、经济性等特点对责任制度公平性的要求。❶

具体到外来物种入侵中，因入侵的复杂性、间接性、累积性、缓慢性，导致加害人无法确定或虽能确定但因赔偿金额巨大而无力承担赔偿责任时，对赔偿责任实行公平的分配，以保障受害人及时、足额取得赔偿，无疑是社会正义的体现；对加害者而言，外来物种入侵往往以合法的引种为前提，这种"合法性"的性质决定了对加害人造成的损害进行社会化分配的正当性，依然体现了社会正义。

（二）外来物种入侵责任社会分担机制的特点

传统民事责任是建立在环境权的个体权利义务关系基础之上的，其追求的目标是通过救济与惩罚相结合的责任方式，实现对受害人的损失补偿和对加害人的惩戒；而外来物种入侵公害责任社会分担机制的救济途径是建立在环境权的社会权利义务关系基础之上的，其目标在于通过救济资金的事前安排以及市场化和社会化的分担制度，实现对受害人全面、及时、有效的救济和引种者分担赔偿责任。因此，二者具有不同的作用空间。具体而言，外来物种入侵公害责任社会分担机制具有以下特点：

首先，适用条件简单，避免了受害人举证困难。

外来物种入侵公害责任社会分担机制中，无论是责任保险制度、社会安全体制还是以政府为主导的公共补偿制度，其制度目标都是对受害者的救济而非对行为人的责任追究，因此，救济门槛大大降低。当约定或法定的污染行为和损害后果出现时，即符合条件；另外，事实调查也主要依靠保险人、基金组织、中介机构或者政府公共部门的途径展开，并且不以民事责任所要求的严格要件和严密的逻辑关系为前提，因此大大降低了受害人获得救济的难度，能够有效弥补民事救济的不足。❷

其次，社会化的分担制度和事前的财务安排保证了救济的有

---

❶ 李岚红. 论环境侵权社会救济制度在我国的构建 [J]. 理论学刊，2010（10）.
❷ 李岚红. 论环境侵权社会救济制度在我国的构建 [J]. 理论学刊，2010（10）.

效性。

以政府为主导的损害补偿基金制度、责任保险制度和社会安全体制等实现了救济资金的社会化分担；财务保障制度则是通过事前的财务安排来保证赔偿资金的来源。以上的制度安排，加之简单快速的操作程序，能够使社会化救济的优势充分地发挥出来。特别是以政府为主导的损害补偿基金制度，对于突发的、严重的和大规模的外来物种入侵损害救济来说，其优势和作用远非传统的民事救济所能比拟。❶

（三）外来物种入侵责任社会分担机制的适用条件

1. 责任人无力承担责任

众所周知，传统侵权行为的受害人一般是特定的，损害后果一般也是确定的、有限的。而环境侵权行为通过环境这一媒介往往侵害到一定时空范围内的不特定多数人的人身、财产等私权益。外来物种入侵一旦发生，不仅会严重影响人的生命、健康及财产安全，甚至会造成环境破坏以及生态平衡难以恢复的局面。它不仅会给当代人带来空前的灾难，有时甚至会殃及子孙后代。对于外来物种入侵损害的严重性、责任者的可负担性、判决的可执行性、赔偿的时效性等问题，依靠侵权责任框架内传统的民事救济方式已经不能实现对外来物种入侵受害者充分有效的救济。为了弥补个别化救济的不足，需要打破损害救济个别化责任的框架，根据我国国情，建立符合我国社会经济发展状况、体现社会公平的外来物种入侵社会化救济制度。

此外，限制赔偿原则不能保证受害人得到充分的救济。所以，对于限制赔偿与全部赔偿之间的差额补充问题，为了保证受害人获得及时和充分的救济，实现社会公平正义的理念，在侵权行为法之外构建社会分担机制来填补损害成为必然的选择。社会分担机制的建立是通过保险或者赔偿基金和行政补偿的方式，由污染者缴纳保费或公积金，将面临的损害赔偿转嫁给保险公司或者由全社会来共同承担，以此一方面可以避免因单个污染者支付能力不足而导致的救济不力，同时也可以通过由社会分担的方式减少污染者的负担和发展风险，有益

---

❶ 李岚红. 论环境侵权社会救济制度在我国的构建 [J]. 理论学刊, 2010 (10).

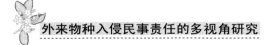

于提高大众生产、创造的积极性和社会经济的发展。❶

2. 责任人不明

由于人类认识能力、科技水平的局限，有时明明已发生了外来物种入侵侵权，却很难通过调查、取证去证实，导致我们很难认定谁是责任人。随着全球化进程和国际往来的频繁，一些新的潜在的环境侵权案件不断出现，依据现有的科技水平、认识能力，我们暂时还无法做到全面预防、控制、检测、证实，这也使得受害人会在责任人不明的情形下蒙受不合理损害。

（1）无意引种行为。

如果无意引种行为导致外来物种入侵，造成他人合法权益损害或者严重的生态环境破坏乃至社会经济的损失，那么应不应当追究以及如何追究引种人的民事责任呢？按照"责任自负"、"污染者付费"和"矫正正义"等理念，让无意引种人承担民事责任似乎是理所应当的；从减少或消除"负外部性"的角度来看，让无意引种人承担民事责任也合情合理。但是，一旦发生无意引种入侵，我们通常无法得知具体的引种人是谁。受害人或者代表环境生态损害的机构如果根本就找不到引种人即加害人，即使设计让无意引种人承担民事责任的制度，恐怕也无法实行。它不同于有意引种，在有意引种的情形下，我们事先设计了引种许可证制度，如果发生外来物种入侵，通过许可证和相应的数据库可以很容易找到引种人（即加害人），也就可以进行后续的责任追究。当然，有人会质问：若有意引种人故意逃避许可而引种，是不是也存在难以认定引种人的问题呢？在这种情况下，我们通常可以运用有关人员的检举或者举证等制度来找到引种人及其所引有害物种。对于无意引种行为，则通常不可能通过检举制度或相关人员的举证来查找引种人。因此，笔者认为，对于无意引种所引起的外来物种入侵，不宜采取通常的民事责任救济程序，但可以考虑设立外来物种入侵的防治基金制度。❷

---

❶ 周珂，杨子蛟. 论环境侵权损害填补综合协调机制［J］. 法学评论，2003（6）.
❷ 童光法. 外来物种入侵的民事责任承担——一种基于"外部性"视角的分析［J］. 北方法学，2010（5）.

（2）自然原因所引起的外来物种入侵。

通过风、气流、水体流动或由昆虫、鸟类的传带，使得植物种子或动物幼虫、卵或微生物发生自然迁移而造成生物危害所引起的外来物种入侵，是自然原因所引起的外来物种入侵。由于此种情况不存在人的行为，所以没必要运用边际私人成本、边际社会成本和"外部性"理论进行分析。笔者认为，自然原因所引起的外来物种入侵属于不可抗力，应当由整个社会或者政府承担责任。此时，也可以借鉴其他国家的经验，设立外来物种入侵防治基金，并由专门的基金委员会进行管理。

3. 责任人消亡

在普通民事侵权纠纷中，若作为侵权行为人的自然人死亡，没有遗产，也没有应当承受义务的人，在诉讼中出现此种情形时，因原告的诉讼请求实际上无法满足，诉讼的继续进行已没有意义，因而应当终结诉讼。在执行环节出现此种情形时，同理，法院也只能裁定终结执行。例如，作为侵权行为人的法人破产解散后，对受害人来说，要求其承担侵权责任的诉求往往也会落空。在外来物种入侵责任承担中，这种情形经常发生。尤其是作为责任人的企业，一旦引发外来物种入侵而造成重大损害，由于资不抵债或出于恶意逃债，往往在承担侵权责任之前宣布破产或解散，致使受害人很难甚至无法得到应有的赔偿。❶

4. 责任人免责

在环境侵权诉讼案件中，被告无须推翻原告对其行为符合环境侵权构成要件的证明，而只需要针对原告的诉讼请求，通过提出实体法特别规定的一些法律事实，即可免除其侵权责任。这些法律事实即所谓的免责条件，通常也称之为免责的抗辩事由。我国的环境保护法中，有关环境侵权民事责任免责条件的规定比较混乱，不统一。具体来说，大致可将我国环境立法中规定的环境侵权民事责任免责条件分为三类：不可抗力、第三人过错和受害人的自身责任。由于被告具有免责事由，让受害人单独承担环境侵权责任是否公平？

---

❶ 王春云. 论特殊环境侵权救济中的国家补偿制度［D］. 山东大学，2005.

在上述情形中，依据现行立法的规定，外来物种入侵受害人很难从责任人处获得赔偿，只能独自承担损害后果。有权利却得不到保障，有损害却得不到救济。合法的权益受到损害，而法律制度又不能提供救济保障，这只能说明现行制度的不足。为了救济外来物种入侵受害人的合法权益，有必要构建社会分担机制，使外来物种入侵受害人的合法权益得到应有的保护。

三、外来物种入侵公害责任社会分担机制的具体内容设计

（一）外来物种入侵损害补偿基金制度

1. 损害补偿基金制度概述

为了使环境污染受害人获得充分、合理的补偿，一些国家或国际组织开始建立环境损害补偿基金。损害补偿基金制度在西方也叫行政补偿制度、公共补偿制度，是以行政手段介入环境侵权损害的赔偿，由政府通过征收环境税费（包括排污费、自然资源补偿费、环境税等）和财政拨款等筹资方式而设立损害补偿基金，并设立相应的救助条件，以该基金补偿特殊环境侵权受害人，以保障损害赔偿获得迅速、确实、妥善的实现的制度。

损害补偿基金制度，是针对民事救济制度的缓不救急或者救济不能而设计的一套污染责任社会化制度，是对民事救济制度运用于环境污染损害的补充。

受害者不必证明谁是特定的加害人，也不必证明加害的可适用性，只要符合法定条件就可获得赔偿。例如，日本于1973年制定了《公害健康受害补偿法》，其中规定人身伤害必须符合指定地区、暴露条件、指定疾病3个条件，只要满足条件就可获赔。❶

而且，在侵权责任人可以确定、满足损害赔偿责任要件的情形下，有的基金组织仍得以加害人的环境侵权民事责任为基础，保留其向加害人追索所付补偿金之权利的制度。❷

新西兰于1972年首创损害补偿基金制度，颁布的《意外事故补

---

❶ 邱聪智. 公害法原理 [M]. 台北：台湾三民书局股份有限公司，1984：185.

❷ 周珂，杨子蛟. 论环境侵权损害填补综合协调机制 [J]. 法学评论，2003（6）.

偿法》规定，在新西兰领域内的任何人，无论是因交通事故、缺陷产品致损、医疗事故或其他意外事故遭受损害，都可以从国家设立的意外事故补偿委员会获得一笔补偿金，既无须向法院起诉，也无须适用侵权行为法，当然更谈不上过失责任原则。❶ 在实践中，损害填补基金制度在各国已有相当的发展。如，法国自 1973 年起，针对机场噪声给相邻地面居民造成的损害，通过向航空公司征收噪声特许金设立了损害补偿基金制度。而日本 1973 年《公害健康受害补偿法》规定的公害行政补偿制度被视作迄今为止最具代表性的一种损害补偿基金制度。该制度贯彻"污染者付费"原则，以向会成为公害原因的事业活动的事业者征收的赋课金作为补偿金（如向排污企业强制征收排污费、特定排污费以及机动车重量税），并将补偿金的性质明确置于以公害原因者的民事责任为前提的损害赔偿金的位置上，使救济得到充实；此外，立法者期待该制度能够发挥公害责任的保险制度的功能，该制度的一大特色是在对受害人进行补偿支付后，除个别例外情形外，没有采用加害人特定后向其追偿的体制。❷ 在美国，《综合环境反应补偿责任法》设立了"超级基金"，环境侵权受害人应首先向施害人提出请求，如不能得到充分救济，则可向基金提出请求，基金支付后取得代位权；如果施害人不明，则可直接向基金请求救济。美国还制定了《1990 年油污法》，设立了一项 10 亿美元的溢油赔偿责任信托基金。该基金的大部分来源是通过征税方式获得，约占基金总数的80%，其余部分来自行政部门罚款所得、自然资源的赔偿费用、其他基金转入的收入等。其用途之一是支付未获赔偿的清污费用或未获赔偿的损害。❸

2. 损害补偿基金制度的理论基础

伴随私法的公法化、民法的社会化趋势，民法的本位应当是在坚

---

❶　彭俊瑜. 论环境侵权损害赔偿责任的"社会化"趋势 [J]. 北京工业大学学报（社会科学版），2005（5）.

❷　原田尚彦. 环境法 [M]. 于敏，译. 北京：法律出版社，1999：52.

❸　杨萍. 环境损害补偿基金若干问题研究 [C]. 2007 年全国环境资源法学研讨会论文集，2007（8）.

持私主体权利本位基础上兼顾社会问题，民法的发展更加重视权利主体的社会责任和对弱势群体的保护，侵权行为法制裁、惩戒的功能在削弱，而补偿作为侵权行为法的首要或主要功能，在现代社会有进一步强化的趋势。首先，随着人权保护的加强，人本主义精神和以受害人为中心的理念在侵权行为法领域占有重要的地位，对受害人的补偿是首要的价值目标，侵权行为法的其他功能居于其后。其次，从实现实质正义的角度考虑，也要尽可能地利用多种途径对受害人提供充分的救济。受害人不仅能从加害人处获得赔偿，也应当且可以通过合理的制度安排从加害人以外的社会途径获得补偿。因此，设立环境损害补偿基金制度完全符合民法社会化和侵权行为法的发展方向。❶

　　3. 损害补偿基金制度的性质

　　首先，该制度体现了现代"福利国家"的国家权力广泛介入社会生活各个方面的特征，带有公法的性质。与传统的民事损害赔偿不同，环境侵权损害补偿基金制度依赖国家公权力的强制与监督来征收、管理和运用补偿基金，使"转移"损害的传统损害赔偿在相当程度上转化为分担损失的损害补偿，行政权力的介入深刻而全面，从而具有一定的福利行政和社会保障的性质。

　　其次，公共补偿基金制度又不属于真正意义上的社会安全体制，因为该制度虽然有行政权力的广泛介入，但从根本上说又以保留规定了对侵权损害赔偿责任人的追偿权和民事赔偿责任作为征收、设立和支出补偿基金的基础，行政色彩浓郁，又具有民事损害赔偿的特点。因此，该制度仍然属于对传统民事赔偿理论和制度的调整、补充和修正，反映了现代社会"私法公法化"的趋势和公私法融合的特点。综合来看，损害补偿基金制度应当属于社会法的制度范畴。❷

　　4. 损害补偿基金制度的作用

　　环境损害领域的公共补偿，实际上是以社会利益为本位的环境法运用公法手段有效干预调整私法领域侵权救济问题。这种福利国家积

---

❶　阳露昭，张金智. 论环境污染损害的公共补偿制度［J］. 郑州大学学报（哲学社会科学版），2008（3）.

❷　王春云. 论特殊环境侵权救济中的国家补偿制度［D］. 山东大学，2005.

极行政理论指导下的环境损害补偿制度，对因环境污染而受损害的特殊弱势群体提供物质帮助，可以有效改善其环境损害后的经济状况，缓解侵权人和受害人的紧张关系，对于减少冲突、避免纠纷、化解矛盾，以及维护公共安全、社会正义和稳定的社会秩序具有极其重要的作用。另外，从纠纷解决成本来看，环境污染损害公共补偿制度的实施不拘泥于污染损害事实的复杂认定、责任主体的确定以及诉讼时效和判决实际执行的限制，只要符合公共补偿制度设定的基本条件就可以及时获得相应的补偿，与诉讼救济的途径相比，可以有效节约社会成本。❶

5. 我国外来物种入侵损害补偿基金制度设计

外来物种入侵损害补偿基金制度，是为了补偿外来物种入侵受害人因为无法从加害人处获得相应赔偿而由专门机构根据一定的条件和严格的程序，从由引种企业交付、税费征收、政府拨付组成的外来物种入侵损害补偿基金中支付一定数额资金的制度。在基金管理机构、基金来源、基金运行等方面，都应该有一套完整的制度设计。

在我国建立针对外来物种入侵的损害补偿基金制度，即行政补偿制度，具有十分重要的意义。其一方面仍然以"污染者付费"为原则，不会过多加重国家和社会的负担；另一方面，由于其制度化，可以在受害人在现行法制框架内得不到救济的情况下保障受害人及时地获得适当的补偿，将追偿的责任留给专门的管理机构，减轻了受害人获得救济的难度。而专门的管理机构无论在实力还是能力上，都不逊于作为加害人的企业，因此也比一般的受害人更容易依照侵权行为法从加害人处获得赔偿。

在我国，可以由政府拨款、引种企业缴费等来源组建补偿基金，由环境管理部门代管。当受害人的损害得不到充分补偿时，由基金支付差额。基金组织视具体情况决定是否向施害人追索。这样，行为风险与行业责任、社会责任相对应，既可保障受害人能够及时、足额地

---

❶ 阳露昭，张金智. 论环境污染损害的公共补偿制度 [J]. 郑州大学学报（哲学社会科学版），2008（3）.

得到补偿，又可保证行业经营免受风险的冲击。❶

（1）基金来源。

就环境污染损害公共补偿基金的来源来说，以我国现在的经济发展水平，如果完全由政府来负担外来物种入侵损害公共补偿的资金，无疑会给其带来巨大的财政压力，因此，必须考虑基金来源途径的多元化。在此，可以考察借鉴域外先进国家环境污染损害公共补偿的经验。

环境损害补偿基金制度之所以被称为环境损害行政补偿制度，原因在于该制度的资金主要依赖公权力的强制与监督来征收。从国外的立法和实践来看，环境税以及排污费在环境补偿基金制度中占主要部分。日本《公害健康补偿法》规定，补偿污染受害者的费用来源主要有三个渠道❷：①救济受害者的费用，原则上由经营构成大气污染或水质污染的原因事业活动的事业者，按照他们对污染的作用度负担。具体而言，救济受害者所需的补偿给付费，全额由事业者筹措。公害保健福利事业的费用的一半由事业者负担，剩下的一半由公费负担。公费部分由国家政府和实施福利事业的相关都道府县负担。②该事业所需的事务费全额由公费负担，由实施事业的都道府县与国家对半开支。③向事业者赋课的赋课金中，有"污染负荷量赋课金"和"特定赋课金"两种公共赋课金。前者向拥有大气污染防止法规定中的煤烟发生设施的事业者按照污染程度征收，目的在于填补政府指定的、由大气污染引发的非特异性疾病多发区域的受害者环境污染损害；后者向排放引发特殊疾病的原因物质的特定事业者按照其污染程度征收，目的在于填补水俣病、骨痛病这样特殊疾病多发区域的受害者损害。由此可以看出，日本的公害补偿基金来源主要有污染企业的排污费、赋课金（类似于环境税）和政府补助。美国《综合环境反应赔偿和责任法》是1980年国会针对因有害废物和有害物质引起的损害向公众进行赔偿而制定的法规，也称超级基金法。其设立了有害物质

---

❶ 阳露昭，张金智. 论环境污染损害的公共补偿制度［J］. 郑州大学学报（哲学社会科学版），2008（3）.

❷ 原田尚彦. 环境法［M］. 于敏，译. 北京：法律出版社，1999：53－56.

反应信托基金和关闭后责任信托基金两项基金。前者是对原油、化工及其他"向环境中排放有害物质或有排放威胁"而须付"反应费用"的行业征税的积累，用作对"损害、破坏或减少自然资源"的赔偿。后者是对有害废物征税而得，用作"对损害的反应费用及其他损害或减少自然资源的补偿"❶。总体来说，环境损害补偿基金应当建立比较广泛的资金来源，主要包括从征收的环境税和排污费中提取的部分、潜在污染企业的捐资、环境罚款、向特定企业征收的摊款以及基金的利息收入等。

借鉴有关国家的经验，结合具体的国情，我国的外来物种入侵损害公共补偿基金来源应当包括以下方面：

①环境税收。所谓环境税，是指对一切开发、利用环境资源或向环境排放污染物的单位或个人依其对环境资源的开发、利用程度或其污染行为所征收的税。环境税这一提法最早出现在英国现代经济学家、福利经济学的创始人庇古1920年出版的著作《福利经济学》中。据相关资料显示，环境税也称生态税、绿色税，是20世纪末国际税收学界才兴起的概念，至今没有一个被广泛接受的统一定义。一些发达国家征收的环境税主要有二氧化硫税、水污染税、碳税、噪音税、固体废物税和垃圾税等。早在2007年的时候，我国财政部、国家税务总局和原国家环境保护总局就已开始进行环境税研究，对我国开征环境税的必要性和可行性进行了论证，提出了环境税收制度设计方案及配套改革措施。环境税费分为：一般环境税，以筹集收入为主要目的，根据"受益者付费"原则普遍征收；污染排放税，根据"污染者付费"原则，按照排放污染物种类征收；污染产品税，根据"使用者付费"原则，向有潜在污染的产品征收。开征环境税是国家对开发、利用、破坏、污染环境的行为进行有效调节的经济手段，对于外来物种入侵受害人的补偿而言，其补偿基金应当部分来源于环境税。

②政府的财政拨款。公民的社会保障权是我国宪法规定的公民的

---

❶　瓦伦·弗雷德曼. 美国联邦环境保护法规［M］. 曹叠云，等，译. 北京：中国环境科学出版社，1993：144.

基本权利之一，当社会成员面对工业化带来的社会风险时，国家应当主动干预公民的生活，介入对公民的积极救助。公民因经济发展的需要而不可避免地遭受环境侵害的损失时，理应从国家得到适当的补偿。由于环境税收并不能满足补偿公民外来物种入侵受害资金的需要，因此，作为环境损害补偿基金来源的一个途径，政府应当从财政收入中拨付一部分款项用于对公民环境受害的补偿。❶

补偿基金由每一年度的财政专项拨款与一定比例的环境污染税构成。如果救助受害人补偿款项总额超过当年基金总量，基金管理部门可向省级人大申请追加或透支下一年度救助基金；如果救助基金当年补偿后有结余，应滚动记入下一年度救助基金，不得挪作他用。

（2）基金管理机构。

为了保证外来物种入侵损害补偿基金制度得以及时、真正、有效的落实，使基金真正用于急需救助的受害人，有必要对保障此制度正常运行的相关管理部门进行界定，明确其权限职责分工，以求实现各部门间科学合理的分工与制衡。

外来物种入侵损害补偿基金部分来源于政府的财政拨款，而受害人的认定又涉及环境科学的技术性问题，国家环境行政管理部门掌握有关的详细资料，配备有环境行政执法的专门人员。因此，从外来物种入侵事实认定、受害人确定、受害范围认定以及环境损害补偿等工作开展的便利考虑，外来物种入侵损害补偿基金管理机构应当附属于环境行政管理部门，由其抽调专业人员组成外来物种入侵损害公共补偿常设机构，即外来物种入侵损害公共补偿中心，开展日常工作。另外，为保证外来物种入侵损害公共补偿的公正性，应当借鉴司法鉴定中的做法，聘请环境科学、医学、法学等领域的专家组成外来物种入侵损害公共补偿专家委员会，负责认定外来物种入侵事实和决定外来物种入侵公共补偿具体数额等问题。同时，外来物种入侵损害公共补偿涉及广大民众的公共利益，决策失误会带来负面影响，因此，应当

---

❶ 阳露昭，张金智. 论环境污染损害的公共补偿制度［J］. 郑州大学学报（哲学社会科学版），2008（3）.

建立严格的专家选聘和回避制度。外来物种入侵损害公共补偿中心聘请的专家应当品德高尚、为人正直，在相关的专业领域具有深厚的理论知识和丰富的实践经验。当专家本人或其近亲属为环境污染受害人时，专家应当回避。❶

（3）基金适用情形。

①无法通过民事责任制度施加救济的外来物种入侵案件：一是引种者无法查明；二是混合性环境侵权，责任人无法确定，而适用责任集中或共同诉讼又不符合条件的外来物种入侵；三是无责任人的外来物种入侵，如由于风力、水流等自然原因导致外来物种入侵的。

②责任者明确，但无力承担赔偿，又没有投保的。其中，既有因引种造成的损害巨大而导致企业无力承担赔偿责任，也有引种企业已经破产、解散的，或者虽然存在但无力承担，又没有投保环境责任保险的。

③严重的外来物种入侵无环境责任保险，或环境责任保险不足以有效救济的部分。如，污染者明确且投保环境责任保险，但保险费不足以弥补损失的。由于环境责任保险是限额赔偿，如果环境污染造成的损失巨大，而投保人和保险人所约定的保险金额较小，则受害人的损失仍然无法弥补。

④虽然符合民事责任要件，但是因救助时间紧迫或者受害人极度贫困，无力垫付有关费用，因而民事救济不能满足及时救济要求的案件。

⑤通过民事诉讼认定民事责任，但是经执行程序不能完全执行的案件。

（4）基金运行。

外来物种入侵损害补偿基金的运行是指基金管理机构根据一定的程序，接受外来物种入侵受害人的申请，将外来物种入侵损害补偿基金发放给符合条件的受害人的过程，一般应包括申请、认定和补

---

❶ 阳露昭，张金智. 论环境污染损害的公共补偿制度［J］. 郑州大学学报（哲学社会科学版），2008（3）.

偿等。

①外来物种入侵损害补偿基金的申请。外来物种入侵损害补偿基金的申请指由外来物种入侵受害人及其近亲属向外来物种入侵损害补偿基金管理机构提出外来物种入侵受害补偿的行为。

关于申请的时限，由于外来物种入侵侵害存在渐进性，环境侵权不同于一般的普通侵权行为，因此，显然不能适用普通民事诉讼关于诉讼时效的一般规定。为了保证外来物种入侵受害人及其近亲属能够实质上主张环境受害补偿权，在考虑时限制度时，有必要确定比较长的时间。比如，在外来物种入侵事故发生后 50 年才确定损害是基于外来物种入侵产生的，也应当允许受害人及其亲属获得补偿。

关于申请的条件，由于外来物种入侵损害补偿制度是民事诉讼制度和环境责任保险制度的补充，因此，只有在受害人穷尽其他救济手段，即通过民事诉讼和环境责任保险仍然无法获得救济时，方可提出补偿申请。

②受害事实的认定。正如上述论证所言，外来物种入侵损害补偿制度是环境污染民事诉讼制度和环境责任保险制度的补充，是针对引种人不明而无法确定责任主体，或者虽然能够确定责任主体，也能够启动民事诉讼程序和环境责任保险途径寻求救济，但仍然只能获得部分救济而设立的制度。因此，出于积极补偿的目的，在受害事实的认定上，显然不能适用民事诉讼的严格证明标准，从而实际上阻却受害人的补偿请求。相对于民事诉讼所要求的高度概然性的证明标准，外来物种入侵损害补偿只要求一般的概然性即可，即受害人只要能够提出客观存在的损害事实，就可以认定符合补偿的条件。❶

（5）代位求偿权的适用及放弃。

为了维护国家救助行为的权威性及社会秩序的稳定，在对受害人实施行政补偿后，即使有证据证明救助案件不符合法定条件或责任人已经查明或恢复责任能力，基金管理部门也不能要求申请人退还救助

---

❶ 阳露昭，张金智. 论环境污染损害的公共补偿制度［J］. 郑州大学学报（哲学社会科学版），2008（3）.

款项。除无法通过民事责任制度施加救济的外来物种入侵案件之外，公共补偿基金实施救济之后，享有对加害人的代位求偿权，有权在法定期限内直接以国家名义向特殊环境侵权行为人以所发救助款项为限主张权利。

但是，同时符合以下条件者，基金可以部分地放弃代位求偿权：一是外来物种入侵非加害人故意或放任行为而造成；二是加害人的引种行为具有重要的社会公益价值，或者是满足社会经济发展的重要需求且难以更合理的其他行为所取代的；三是加害人已经采取了国内先进技术进行必要的外来物种入侵治理或外来物种入侵防范措施；四是加害人如果按照法律规定承担民事赔偿责任，将面临破产或将严重影响其正常的生产经营。

此外，为保证国家补偿基金的专款专用，要求整个国家救助活动过程严格依法进行公示和备案，并由省级财政部门在年终工作报告中向省级人大详细说明基金使用情况，接受人大监督和新闻媒体等社会监督。❶

总之，一个完整的环境损害赔偿体系的建立是受害人的权益得到救济的真正保障。❷ 环境损害补偿基金制度并非在环境责任外创设的新制度，从本质上讲，它是以民事责任为基础的填补损害制度，具有"高度的辅助性与补充性"。

（二）强制责任保险制度

由于环境污染具有复杂性、缓慢性、累积性以及损害后果的严重性，污染企业难以赔付巨额的污染损害赔偿金，环境污染事件受害人按传统的民事损害赔偿制度难以得到及时有效的补偿，由此引发了很多社会矛盾，在一定程度上影响了社会的安定。世界各国纷纷采取各种措施降低风险，其中包括将保险与环境污染救济联系起来，以使环境侵权损害赔偿责任社会化。

---

❶ 王春云. 论特殊环境侵权救济中的国家补偿制度［D］. 山东大学，2005.
❷ 杨萍. 环境损害补偿基金若干问题研究［C］. 2007 年全国环境资源法学研讨会论文集，2007（8）.

1. 环境责任保险制度概述

保险素有"精巧的社会稳定器"之称，在填补损失、减低交易风险和确保社会安定等方面发挥着极其重要的作用。

（1）责任保险。

责任保险又称为第三者责任险，是指在被保险人依法应当对第三人负损害赔偿责任时，由保险人根据保险合同的约定向第三人支付赔偿金的保险类型。这是投保人依法将应该承担的民事损害赔偿风险转移给保险人的一类保险，从性质上说是基于民事责任的一种分散和防范侵权损害风险的制度。责任保险制度"为无过错责任原则提供了现实基础，而无过错原则适用范围的扩大，反过来又促进了责任保险制度的发达"❶，从而达到损害赔偿的社会化。在责任保险制度下，损害填补采用分散方式，即透过保险制度，投保的侵权行为人可以将其侵权损害赔偿责任转嫁给保险公司，而保险公司再将损失分散给成千上万的投保人。

责任保险制度从 19 世纪末开始建立。现代各国大多以保险技术作为防范环境侵害造成损害赔偿的有效手段，普遍在有关的法律中明确规定了保险制度。如，德国《环境法》第 19 条特别规定了以责任保险作为特定设施所有人必须采取的预先保障义务履行的预防措施之一；日本在其原子能损害赔偿的法律中规定，原子能企业有义务签订责任保险契约；美国的《资源保全与恢复法》和瑞典的《环境保护法》均规定对在生产经营活动中有潜在污染环境可能性的企业实行强制责任保险制度。❷

（2）环境责任保险制度概述。

对传统民事损害赔偿的补充性救济源于环境责任保险的兴起。责任保险应用于环境事故领域，就产生了一种新的保险制度，即环境责任保险制度，又称"绿色保险"。环境责任保险是基于投保人（被保险人，即环境侵权人）与保险人之间的责任保险合同，是由保险人依

---

❶ 王明远. 环境侵权救济法律制度［M］. 北京：中国法制出版社，2001：146.

❷ 柯泽东. 环境法论［M］. 第 2 卷. 台北：台湾三民书局股份有限公司，1997：105.

照保险合同的约定，在保险风险事故（环境侵权损害事实）发生的情况下，向受害人（第三人）负损害赔偿责任的一种民事救济方式。环境责任保险是一种分散和防范侵权损害的法律技术，是"经济制度与环境侵权民事责任特别法高度结合的产物"，对化解环境侵权人的风险、增加受害人受偿的可能性无疑是有效的。责任保险具有分散责任的功效，即用"损害由社会来承担"的现代观点取代了"损害由发生之处来负责"的传统观点，做到损害赔偿社会化，可以有效避免受害人不能获得实际赔偿的民事责任制度上的"尴尬"。❶

环境责任保险制度在各个国家的具体名称有所不同，例如，英国称之为环境损害责任保险和属地清除责任保险，美国称之为污染法律责任保险。20 世纪 70 年代，美国保险市场推出了污染法律责任保险。此后，环境责任保险制度作为环境损害赔偿社会化的一项重要制度，在发达国家得到普遍建立，这在瑞典《环境保护法》、美国《清洁水法》、德国《环境责任法》、俄罗斯《环境保护法》、法国《环境法》中均有体现。目前，在英国、美国、德国、法国、日本、瑞典等发达国家，责任保险已经在工业事故、航空器责任、核能事故、交通事故、医疗事故、产品责任、环境事故等危险活动、意外灾害领域得到广泛运用。而其在我国还处于理论探讨和整体上的起步阶段。随着我国进入环境污染损害高发期，建立成熟广泛的环境责任保险制度得到了高度重视。2007 年，原国家环境保护总局下发了《关于环境污染责任保险工作的指导意见》，为加快建立环境责任保险制度，进一步健全我国环境污染风险管理制度，就开展环境责任保险工作提出了若干意见。❷

（3）环境责任保险的性质。

环境侵权责任保险的性质应该是商业性保险。针对环境侵权责任保险而言，环境侵权的发生形态有突发性和持续性两种：突发性的环境侵权在发生前没有明显的症状，但一旦发生，就即时造成损害，受

---

❶ 周珂，刘红林. 论我国环境侵权责任保险制度的构建［J］. 政法论坛，2003（10）.

❷ 陶卫东. 论中国环境责任保险制度的构建［D］. 中国海洋大学，2009.

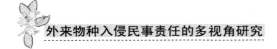

害人也能发现受害之所在，且能比较容易对损害做出侵权认定。所以，对于突发性环境侵权行为的责任保险，应作为商业保险看待。持续性的环境侵权延续时间长，甚至是多种因素复合累积之结果。侵权人和受害人对侵权行为发生的具体经过常常缺乏深切认识，以致对侵权行为何时存在、侵权人是谁等问题难以认定，受害人更无从举证，其结果往往是受害者的权益难以实现。所以，在将持续性环境侵权的责任保险视为商业性保险的同时，国家相关部门还应该注意对保险公司和参保企业实施一系列政策上的支持和引导。❶

（4）环境责任保险制度的功能。

以责任保险作为防范环境污染风险的法律手段，是经济制度与环境侵权民事责任特别法高度结合的产物，具有两项基本的功能。

一是分散损失，保护加害人和受害人，即侵权人通过投保将损害赔偿责任转嫁给保险公司，而保险公司再将损失转嫁给成千上万的投保人，即潜在的侵权行为人集团，以此达到损害赔偿社会化的目的。由于环境责任保险主体的替代性，在环境责任保险中，只要发生了环境事故，即可以得到保险公司的赔偿，有效维护了公众的环境权益；同时也分散了企业损害赔偿责任风险，有利于增强企业的抗风险能力。在责任保险中，加害人除向保险公司支付保险费外，实际上并不负赔偿责任，加害人的经济负担得以减轻和免除，能够避免生产经营和投资活动遭到冲击，这对保护加害人和受害人极为有利。

二是可以起到强化环境管理、预防环境损害的作用。因为保险单会对投保人的污染防治设施和义务做出明确要求，保险公司也会根据对污染危险的评估和投保人的情况做出承保、拒保、保费调整等不同的处理，从而可以强化投保人的环境意识，促进投保人为了降低保费和可以投保而加强污染防治力度，严格遵循环境保护的法规和标准。❷签订合同后，为控制风险，保险法赋予保险人勘查保险标的的权利，督促保险合同的义务人履行维持保险标的安全状况如缔约时的状态。

---

❶ 李莉. 我国环境侵权救济法律制度研究［D］. 中国地质大学，2007.
❷ 周珂，杨子蛟. 论环境侵权损害填补综合协调机制［J］. 法学评论，2003（6）.

环境责任保险人为了降低赔付率，一定会请专业人士对投保人的环境风险进行控制和管理；可以通过等级划分、费率浮动等措施督促投保人做好预防工作。这有利于督促企业依据保险合同认真落实安全生产规程，客观上降低发生环境事故的可能性。

（5）环境责任保险的类型。

环境责任保险的类型包括强制责任保险和任意责任保险。从立法来看，不同国家采用了不同的模式：美国和瑞典实行强制保险制度，英国和法国等国家是以任意责任险为原则，仅在法律有特别规定的场合才实行强制责任保险。

我国在20世纪90年代初就在辽宁沈阳等地进行过环境责任保险的试点，采用的是自愿投保的方式。因为保险费率设置较高，赔付率极低，参保企业缺乏积极性，两年之后几乎都处于停滞状态。2008年2月，原国家环保总局和中国保监会联合发布了《关于环境污染责任保险的指导意见》，决定开展新一轮的环境污染责任保险先期试点，但是因为适用的仍然是自愿责任保险制度，所以到2009年10月止，投保的企业也只有寥寥的几家。由此可见，若要使环境责任保险有效发挥作用，一定范围内的强制投保制度必不可少。

2. 外来物种入侵强制责任保险

外来物种入侵强制保险是通过风险责任社会化的方式解决这一问题。外来物种入侵强制保险通过保险行业来分散环境危险行业的经营风险，利用现有的商业保险市场开展外来物种入侵危险行业的侵权责任保险业务，强制相应的企业购买保险，并就其风险性做出评价，以决定各企业应投保的份额。当发生外来物种入侵民事责任时，可由保险行业来分担企业的赔偿风险，保证受害人得到救济保障。

在外来物种入侵强制责任保险机制中，有意引种人作为投保人，向保险公司预先缴纳一定数额的保险费；保险公司则根据约定收取保险费，并承担赔偿责任，即对外来物种入侵给第三人造成的损害，直接向第三人赔偿或者支付保险金。我们还可以针对运输（尤其是海上运输）、旅游等容易发生无意引种入侵的行业或者活动，强制实施防范外来物种入侵的责任保险制度，让从事这一活动或者行业的人或者单位支付一定的预防成本。

只要投保了外来物种入侵责任保险，企业就可以在突发性、意外恶性外来物种入侵事件发生时，通过责任保险这种高度社会化的损害赔偿机制，将环境侵权所造成的损失完全或部分转嫁给潜在的社会整体。这种高度设计的损害填补制度决定了损害由社会上多数人承担和消化，从而使损害填补不再是单纯的私法救济，而是既可及时、充分地救助受害人，维持社会稳定，又可避免加害人因赔偿负担过重而破产，打消被保险人"过度防御"的动因，从而促进经济可持续发展目标的实现。

目前我国环境责任保险制度处于起步阶段，立法尚不完善，开展外来物种入侵责任保险的主要障碍在于环境责任保险制度自身不健全，缺乏科学的设计和完整的配套措施。建立科学合理的风险评估体系和事故定损方法、调动引种者购买责任险的积极性等问题亟待解决。

外来物种入侵责任保险制度从本质上说是一种市场化的救济制度，其设计和运营必须符合市场规律，因此，只有采取措施平衡参保者与保险公司的利益，使双方都能够从中受益，才能有效推广这一制度。从保险公司的角度来看，第一，要扩大承保范围，除现行规定的突发性外来物种入侵之外，还应将累积性外来物种入侵造成第三人损害的民事赔偿责任纳入责任保险的范围；第二，应当制定科学合理的保险费率制度，采用以危险程度和出险记录为依据的差别费率，费率的制定必须在调查统计的基础上通过科学计算来确定，避免不合理地增加参保者负担；第三，要严格规范保险合同的免责范围，使保险人切实担负起风险承担的职责；第四，根据环境污染事故的特点，规定较长的环境责任保险索赔时效；第五，为平衡保险人的利益和风险，可以通过再保险制度，或者政府对赔付基金给予财政支持或对该项保险业务给予政策优惠的方式，提高保险公司开展业务的积极性。总之，只有保险产品采取合理的费率并提高赔付率，才能吸引投保，保险业务才能步入正常运营并持续盈利的轨道，环境责任保险制度也才能有效发挥其社会救济的功能。❶

---

❶ 李岚红. 论环境侵权社会救济制度在我国的构建［J］. 理论学刊，2010（10）.

（三）社会安全体制

1. 社会安全体制概述

社会安全体制是基于现代社会福利思想、连带思想而建立的损害填补机制，依其崇高之理念，旨在为公民从摇篮到坟墓的一切生活提供最低限度的生活保障，偏重于对人身伤害的补偿，且限于一定的金额或医疗给付。社会安全体制把环境侵权的赔偿责任从侵权人转移至社会，受害者能够从社会保障制度中得到最低限度的补偿。

社会安全体制起源于 19 世纪末的欧洲工业社会，1601 年英国女王颁行了世界上第一部《济贫法》，这是现代社会安全体制的萌芽。其基本特征是公平性、普遍性、法制性和互济性。目前，英国、美国、德国、瑞典、新西兰、澳大利亚、日本等发达国家均已建立了相当完善的社会安全制度，其中最值得注意的是新西兰 1972 年颁布的《意外事故补偿法》，其被称为人类立法史上空前的创举。按照该法，在新西兰领域内的任何人，无论是因交通事故、缺陷产品致损、医疗事故还是其他意外事故遭受损害，都可以从国家设立的意外事故补偿委员会获得一笔补偿金，无须向法院起诉，也无须适用侵权行为法，当然更谈不上过失责任原则。❶

社会安全体制主要包括社会保险、责任集中和国家给付 3 种形式。所谓社会保险，是指国家为谋求社会福利而对社会成员依法强制进行的一种保险；所谓责任集中，是指在有复数责任主体的场合，法律规定只由其中之一承担赔偿责任，其他责任人不直接对受害人承担责任的制度；而所谓国家给付，是指加害人或相关的责任保险人、财务保证人支付能力有限时，由国家以政府财务保证给付安全，从而负担部分损害赔偿责任。国家给付制度源于国家是所有公民权的最后一道保障，按社会契约的观点，国家有义务维持全社会的公平与稳定。❷如，德国《原子能法》第 36 条规定，核损害的赔偿超过最高赔偿限

---

❶ 梁慧星. 民法学说判例与立法研究［M］. 第 2 卷. 北京：国家行政学院出版社，1998：80.

❷ 彭俊瑜. 论环境侵权损害赔偿责任的"社会化"趋势［J］. 北京工业大学学报（社会科学版），2005（5）.

额的，在一定限度内，由联邦政府负责赔偿。❶

2. 社会安全体制的理论基础

根据福利国家、积极行政的理论，国家有义务为公民提供社会保障：保障每个人在任何情况下体面地生活；保障每个人的基本生活不受意外事故的影响；帮助发展家庭；把健康和教育当作公共事业，从而普遍提高物质和文明水平；发展和改善公共设施，如居民住宅环境保护等。❷ 国家有义务保证全体国民免受各种社会危险的影响，如果国家疏于此种义务的承担而使社会危险发生，并因此而使国民遭受人身损害，则国家应对此承担责任。❸

3. 外来物种入侵损害救济的社会安全体制

外来物种入侵造成的损害往往属于严重的社会性权益侵害，远非个人财力所能负担得起，国家于加害人的赔偿能力有所不足时出面承担部分赔偿责任，对国民经济和社会秩序均极为必要和重要。❶ 虽然社会安全制度不能取代侵权人所承担的损害赔偿责任，但应当看到其在环境侵权个别化救济缺失时对受害人权益救济的补充作用。因此，我国应将外来物种入侵损害救济纳入社会保障范围内，本着公平原则，根据外来物种入侵损害救济的特点，对其具体实施范围和实施方法做出细则性的规定，为我国建立外来物种入侵损害救济的社会安全体制提供具体的实施依据。

（四）环境财务保证制度

环境侵权损害赔偿一般都是事后补偿性的救济，企业只在损害发生后以其现有的资产来进行赔偿。但有时候，企业没有足够的资产来赔偿，致使受害人陷入困境之中。所以，在损害发生前做好积极的准备，储存一定的赔偿资金以防患于未然是非常必要的。环境财务保证制度就是这样一种储备金。

---

❶ 邱聪智. 公害法原理［M］. 台北：台湾三民书局股份有限公司，1984：85.

❷ 陈凌. 环境侵权之替代性损害赔偿研究［M］//环境法系列专题研究第一辑. 北京：科学出版社，2005：451.

❸ 张民安. 过错侵权责任制度研究［M］. 北京：中国政法大学出版社，2002：118.

❶ 邱聪智. 公害法原理［M］. 台北：台湾三民书局股份有限公司，1984：95.

1. 环境财务保证制度概述

环境财务保证制度是指由潜在的环境侵权责任人提供一定的准备资金专门用于对受害人进行环境损害救助的制度。它是一种将本应由个体承担的环境侵权损害赔偿转由多数企业或者社会上多数人承担和消化的环境侵权损害赔偿法律制度。

2. 环境财务保证的构成要素

财务保证要作为保证，必须具备三个要素：①财务保证的目的是保障环境侵权产生的对受害人损害之债的实现。②财务保证的提供人即保证人必须为环境侵权人之外的第三人，即具有独立性。实践中，此人一般是管理由潜在的环境责任人提供一定的、专门用于对受到环境侵权损害的受害人进行及时和有效赔偿的资金的机构或部门。③财务保证所保证的债务，是保证人代为承担赔偿责任，不包括环境侵权人对受害人的损害赔偿之债以外的债务。至于保证人承担或代为承担赔偿责任的范围，依照法律规定或约定。在财务保证中，担保人的实力主要来自潜在的环境侵权人（主要是污染性危险企业）从自己的财务账上提供的资金。该资金其实就是潜在的环境侵权人各自财务上的资金，只不过交由第三人保管，因此就形象地称之为财务保证。❶

3. 环境财务保证的特征

环境侵权损害赔偿的财务保证作为一种保证，具有保证的基本特征。同时，由于环境侵权损害赔偿的特殊性，环境侵权损害赔偿的财务保证也具有自身的一些特征。

第一，保证的法定性。

财务保证是一种典型的法定保证，其设立、生效、范围、效力和消灭均依照相关法律的规定，具有法定性。依据发生根据的不同，保证可以分为法定保证与约定保证。保证的产生及其权利义务由法律明确规定者，为法定保证。这种保证是由法律明确规定的，与保证合同无关。财务保证无论是提存金制度、公基金制度还是第三人保证制度，均由各国的法律予以明确要求，对于不参加者，有关机构将课以

---

❶ 佘少峰. 环境侵权损害赔偿中的财务保证制度研究 [J]. 时代法学, 2006（2）.

一定的行政处罚。例如，日本的法律规定，对于不参加寄存担保制度的污染性企业，可以依法采取吊销营业执照等行政上的强制措施，以形成强制履行提存义务的机制。

第二，保证人的特定性。

在环境侵权损害的财务保证中，通过考究各国的财务保证制度发现，能够成为保证人的仅限于基金会、相关部门和政府以及特定金融机构。

第三，保证标的的特定性。

保证标的或保证债务的标的是保证人为特定的行为，即代为履行或赔偿损失。此类给付因主债务的不同而不同。在主债务人不按期履行其债务时，保证人可以代为履行，也可以承担赔偿责任。在财务保证中，保证标的仅限于环境侵权人对受害人的环境侵权损害的赔偿。在环境侵权行为发生损害时，保证人代为履行环境侵权人的损害赔偿责任。❶

4. 环境财务保证制度的分类

依照方式不同，环境财务保证制度可以分为提存金制度、企业互助基金制度和第三人财务保证制度。

提存金制度，也称寄存担保制度，是指污染性危险企业在开工之前，依照有关法令向提存机关预先提存一定的保证金或担保金，或者在生产经营过程中，依照有关法令按期提存一定金额，以备损害赔偿之用。对拒不履行提存金提存义务的当事人，可以依法采取吊销其营业执照等行政上的强制措施，以形成强制履行提存义务的机制。例如，日本《矿业法》第 197 条第 3 款规定了寄存担保制度。

企业互助基金制度，也称公基金制度，是指由各个具有同样危险的企业按照约定预先缴纳一定的金额，从而建立互助基金，当其中某一企业因环境侵权而被索赔时，首先由该互助基金支付赔偿金，其后再由被索赔的企业逐步将等额的资金返还给该互助基金。企业互助基金制度是由危险相近的企业或同行业的潜在污染者通过缴纳基金份

---

❶ 佘少峰. 环境侵权损害赔偿中的财务保证制度研究 ［J］. 时代法学，2006（2）.

额，形成风险基金，当污染者对他人造成损害时，通过基金对他人所受环境损害进行赔付。如依《油轮船东自愿承担油污责任协定》（TOVALOP）和《油轮油污责任临时补偿约定》（CRISTAL）建立的油污污染企业自愿互助补偿基金，以及日本煤矿企业依据 1963 年《煤矿矿害赔偿担保等临时措施法》第 4 条建立的煤矿矿害事业团的"矿害赔偿基金"等。❶ 企业互助基金制度将企业的损害赔偿责任分散于具有同类风险的企业之间共同承担，同时不会将损害赔偿过多地转嫁给社会，仍然尽量由污染企业承担，实现了社会的公平与正义。该制度实现了将承担损害赔偿的责任在同行业的潜在污染者之间进行社会性分散的功能，因此，称之为企业互助基金能够更好地体现基金的互助性特点。❷

第三人财务保证制度，就是由政府或金融机构等第三人对特定营业活动导致的环境侵权损害赔偿提供财务上的保证。例如，德国《环境责任法》第 19 条规定的第 2 种和第 3 种"预防措施"（实际上是损害赔偿保障措施）分别是：由联邦或某个州承担责任免除义务或担保义务；以在该法适用范围内有权从事营业活动的金融机构提供类似于某种责任保险的担保为限，由该金融机构在担保额度内承担责任免除或担保义务。❸

5. 环境财务保证制度的适用范围

环境财务保证制度的适用范围是指财务保证在哪些领域内适用。由以上财务保证的分类可以看出，财务保证制度的保证金主要来自两个途径：一是潜在的污染企业提交的保证金；二是由政府或其指定的专门金融机构提供。由于由潜在的污染企业提交的保证金的数额较大，从某种意义上讲是增加了企业的生产成本，而由政府或其指定的专门金融机构提供保证金将增加社会的负担，所以，在实践中，有关各国对财务保证制度的适用范围进行了严格的限定。日本将财务保证制度的适用范围限于特定的存在较大环境污染危险的行业。例如，日

---

❶ 宋宗宇，颜可. 论环境侵权损害赔偿责任的社会化 [J]. 重庆工学院学报，2005 (1).

❷ 贾爱玲. 企业互助基金制度研究 [J]. 云南社会科学，2011 (1).

❸ 佘少峰. 环境侵权损害赔偿中的财务保证制度研究 [J]. 时代法学，2006 (2).

本《矿业法》就将提存金制度限于矿业权人以及矿业承租人。❶

6. 外来物种入侵财务保证制度

结合我国实际,可以针对外来物种入侵风险较大的有意引种企业建立提存金制度:在引种前,依照有关法令向提存机关预先提存一定的保证金或担保金;或者在引种过程中,依照有关法令按期提存一定金额,以备损害赔偿之用。

我们还可以针对从事运输(尤其是海上运输)、旅游等容易发生无意引种入侵的行业或者活动的企业建立企业互助基金制度:按照约定预先缴纳一定的金额,从而建立互助基金,当其中某一企业因环境侵权而被索赔时,首先由该互助基金支付赔偿金,其后再由被索赔的企业逐步将等额的资金返还给该互助基金。

四、外来物种责任承担的外部监督机制

(一)政府对企业承担环境责任的监管

我国大量的外来物种入侵和当地政府环保部门监管不力是有直接联系的。由于政府环境执法不力、企业环境违法成本低,以及政府管理上的行政分割、环保资金投入的不足、环境监管配套措施滞后,政府没有在环境监管上起到应有的作用。要完善企业的环境责任,政府必须要制定并执行督促企业承担环境责任的可操作性措施,规范企业与环境有关的经营行为,激励企业主动承担环境责任。❷

1. 政府要加强环境信息公开

政府不仅要将其收集掌握的外来物种入侵状况信息、外来物种入侵危害和防治措施等主动公开,还要促进企业主动公开信息,加大对环境信息不公开或信息公开不达要求企业的处罚力度。政府要建立环境网络政务,面向公众公开环境信息,并通过互联网的无地域特性突破环境管理上的地域分割,实现环境信息的跨地域性共享。

2. 政府要加强对有意引种者违法行为的责任追究力度和市场准入时的环境监管,解决市场自由体制下企业自律机制不足的缺陷

---

❶ 佘少峰. 环境侵权损害赔偿中的财务保证制度研究 [J]. 时代法学, 2006 (2).
❷ 郭奕. 我国企业承担环境责任的机制探析 [J]. 金融与经济, 2010 (1).

社会大众关注外来物种入侵责任承担，源于许多企业连基本的法律环境责任也未履行的现状。学者方流芳就指出："一个社会倡导公司对社会负责，推动体现公司社会责任的监管体制，不是公司法单枪匹马就能实现这一目标，这需要在整个法律体系中贯穿这一公共政策……至于环境保护，强制性法律措施比公司监管和自我约束要可靠得多。"对此，政府要及时制定环境法律配套措施，出台与环境保护法律相配套的条例、规章、标准、实施细则，增强法律的可操作性，加大对环境违法行为的处罚力度，增加企业违法成本；立法在赋予政府环保部门更多执法权限的同时，要规定政府在环境保护监管方面失职的问责制度。

另外，要把企业的市场准入纳入环境监管范围，对于污染环境企业环保措施不达标的，实行市场准入一票否决制；同时，对于专门从事再生资源利用的企业，要审查其技术设备、环境影响是否符合相关政策的规定，实行市场准入许可制度。

3. 政府可以对企业承担环境责任实施激励和约束制度

比如，可以对环境污染超标但又不致关停的企业征收环境税。通过生态税的设置和运行，作为纳税义务主体的企业实体，自然会产生改进生产模式的足够动力。生产商开始为了企业的可持续发展，想方设法地适应新的经济政策的规制，通过采用先进的工艺和技术，不断降低产品的环境成本，这正是生态税设立的最终目标。❶ 对于在节约资源、循环经济上做出突出贡献的企业，可以实行政策倾斜，扶持鼓励其发展。

（二）外来物种入侵公益诉讼制度的建立

公众对企业承担外来物种入侵责任的监督，主要是在企业污染环境带来实际损害时，提起诉讼追究违法企业的损害赔偿责任。当前，在一些重大外来物种入侵事故发生后，其损害后果的赔偿都是由国家负担或由受害群众自负，这使违法企业更加有恃无恐。因此，要借鉴发达国家的法律规定，建立外来物种入侵公益诉讼制度。

---

❶ 时燕君. 企业环境社会责任的经济法制度支撑［J］. 当代经济，2009（8）.

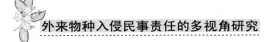

　　首先，要健全民事诉讼原告起诉制度。在外来物种入侵事故发生后，不仅直接受害人可以选出代表提出诉讼，在直接受害人提起诉讼有困难时，当地环保部门要为当事人提供法律援助、技术支持等支持起诉；在直接受害人不愿起诉时，当地检察院可以代表受害人提起环境公益诉讼。

　　其次，对于外来物种入侵诉讼，在检察院提起环境民事公益诉讼时，要免缴诉讼费用；受害人提起环境公益诉讼的，要缓缴诉讼费用；诉讼中实际发生的鉴定、评估等费用由被告承担；在公益诉讼胜诉后，诉讼费用一并由被告承担。

参 考 文 献

一、中文著作类

[1] 陈聪富. 因果关系与损害赔偿 [M]. 北京：北京大学出版社，2006.

[2] 陈慈阳. 环境法总论 [M]. 北京：中国政法大学出版社，2003.

[3] 蔡守秋. 环境资源法学教程 [M]. 武汉：武汉大学出版社，2000.

[4] 曹明德. 环境侵权法 [M]. 北京：法律出版社，2000.

[5] 韩德培. 环境保护法教程 [M]. 北京：法律出版社，1998.

[6] 金瑞林. 环境法学 [M]. 北京：北京大学出版社，1999.

[7] 金瑞林. 环境法——大自然的护卫者 [M]. 北京：时事出版社，1985.

[8] 贾爱玲. 环境侵权损害赔偿的社会化制度研究 [M]. 北京：知识产权
出版社，2011.

[9] 柯泽东. 环境法论 [M]. 第 2 卷. 台北：台湾三民书局股份有限公
司，1997.

[10] 梁慧星. 民法学说判例与立法研究 [M]. 第 2 卷. 北京：国家行政
学院出版社，1998.

[11] 梁慧星. 中国民法典草案建议稿附理由·侵权行为编、继承编 [M].
北京：法律出版社，2004.

[12] 吕忠梅. 环境法 [M]. 北京：高等教育出版社，2009.

[13] 吕忠梅. 沟通与协调之途——论公民环境权的民法保护 [M]. 北京：
中国人民大学出版社，2005.

[14] 吕忠梅. 侵害与救济——环境友好型社会中的法治基础 [M]. 北京：
法律出版社，2012.

[15] 吕忠梅，徐祥民. 环境资源法论丛 [M]. 第 5 卷. 北京：法律出版

社，2005.

[16] 罗典荣. 环境法导论［M］. 北京：中国政法大学出版社，1988.

[17] 罗丽. 中日环境侵权民事责任比较研究［M］. 长春：吉林大学出版社，2004.

[18] 马骧聪. 环境保护法基本问题［M］. 北京：中国社会科学出版社，1983.

[19] 马骧聪. 环境保护法［M］. 成都：四川人民出版社，1988.

[20] 邱聪智. 公害法原理［M］. 台北：台湾三民书局股份有限公司，1984.

[21] 邱聪智. 民法研究［M］. 北京：中国人民大学出版社，2002.

[22] 邱聪智. 民法研究（一）［M］. 增订版. 北京：中国政法大学出版社，2002.

[23] 曲格平. 环境与资源法律读本［M］. 北京：解放军出版社，2002.

[24] 全国人大常委会法律工作委员会民法室. 侵权责任法立法背景与观点全集［M］. 北京：法律出版社，2010.

[25] 史尚宽. 债法总论［M］. 北京：中国政法大学出版社，2000.

[26] 萨缪尔森，诺德豪斯. 经济学［M］. 北京：华夏出版社，1999.

[27] 宋朝武. 民事证据法学［M］. 北京：高等教育出版社，2003.

[28] 童光法. 我国外来物种入侵的法律对策研究［M］. 北京：知识产权出版社，2008.

[29] 王泽鉴. 侵权行为法［M］. 北京：北京大学出版社，2009.

[30] 王泽鉴. 债法原理（三）：侵权行为法（1）［M］. 北京：中国政法大学出版社，2001.

[31] 王利明. 侵权责任法研究［M］. 北京：中国人民大学出版社，2011.

[32] 王利明. 中国民法典学者建议稿及立法理由·侵权行为编［M］. 北京：法律出版社，2005.

[33] 王利明. 中国民法典草案建议稿及说明［M］. 北京：中国法制出版社，2004.

[34] 王利明. 民法［M］. 北京：中国人民大学出版社，2005.

[35] 王利明，杨立新. 侵权行为法［M］. 北京：法律出版社，1996.

[36] 汪劲. 环境法律的理念与价值追求——环境立法目的论［M］. 北京：

法律出版社，2000.

[37] 汪劲. 中国环境法原理 [M]. 北京：北京大学出版社，2000.

[38] 汪劲. 环境法学 [M]. 北京：北京大学出版社，2011.

[39] 汪劲，王社坤，严厚福. 抵御外来物种入侵：法律规制模式的比较与选择 [M]. 北京：北京大学出版社，2009.

[40] 王明远. 环境侵权救济法律制度 [M]. 北京：中国法制出版社，2001.

[41] 王树义. 环境与自然资源法学案例教程 [M]. 北京：知识产权出版社，2004.

[42] 王灿发. 环境法学教程 [M]. 北京：中国政法大学出版社，1997.

[43] 王社坤. 环境利用权研究 [M]. 北京：中国环境出版社，2013.

[44] 汪松，谢彼德，解焱. 保护中国的生物多样性（二）[M]. 北京：中国环境科学出版社，1996.

[45] 奚晓明，王利明. 侵权责任法条文释义 [M]. 北京：人民法院出版社，2010.

[46] 徐汝梅. 生物入侵——数据集成、数量分析与预警 [M]. 北京：科学出版社，2003.

[47] 夏芸. 医疗损害赔偿法 [M]. 北京：法律出版社，2007.

[48] 杨立新. 侵权责任法 [M]. 上海：复旦大学出版社，2010.

[49] 杨立新. 中华人民共和国侵权责任法草案建议稿及说明 [M]. 北京：法律出版社，2007.

[50] 杨立新. 侵权法论 [M]. 北京：人民法院出版社，2013.

[51] 杨小凯，张永生. 新兴古典经济学和超边际分析 [M]. 北京：中国人民大学出版社，2000.

[52] 曾隆兴. 公害纠纷与民事救济 [M]. 台北：台湾三民书局股份有限公司，1995.

[53] 张新宝. 侵权责任法立法研究 [M]. 北京：中国人民大学出版社，2009.

[54] 张新宝. 中国侵权责任法 [M]. 修订版. 北京：中国社会科学出版社，1998.

[55] 张新宝. 侵权责任法 [M]. 北京：中国人民大学出版社，2010.

［56］张新宝. 侵权责任法［M］. 第2版. 北京：中国人民大学出版社，2011.

［57］张民安. 过错侵权责任制度研究［M］. 北京：中国政法大学出版社，2002.

［58］周珂. 生态环境法论［M］. 北京：法律出版社，2001.

［59］竺效. 生态损害的社会化填补法理研究［M］. 北京：中国政法大学出版社，2007.

［60］庄敬华. 环境污染损害赔偿立法研究［M］. 北京：中国方正出版社，2012.

二、中文译著类

［1］哈特，奥诺尔. 法律中的因果关系［M］. 第2版. 张绍谦，孙战国，译. 北京：中国政法大学出版社，2005.

［2］E. 博登海默. 法理学·法律哲学与法律方法［M］. 邓正来，译. 北京：中国政法大学出版社，2004.

［3］瓦伦·弗雷德曼. 美国联邦环境保护法规［M］. 曹叠云，等，译. 北京：中国环境科学出版社，1993.

［4］科斯. 社会成本问题［M］//企业、市场与法律. 盛洪，陈郁，译，校. 上海：三联书店，1990.

［5］卡拉布雷西. 事故的成本［M］. 毕竞悦，陈敏，宋小维，译. 北京：北京大学出版社，2008.

［6］考特，尤伦. 法和经济学［M］. 第3版. 施少华，姜建强，等，译. 上海：上海财经大学出版社，2002.

［7］马克西米利安·福克斯. 侵权行为法［M］. 齐晓琨，译. 北京：法律出版社，2006.

［8］克雷斯蒂安·冯·巴尔. 欧洲比较侵权行为法（下卷）［M］. 焦美华，译. 张新宝，校. 北京：法律出版社，2001.

［9］庇古. 福利经济学［M］. 朱泱，等，译. 北京：商务印书馆，2006.

［10］J. 施皮尔. 侵权法的统一因果关系［M］. 易继明，等，译. 北京：法律出版社，2009.

［11］原田尚彦. 环境法［M］. 于敏，译. 北京：法律出版社，1999.

［12］亚里士多德. 尼各马克伦理学［M］. 北京：商务印书馆，2003.

三、期刊论文类

［1］陈泉生. 论环境侵权的诉讼时效［J］. 环境导报，1996（2）.

［2］陈赛，王汉玉，苏忠军. 关于外来物种入侵的法律防范原则［J］. 中国海洋大学学报（社会科学版），2003（3）.

［3］陈晓青，海青，伊立野. 外来物种入侵的法律问题研究［J］. 内蒙古大学学报（人文社会科学版），2005（6）.

［4］陈凌. 环境侵权之替代性损害赔偿研究［C］//环境法系列专题研究第一辑. 北京：科学出版社，2005.

［5］陈良燕，徐海根. 澳大利亚外来入侵物种管理策略及对我国的借鉴意义［J］. 生物多样性，2001（4）.

［6］冯珏. 汉德公式的解读与反思［J］. 中外法学，2008（4）.

［7］傅俊范. 中国外来有害生物入侵现状及控制对策［J］. 沈阳农业大学学报，2005（6）.

［8］丁晖，等. 中国生物入侵的现状与趋势［J］. 生态与农村环境学报，2011（3）.

［9］郭建英，崔旭红. 外来入侵生物对我国经济的影响［J］. 大自然，2004（2）.

［10］郭奕. 我国企业承担环境责任的机制探析［J］. 金融与经济，2010（1）.

［11］高敏. 美国环境侵权诉讼［J］. 世界环境，2002（6）.

［12］高建亮，赵林艳，赵林峰. 我国外来入侵物种的危害及防治对策初探［J］. 湖南林业科技，2005（5）.

［13］胡学军. 环境侵权中的因果关系及其证明问题评析［J］. 中国法学，2013（5）.

［14］胡珀. 外来物种入侵及其法律防治体系构建［J］. 求索，2005（11）.

［15］何琴. 防治外来物种入侵的经济刺激制度的构建［J］. 法律与社会，2008（3）.

［16］贾爱玲. 企业互助基金制度研究［J］. 云南社会科学，2011（1）.

［17］罗丽. 环境侵权民事责任概念定位［J］. 政治与法律，2009（12）.

［18］罗丽. 日本环境权理论和实践的新展开［J］. 当代法学，2007（3）.

［19］李薇. 日本侵权行为法的因果关系理论［J］. 外国法译评，1995（4）.

［20］李岚红. 论环境侵权社会救济制度在我国的构建［J］. 理论学刊，2010（10）.

［21］马栩生. 环境侵权视野下的因果关系推定［J］. 河北法学，2007（3）.

［22］莫莎. 对外贸易与保护我国生物安全［J］. 对外经济贸易大学学报（国际商务版），2003（5）.

［23］彭俊瑜. 论环境侵权损害赔偿责任的"社会化"趋势［J］. 北京工业大学学报（社会科学版），2005（5）.

［24］时燕君. 企业环境社会责任的经济法制度支撑［J］. 当代经济，2009（8）.

［25］宋宗宇，颜可. 论环境侵权损害赔偿责任的社会化［J］. 重庆工学院学报，2005（1）.

［26］童光法. 外来物种入侵的民事责任承担——一种基于"外部性"视角的分析［J］. 北方法学，2010（5）.

［27］童光法. 我国外来物种入侵的法律防控［J］. 重庆理工大学学报（社会科学版），2012（7）.

［28］田晓玮. 论环境侵权损害的分担机制［J］. 法制与经济，2010（5）.

［29］佘少峰. 环境侵权损害赔偿中的财务保证制度研究［J］. 时代法学，2006（2）.

［30］吴志正. 以疫学手法作为民事因果关系认定之检讨［J］. 东吴法律学报，2008（7）.

［31］汪劲. 抵御外来物种入侵：我国立法模式的合理选择——基于国际社会与外国法律规制模式的比较分析［J］. 现代法学，2007（2）.

［32］王明远. 德国《环境责任法》的基本内容和特色介评［J］. 重庆环境科学，2000（4）.

［33］王社坤. 环境侵权因果关系推定理论检讨［J］. 中国地质大学学报（社会科学版），2009（2）.

［34］ 王社坤. 环境侵权因果关系举证责任分配研究——兼论《侵权责任法》第 66 条的理解与适用［J］. 河北法学，2011（2）.

［35］ 王社坤. 环境侵权诉讼中的因果关系与举证责任［J］. 环境经济，2010（8）.

［36］ 王瑞全. 关于环境侵权民事责任承担机制完善的思考［J］. 重庆师范大学学报（哲学社会科学版），2004（6）.

［37］ 王运生，肖启明，万方浩，等. 日本《外来入侵物种法》及对我国外来物种管理立法和科研的启示［J］. 植物保护，2007（1）.

［38］ 王兆平. 环境污染损害补偿基金制度研究［C］//环境法系列专题研究第一辑. 北京：科学出版社，2005.

［39］ 邱聪智. 庞德民事归责理论之评价［J］. 台大法学论丛，11 卷（2）.

［40］ 谢玲，曹望华. 防治外来物种入侵的法律制度分析——外来物种入侵特征的视角［J］. 重庆社会科学，2004（2）.

［41］ 徐凯桥. 社会本位视野下的高度危险责任限额赔偿制度［J］. 行政与法，2010（7）.

［42］ 肖巍. 风险责任与协商机制［J］. 中国人民政协理论研究会会刊，2007（3）.

［43］ 徐海根，丁辉，李明阳. 生物入侵：现状及其造成的经济损失［C］. 中国科协第五届青年学术年会文集，2004.

［44］ 杨素娟. 论环境侵权诉讼中的因果关系推定［J］. 法学评论，2003（4）.

［45］ 杨会英，刘丽霞. 我国城市园林绿化引进外来物种的法律思考［J］. 河北法学，2005（10）.

［46］ 杨萍. 环境损害补偿基金若干问题研究［C］. 2007 年全国环境资源法学研讨会论文集，2007（8）.

［47］ 阳露昭，张金智. 论环境污染损害的公共补偿制度［J］. 郑州大学学报（哲学社会科学版），2008（3）.

［48］ 张新宝. 美国有害物体侵权行为法介评［J］. 外国法译评，1994（1）.

［49］ 张新宝，张小义. 纯粹经济损失的几个问题［J］. 法学杂志，2007（4）.

［50］张梓太，王岚. 我国自然资源生态损害私法救济的不足及对策
［J］. 法学杂志，2012（2）.

［51］张博. 美国外来物种入侵的相关法律对我国的启示［J］. 黑龙江
省政法管理干部学院学报，2005（2）.

［52］周珂，杨子蛟. 论环境侵权损害填补综合协调机制［J］. 法学评
论，2003（6）.

［53］周珂，刘红林. 论我国环境侵权责任保险制度的构建［J］. 政法
论坛，2003（10）.

［54］竺效. 生态损害填补责任归责原则的两分法及其配套措施［J］.
政治与法律，2007（3）.

四、学位论文类

［1］罗丽. 中日环境侵权民事责任比较研究［D］. 北京：清华大学，2004.

［2］陶卫东. 论中国环境责任保险制度的构建［D］. 青岛：中国海洋大
学，2009.

［3］张晖. 外来物种入侵防治立法比较研究［D］. 北京：北京大
学，2004.

［4］王春云. 论特殊环境侵权救济中的国家补偿制度［D］. 济南：山东大
学，2005.

［5］李莉. 我国环境侵权救济法律制度研究［D］. 北京：中国地质大
学，2007.

五、外文著作和论文类

［1］HONÓRE, *Cause and Remoteness of Damages*, in Andre Tunc（ed.），*International Encyclopedia of Comparative Law*（Ch. 7），1983.

［2］HART & HONÓRE, Causation in the Law, 2nd ed., Oxford University Press, 1985.

［3］PROSSER, Handbook of the Law of Torts, West Publishing, 1971.

［4］PROSSER, Proximate Cause in California, 38 *Cal. L. Rev.* 369（1950）.

［5］J. F. FLEMING, *the Law of Torts* 8th ed., *The Law Book Company Limited*, 1992.

［6］MARKESINIS：The German Law of Torts 4ed., Hart Publishing 2002.

［7］ Walter van Gerven etc. ：Tort Law, Hart Publishing, 2000.

［8］ J. SPIER：Unification of Tort Law：Causation, Kluwer Law International 2000.

［9］ LEON GREEN, "Foreseeability in Negligence Law", 61 *Colum. L. Rev.* 1413（1961）.

［10］ SEAVEY, *Mr. Justice Gardozo and the Law of Torts*, 39 Colum. L. Rev. 20, 32 – 33；52 Harv. L. Rev. 372, 384 – 385；48 Yale L. J. 390, 402 – 403（1939）.

［11］ RICHARD W. WRIGHT, "Causation, Responsibility, Risk, Probability, Naked Statistics, and Proof：Pruning the Bramble by Clarifying the Concepts", 73 *Iowa L. Rev.* 1001, 1004（1998）.

［12］ RICHARD WRIGHT, *Causation in Tort Law*, 73 Cal. L. Rev. 1774（1985）.

［13］ Polinsky, A. M. and Shavell, S. Punitive damages：an economic analysis. *Harvard Law Review* 111. 870（1998）.

［14］ Clare Shine, Nattley Williams and Lothar Gŭndling, "*A Guide to Designing Legal and Institutional Frameworks on Alien Invasive Species*", Environmental policy and law paper No. 40, IUCN Environmental law centre, 2000.

［15］ UNEP/CBD/SBSTTA, "Comprehensive review on the efficiency and efficacy of existing measures for their prevention, early detection, eradication and control", 2001.

［16］ Capro Industries plc v. Dickman（1990）2 AC 605.

［17］ Hedley Byrne & Co Ltd. v. Heller & Parstners Ltd. （1964）AC 465.

六、其他

［1］ 世界自然保护同盟防止外来入侵物种导致生物多样性丧失的指南（2000 年）［EB/OL］. http：//cmsdata. iucn. org/downloads/2000_ feb_ prevention_ of_ biodiv_ loss_ invasive_ species. pdf.

［2］ 陈丽平. 污染实行举证责任倒置有争论［N］. 法制日报, 2009 – 11 – 21.

［3］ 姜晨怡. 中国外来入侵物种 400 多种 年直接经济损失 1200 亿［N］. 科技日报, 2012 – 01 – 05.

［4］绍雄. 不可小视生物人侵［N］. 光明日报，2003 – 02 – 20.

［5］分享科技进步的惠泽［N］. 农民日报，2009 – 12 – 28.

［6］马力. 外来物种入侵年造成损失近 1200 亿［N］. 新京报，2005 – 05 – 23.

［7］新帕尔格雷夫法经济学大辞典［M］. 第 3 卷. 北京：法律出版社，2003.

［8］国家环境保护总局和中国科学院于 2003 年 1 月 10 日联合发布中国第一批外来入侵物种名单［S］.

［9］国家环境保护部和中国科学院于 2010 年 1 月 7 日联合发布中国第二批外来入侵物种名单［S］.